华东政法大学

本专辑受华东政法大学『文化产业管理学科建设』项目资助出版

主编／钱伟

Cultural Industries Observation

文化产业观察

（第三辑）

知识产权出版社

全国百佳图书出版单位

图书在版编目（CIP）数据

文化产业观察. 第三辑／钱伟主编. —北京：知识产权出版社，2018.1
ISBN 978 - 7 - 5130 - 5469 - 0

Ⅰ. ①文… Ⅱ. ①钱… Ⅲ. ①文化产业—研究—中国 Ⅳ. ①G124

中国版本图书馆 CIP 数据核字（2018）第 051239 号

责任编辑：齐梓伊　雷春丽　　　　　　　　　责任出版：刘译文
封面设计：刘　伟

文化产业观察（第三辑）

钱　伟　主编

出版发行：	知识产权出版社有限责任公司	网　　　址：http://www.ipph.cn
社　　址：	北京市海淀区气象路50号院	邮　　　编：100081
责编电话：	010 - 82000860 转 8004	责 编 邮 箱：leichunli@cnipr.com
发行电话：	010 - 82000860 转 8101/8102	发 行 传 真：010 - 82000893/82005070/82000270
印　　刷：	北京嘉恒彩色印刷有限责任公司	经　　　销：各大网上书店、新华书店及相关专业书店
开　　本：	720mm×1000mm　1/16	印　　　张：22
版　　次：	2018 年 1 月第 1 版	印　　　次：2018 年 1 月第 1 次印刷
字　　数：	293 千字	定　　　价：68.00 元

ISBN 978 - 7 - 5130 - 5469 - 0

编者的话

2016 年 11 月，华东政法大学研究生院与人文学院共同举办了首届"全国文化管理类研究生论坛"。论坛旨在为全国文化产业管理相关专业的硕士研究生提供一个交流合作的平台，促进学科发展。该倡议得到了全国兄弟院校的大力支持，远至内蒙古、澳门，各地都有老师推荐优秀论文参会。会议时间虽短，但在交流的过程中，既有老师犀利的评点，又有同学启发性的发问，碰撞思想，相互砥砺，得到了良好效果。

本辑《文化产业观察》挑选了部分参会论文出版。既作为本次盛会的记录，也为同学们的研究成果提供一个发表的机会，以期在此基础上更上一层楼。

目 录

传统保护与反思

空间的视角

产业发展新动向

文化产业观察
Cultural Industries Observation Vol. 3（第三辑）

传统保护与反思

······

复杂性科学视野下
优秀民族文化的创新性传播与发展

——以国产动画电影《大鱼海棠》为例

楚一莎①

摘要： 中国国产动画电影《大鱼海棠》自上映以来，争论热度超过其他电影，其口碑也出现两极趋势。但电影中海量的民族文化元素和中国风情却取得了意想不到的观众口碑和一致好评，片中塑造的文化形象成为电影成功的关键因素。追溯以往的民族文化的传播，政府、民间组织以及公司企业都参与其中，虽然主体丰富，但传播方式却缺少个性，重复被动，传播路径狭窄单一。而在复杂性科学的视野下，考虑其整体性、多样性和非线性的特点，在政府支援、教育宣传的基础上辅之商业旅游等传统方式之外的路径创新，将"优秀民族文化"的整体性概念引入市场，将"非线性关系"的受众转化为发展动力，将"互联网＋"的手段发展成保护与开发的多样渠道，这样一定能够成为优秀民族文化深入人心、走向市场的新途径。

关键词： 复杂性科学；优秀民族文化；路径创新；《大鱼海棠》

---

① 楚一莎，华东政法大学文化产业管理专业 2015 级研究生。

一、优秀民族文化的传播与发展模式

我国是一个统一的多民族国家，各民族共同繁荣发展是国家稳定的重要基础，作为民族发展的精髓，民族文化是指各民族在其历史发展过程中创造和发展起来的具有本民族特点的文化。包括物质文化和精神文化，反映了民族特有的时代风貌，也是本民族赖以生存发展的文化根基所在。当然，面对时代的碰撞，部分具有负面因素的民族文化被时间和人文地理淘汰，优秀的民族文化部分成为民族的象征保存下来。为了保存和继承优秀的民族文化，社会各主体都在发挥作用，探索路径，延续优秀民族文化的生命力。

（一）传播与发展主体丰富多样

作为优秀的文化资源，各民族文化都以其独特性在当代文化风景中占据一席之地。从民族文化的传播与发展主体来看，经过时间的推进，几乎涵盖了社会生活的各个方面，政府、非政府组织或机构，以及部分企业都在用计划或市场的手段打造优秀民族文化的传播路径。而且在自媒体发展繁荣的今天，甚至是消费者自身都会成为优秀民族文化的潜在代言人，许多民族精神的先进代表与网民在网络上的积极沟通，都会对受众产生潜移默化的影响。

在政府角度，所谓民族文化，其具有丰富的国家意义，中华民族在漫长的历史中形成了自己灿烂的文化，这种文化对于民族的认同与延续具有重要意义，所以应重视优秀民族文化的保护与发展；而且在民族文化的保护与发展中，部分非政府组织或机构也发挥了十分重要的作用，包括地区性的管理组织、学术协会、新闻机构、国内的文化遗产保护组织，以及国际上的非物质文化遗产保护等为特色民族文化的生存与发展创造了条件；另外，在优秀民族文化的保护性开发过程中，企业也逐渐发力将民族文化拉入市场范畴，很多企业开始利用民族文化资源打造企业品牌，利用文化精髓打造文化产品；而且在互联网快速发展的今天，网民更多地参与文化营造的环节，极大地丰富了优秀民族文化传播与发展的主体。

（二）传播与发展模式约定俗成

就优秀民族文化的传播与发展模式来看，政府在民族文化的传播与发展过程中通过给予财政补贴、适用优惠政策、推崇书本教育等传统手段，推动普及优秀民族文化在受众间的影响力。部分非政府组织或机构，包括地区性的管理组织、学术协会、新闻机构、国内的文化遗产保护组织，以及国际上的非物质文化遗产保护等为特色民族文化的生存与发展创造了条件，公共组织或机构主要通过相关条例的颁布为民族文化的保护性开发提供依据，报纸、电视等新闻机构也对民族文化进行宣传。非政府组织对优秀民族文化的推动作用主要表现在资金投入、学术研究以及大众呼吁，对于民族文化形象的传播具有重要作用。在市场应用中，特色旅游业的发展成为优秀民族文化走向大众的途径之一。例如，黔东南苗族侗族自治州践行"生态＋文化"打造民族文化旅游目的地，各旅游门户网站推出的特色少数民族文化之旅，围绕传统节日进行的节日仪式再现。而在网络环境下，网民的存在是优秀民族文化保护与发展的变数，网民个人对其发展并无规律可循。

在优秀民族文化的传播与发展模式上，沿着长期以来社会认可的惯习而来，约定俗成的传播与发展方式成为主流，这在一定程度上便于优秀民族文化的保护，但也在一定程度上使民族文化的发展面临模式单一、系统僵化、缺乏创新的问题。

二、复杂性科学视野下的传播与发展路径创新

（一）复杂性科学的特点分析

复杂性科学的出现是以传统的机械还原论的现实不适应性为契机的。所谓机械还原论，就是将研究对象假定为没有生命的机械，将对象与其他事物隔离开来单独进行分解、剖析，将宏观对象还原到微观要素，直到不能再分解为止，然后研究要素的结构、功能等，也就是说，还原论通过研究要素来达到认识对象的目的。① 而复杂性科学的产生就是为了避免传统还原论科学的局限性。关于复杂性科学的定义，学界还没有统一的说法。但就其特点而言，它主要表现为整体性、涌现性以及多样性等特性。

1. 整体性

1999 年 4 月，美国《科学》杂志出版专辑题目为"复杂系统"，前言题目是"超越还原论"，其中指出：随着科学的发展，还原论思维方式已显示出局限性，需要用整体论来补充主流的还原论，复杂系统就是整体系统，必须用整体论而非还原论进行研究，它"代表那些对局部的理解不能解释其全部性质的系统之一"②。在复杂性科学研究的初期，就从理论上确定了其整体性的特点。复杂性科学的整体性是相对于机械还原论中可拆分的概念而言的。在整体性的研究中，研究学者也承认部分与部分之间非线性的联系，而不同的联系也在系统内部形成多样的层次，整体为达到某种平

---

① 黄欣荣. 从复杂性可学到大数据技术 [J]. 长沙理工大学学报（社会科学版），2014（2）：5~9.

② 金吾伦，郭元林. 国外复杂性科学的研究进展 [J]. 国外社会科学，2003（6）：2~5.

衡，会处在自适应的动态过程中，因此，复杂性科学的整体性也被称作是"自适应的整体"。

2. 涌现性

在复杂性科学的研究中，由于各要素都具有自主适应性，并且存在非线性相互关系，当某一环节发生变化或伴随新事物的产生，从时空状态上来看，复杂系统内部就会不断地有新的结构或状态出现，这种特征被称为涌现性，外在表现为多样性。而且当多个要素重新组成系统后，新系统具备单个要素所不具有的性质，这个性质表现在由低到高的系统演变结果上，系统功能之所以表现为"整体大于部分之和"，就是因为"涌现性"的存在。因此，复杂性科学要求我们始终用动态发展的眼光看待研究对象。

3. 多样性

在以往的理论分析中，线性的数学关系占据了主要位置，通常通过少量数据把握整体，如果数据过多，会通过求平均值的方式得出一般规律，所以很多特殊情况被排除在分析数据之外，一般性结论得到承认。而在大数据时代，由于网络和分布处理技术的进步，社会需求的个性化，以及市场对于边际市场的重新认识，所以要求尽其所能收集所有数据，以便更充分反映研究对象的各种微观细节。因此，大数据时代追求的是"全体数据"，追求的是数据"混杂性"，而这里所谓的混杂性就是复杂性科学中所谓的多样性的体现，进一步来说，这里的"复杂性"是指"行为的复杂多样"，多样的行为主体按照同一模式进行活动，并不能成为多个分析的样本。

（二）复杂性视野下分析传统传播与发展模式的瓶颈

中华民族多民族主体的文化特性，使得中华民族文化在历史长河中愈加闪闪发光。但民族文化的传播与发展并没有取得预想的社会和经济效果，在发展模式上还存在瓶颈。

1. 民族文化的弱势地位显然存在

新媒体时代的到来，为优秀民族文化的传播与发展拓宽了渠道，突破了以往的时空限制。但由此带来的多元文化之间的碰撞也是不可避免的。在文化竞争中，强势文化对弱势文化的挤压是文化全球化的必然。首先，在国内的文化交流视野中，处于强势位置的汉族文化对少数民族的汉化，使得多彩民族文化的存在面临危机。其次，在国际间的文化交流竞争下，日韩欧美等主流文化对我国民族文化地位的冲击也是巨大的。尽管不同民族文化的交流融合是历史趋势，但中国优秀的民族文化具有其独特的历史文化价值，应当得到更好的保护与发展。从复杂性科学的整体性角度来看，任何一种文化都具有其独特的内涵，是一个具有系统性、完整性的复合体，既包括建筑、饮食、服装等物质文化，也包括道德、风俗、仪式等精神文化。[①] 在传统的优秀民族文化传播与发展方式中，缺乏对民族文化的整体性发现，传统方式并没能适应现代全媒体时代的整体性要求，与先进的文化保护与发展手段相比还有一定差距，无论是作为各民族持有的文化整体，还是作为中国优秀民族文化的整体，在文化全球化的影响下势必面临冲击。

2. 民族文化的专业挖掘不够

在互联网和自媒体的发展下，海量的数据信息越来越追求迅速及时，而在追求内容的时效性时往往对内容本身浅尝辄止，趋于单薄化和娱乐化。一方面，民族文化内涵的真正挖掘走向缺位，单靠社会宣传和书本教育对优秀民族文化的落实是不够的；另一方面，进入市场的一部分民族文化成分，在过度的文化消费和建设开发中遗失其精神内核，民族文化特色成为迎合市场经济的噱头，不但没能发挥其传播与发展的社会功能，而且其经济价值也没有得到健康

---

① 李达. 新媒体时代少数民族文化传播的困境与策略 [J]. 湖北民族学院学报（哲学社会科学版），2015（2）：113~117.

利用。从复杂性科学的角度来看，对民族文化的市场开发局限于噱头式的表面开采，缺乏深层次的专业化挖掘，在完整的文化系统中，缺少牵一发而动全身的良性因素的改变，发展系统内部的联系也比较僵化，所以民族文化传播与发展的效率比较低。在传统的模式中，文化与受众之间的线性关系得到利用，如政府宣传、书本教育和节日仪式等，都是利用了最直接的关系进行的单向传播，文化与受众之间非线性的关系未被挖掘，系统内部的涌现性缺少活力。

3. 传播与发展形式同质化现象存在

在政府、非政府组织或机构，以及市场中部分企业的参与下，优秀民族文化传播与发展的主体丰富性已经具备，这也为开发多样性准备了现实条件。但就目前来看，政府扶持、教育宣传辅之商业旅游等传统路径使得市场上同质化现象严重，主要表现形式的同质化造成文化产品和文化服务的重复。首先，这是因为在民族文化的传播中，缺乏善于运用市场规律进行保护开发的专业化人才；其次，市场缺少对民族文化价值的链条式发现，缺少创新企业的主副产品开发，产品与手段都是简单复制，而效益也逐级递减，缺少行为多样性，所以消费者的个性文化需求并没有得到满足。这也就造成了市场最基本的供需矛盾。

（三）以《大鱼海棠》为例浅析优秀民族文化的创新性传播与发展路径

通过电影这一形式对优秀民族文化的保护与开发由来已久，而动画电影《大鱼海棠》作为一部话题之作，在民族文化的传播与发展上尤其有其独特的成功之道。

上映近一周，《大鱼海棠》的豆瓣评分从上映前的 8.1 分下滑到 6.6 分。看完电影期待落空的观众自称"倒鱼派"，他们认为影片情节幼稚，"等了 12 年，看到的是一段琼瑶式的三角恋"；当然也有"挺鱼派"，他们对影片的评论比较一致，"赢在画面"，电影中将传统文化运用得如此淋漓尽致，《大鱼海棠》也算费尽心思，其中很多细节值得玩味。而影片对中国民族文化元素的创造性运用，取得了影片口碑与弘扬民族文化的双赢效果。

1. 将"优秀民族文化"的概念引入 IP 市场

对优秀民族文化的市场价值的整体开发应当成为传播与发展的重心。优秀民族文化资源在长期的历史演进过程中积淀而来，属于民族共有的精神财富和文化资源，其"准公共财产"属性与版权作为"私权"属性之间存在一定的内在矛盾，但不可否认的是现代科技的发展却可以不断为文化精神体系提供新的展示载体和展示形态，通过创意元素与现代科技的结合，对作为准公共财产的文化资源进行差异化开发和版权区隔。① 这么一来，承认"优秀民族文化"的版权属性，是可以更好地进行市场操作的前提。在"中国制造"向"中国创造"的战略转型期，"IP"的存在加强了市场与文化资源的融合，是创意经济的发展的又一动力。

动画电影《大鱼海棠》做到了视听现代科技与艺术的结合，在艺术表现形式和艺术性内容上对优秀民族文化的传播与发展具有借鉴意义。影片的灵感来源于庄子的《逍遥游》："北冥有鱼，其名为鲲。鲲之大，不知其几千里也。"通过借鉴《诗经》《山海经》《搜神记》《列仙传》等古典诗文和神怪小说，构筑了一个 45 亿年前令人惊艳的世界，讲述掌管海棠花的少女与人类男孩的灵魂"鲲"的奇幻故事。其中，主要人物少女椿，作为生家族的继承人，掌管着海棠花的生长，而另一主要人物人类男孩则因救椿而死化作大鱼，还有与椿从小一起长大的伙伴湫，由奶奶抚养长大，掌管秋风。故事主要围绕这三者之间展开。无论是故事的远古设定，还是剧中人物的造型、语言等都鲜明地表现了民族文化的元素。另外，

---

① 陈端. 推动传统文化的创造性与创新性发展——给予版权经济的视角 [J]. 传播与版权，2015（5）：189 ~ 190.

对民族文化的灵活运用还体现在画面环境中，故事发生在福建土楼，大红灯笼悬挂在滴雨的屋檐，道具包括筌筷、"阴阳鱼"门锁、椿抽屉里骨笛、陶笛、香囊，还有召唤瞿如"三手怪"的核桃铃铛，就连少女椿的房间布置都充满了浓郁的民族色彩；在故事情节设计上，掌管所有死去人类灵魂的灵婆家中，白色的猫和灵婆在桌上打麻将，四只黑猫抬轿子。这符合古书记载的"金眼夜明灯"为猫之上品，雪白次之，黑色最为不祥，以及"猫以少子为贵，一贵二笨三贱四抬轿"，而鼓楼的对联和牌匾设置也是最直观的文化要素。

在这一点上，《大圣归来》的成功也是一种证明。"西游记"作为一个巨大的 IP，其电影导演田晓鹏也说道："我站在巨人的肩膀上完成了故事。"显然，民族文化成分成为电影的亮点，也通过电影的艺术形式得到前所未有的宣传。之所以取得传播和发展的成效，其前提就在于对于文化版权的资本化运作。将"优秀民族文化"作为一种整体性的文化资源在市场上得到身份认可，这是传播发展的关键。

2. 将"非线性关系"的受众转化为发展动力

在优秀民族文化的传播与发展中，受众扮演着核心角色，没有受众也就没有了文化市场。而随着互联网的发展，网民成为隐形受众，粉丝成为文化产品成功与否的关键因素之一，"相关性"成为网络世界信息生存的法则，不仅能够不断刺激新事物的产生，也为丰富的行为主体、多样的行为方式准备了条件。所以利用"非线性关系"迂回传播与发展优秀民族文化能打造出发展新路。

《大鱼海棠》的粉丝大部分为 15～25 岁的高中或大学学生。这个群体的成员注重个性的培养和发展，又因为缺乏社会经验而不够沉稳，易成为具有狂热性和消费性的粉丝，他们伴随着互联网而成长起来，拥有极高的自我意识，社会化媒体平台上的互动行为令他们充分感到自己被关注、被需要。① 而《大鱼海棠》从最初的 Flash 动画到最后定档大荧幕历时 12 年，在这 12 年里，通过间断性的宣传培养了一批又一批对中国动画电影充满期待的粉丝，7 年前，《大鱼海棠》发布了预告片，以宫崎骏式的唯美画风，赢得了粉丝的关注。而这部电影也因为资金问题历经艰辛，几度暂停。该片导演在微博上发表了致投资人的一封信，自曝电影制作后期资金短缺求投资。2013 年，《大鱼海棠》试探性地在点名时间网发布了众筹项目，结果收获了 150 万元的筹资，参与人数达数千人之多，是我国众筹成功的数额最大的动画电影项目，这也使得电影最后制作完成并成功上映。而在《大鱼海棠》上映的最后，影片鸣谢了所有参与众筹的网民和粉丝。众筹这种融资方式，一方面吸引了大量网民成为相关者，成为热门话题的制造者和推动者，这也就符合了造星的趋势，节省了早期的宣传支出；另一方面，网民和粉丝作为潜在的资金支持者，打破了银行业的垄断局面，给具有创意但缺少资本的年轻人更多的机会。

众筹的出现，以及电影网络粉丝群的培养，充分地体现了"相关性"在市场发展中的重要作用，在民族文化传播与发展上可以作为一条社会规律予以借鉴思考，"非线性关系"中层层的受众网络势必会成为传播与发展的巨大动力。

3. 将"互联网＋"的手段发展成多样渠道

如今，微博、微信等社会化媒体的存在为受众提供了自主性和能动性很强的信息收集方式，网民更加注重自我的存在和传播的互动性，"网红"的存在、《超级女声》等竞技类造星节目的大热证明了这一趋势。另外，多媒体融合的潮流缩短了大众媒体时代传者和受众交流的时间和距离，为电影高效互动交流创造了条件，培养

---

① 刘瀚潞. 浅谈社会化媒体时代的粉丝经济——以国产动画电影《大鱼海棠》为例 [J]. 新闻传播，2014（10）：12.

了电影和受众间的强关系。

传统的中国文学，摇身一变成为电影剧本，这说明民族文化根据时代的革新是十分有必要的。在"互联网＋"的时代，利用网络和多媒体融合进行文化产品宣传，是取得成功的重要因素之一。2016 年 4 月 18 日，影片举行定档发布会；同年 5 月 31 日，片方发布了"源起版"预告片；同年 6 月 14 日，电影举行主题曲《在这个世界相遇》发布会；同年 6 月 23 日，《大鱼海棠》发布终极海报；同年 6 月 29 日，片方发布了水墨版全人物海报。每隔一段时间都会有微博大 V "我们爱讲冷笑话""创意工坊""全球热门伤不起"等转发电影预告片，转发数均上万。章子怡、佟大为、李少红等知名演员导演曾在微博推荐该片，并表示愿意为该片角色配音。① 这一系列的宣传造势手段，使得电影在放映之前就具备良好的社会口碑。

"互联网＋"在文化消费环节产生的弥散效应，主要体现为极大地改善了消费者被动消费的状态，彰显了消费者的市场主体地位，借助网络平台消费者可以主动地嵌入创意、生产和传播环节，有效弥合了创意、生产与需求的脱节，降低了生产、传播的成本，提高了传播的效率，借助大数据精准寻求文化消费的"痛点"，做到个性化、精准化服务，从而有效满足大众多样化的消费需求。② 一方面，互联网本身的信息承载量大，评论、转发和点赞的附加功能强大，在民族文化的普及宣传上将发挥巨大的作用；另一方面，互联网传播速度快的优点，有利于形成民族文化传播的及时和广泛。民族文化的传播和发展乘上互联网的快车，是符合时代要求的。

---

① 百度百科.大鱼海棠 [EB/OL].［2016 – 08 – 01］. http：//baike. so. com/doc/6729504 – 6943800. html.

② 范玉刚. "互联网＋"对文化消费的弥散效应 [J]. 中原文化研究, 2016 (2)：47～54.

4. 优秀民族文化传播与发展的现实意义

"国产动画电影《大鱼海棠》上映两天票房达到1.3亿元。"这表明民族文化的传播与发展中并不是缺少市场，而是缺少发展模式的推动。对民族文化的重视，不是让受教育者被动地接受传统的民族文化，传播和发展优秀民族文化有其现实意义，所以应该更加合理有效地运用文化资源。

（1）多民族文化适应整合下的文化自觉性。我国著名社会学家、人类学家、民族学家费孝通先生曾经指出：文化自觉是一个艰巨的过程，只有在认识自己的文化，理解并接触到多种文化的基础上，才有条件在这个正在形成的多元文化的世界里，确立自己的位置。无论是传统的传播与发展方式，还是在新时代试图做到的传播与发展路径创新，对优秀民族文化的成功传播，都能够提高理解民族文化的自觉意识和自立能力。在一个多民族国家内，民族间文化的交流、融合与碰撞是在所难免的，而要在丰富的文化竞争中保持民族文化传统与特色，无论是从民族文化的内容到还是发展的历史，都需要进一步的传播与发展，同时注重文化保护，这对于各民族认清自身、形成多民族国家环境下的自身文化认可具有重要作用。

（2）多元文化交流融合下的文化认同感。互联网的大潮不仅扩展了文化交流与合作的平台，同时也加剧了多元文化之间的竞争，外国文化对本土民族文化的冲击是巨大的。对优秀民族文化的传播与发展，是一种学习和培养文化情感的过程，不仅使受教育者形成对民族文化的认同感，而且形成对民族文化的鉴赏能力，取其精华，去其糟粕。在多元文化并存的今天，民族文化走出国门，代表中国形象，只有生命力顽强的文化，才能在多元文化的交汇、碰撞、冲突、融合中，在保护本源的基础上创新发展，建立本民族的文化自信心与文化认同感。所以说，《大鱼海棠》虽然算不上中国动画电影的巅峰之作，但它继《大圣归来》之后，为国产动漫从业者打开了通往中国传统文化的路径并让人们看到了成功的可能，从中华优秀传统文化中汲取了营养，所以电影在文化价值转化上是值得肯定的。

5. 总结

《大鱼海棠》作为一部热门的动画电影，虽然口碑两极分化严重，但其对民族文化元素的运用以及文化产品的价值链创新上是十分值得肯定的。而作为一种理论，复杂性科学可以指导优秀民族文化的创新发展。在民族文化元素的运用、优秀民族文化的健康传播与合理开发中，发挥参与主体的积极性固然重要，但在发展路径上的不断创新会使民族文化的发展得到事半功倍的效果。在传播与发展路径中，一方面要注重多元主体的培养，无论是受众还是创作者本人，都能在理解优秀民族文化中获得提升。另一方面，面对市场经济的发展，积极拓宽渠道，发挥其整体性、涌现性以及多样性的特点，使优秀民族文化进入资本化市场进行开发，既能实现优秀民族文化的社会效益，也是适应文化潮流的必然选择。

参考文献：

［1］黄欣荣. 从复杂性可学到大数据技术［J］. 长沙理工大学学报（社会科学版），2014（2）.

［2］金吾伦，郭元林. 国外复杂性科学的研究进展［J］. 国外社会科学，2003（6）.

［3］李达. 新媒体时代少数民族文化传播的困境与策略［J］. 湖北民族学院学报（哲学社会科学版），2015（2）.

［4］陈端. 推动传统文化的创造性与创新性发展——给予版权经济的视角［J］. 传播与版权，2015（5）：189～190.

［5］刘瀚潞. 浅谈社会化媒体时代的粉丝经济——以国产动画电影《大鱼海棠》为例［J］. 新闻传播，2014（10）：12.

［6］百度百科. 大鱼海棠［EB/OL］. ［2016 - 08 - 01］. http：// baike. so. com/doc/6729504 - 6943800. html.

［7］范玉刚. "互联网＋"对文化消费的弥散效应［J］. 中原文化研究，2016（2）.

［8］虞海峡. 众筹：电影内容运营风险管理的试金石［J］. 当代电影，2014（8）.

［9］张诗敏.《大圣归来》国产商业动画电影的文化逻辑［J］. 广西职业技术学院学报，2016（2）.

［10］张德胜，柏茹慧. 全媒体视阈下民族文化的传播［J］. 贵州民族研究，2015（4）.

［11］任乐毅. 网络舆情传播系统复杂性研究［J］. 北京邮电大学学报（社会科学版），2014（2）.

［12］杨芳芳. 试论跨文化传播与民族文化的关系［J］. 湖北大学学报（社会科学版），2006（4）.

社区参与：非物质文化遗产保护的新思路

刘大庆①　王幸幸②

摘要：近年来，随着非物质文化遗产保护工作的不断深入，非遗的保护已经成为了社会公共话题，2011 年《中华人民共和国非物质文化遗产法》的颁布更是标志着我国的非遗保护工作迈入了法制化、规范化的时代。但是在长期的保护的实践过程中，以政府为主导而忽视"社区"的自上而下的保护模式也为非遗的保护带来一系列诸如"重申请，轻保护""民俗变官俗"的问题，极大地阻碍了非遗的保护。据此本文提出了"社区参与"的非遗保护的新思路，在简要阐释相关概念的基础之上，重点分析了非物质文化遗产保护与社区、社区参与的关系，进一步探讨了非遗保护语境下社区参与的机制与原则，对于非遗的保护工作以及现代社区发展都具有重要的意义。

关键词：社区；社区参与；非物质文化遗产；参与机制

一、问题的提出

非物质文化遗产，是人类在漫长的历史沿革中形成的，通过口

---

①　刘大庆，华东政法大学文化产业管理专业 2014 级研究生。

②　王幸幸，华东政法大学文化产业管理专业 2015 级研究生。

传心授、世代相承的无形的、活态流变的文化遗产，是一个民族古老的生命记忆和活态的文化基因，集中体现着一个民族的智慧和精神，是维系一个民族生存与发展的"脐带血"。近年来，随着学界的大力倡导和政府部门的不断介入，我国的非物质文化遗产的保护取得了长足的进步，非遗的理念和保护原则日益深入人心。2011年《非物质文化遗产法》的颁布标志着我国的非遗保护工作迈入了法制化的时代，保护模式也从早期的静态保护机制向动态保护模式转变。但是在保护的实践过程中，原有保护方式和理念的局限性和负面效应依然存在，一系列诸如"重申请，轻保护""民俗变官俗""非遗改编"等偏离基本保护原则的现象也时常发生，极大地阻碍了非遗的保护工作。

笔者在过往对于马街书会、宜兴紫砂等国家级非遗项目的田野调查中，也经常会有这样的感触：虽然如今大力提倡非遗传承人的保护，但是实践过程中这些非遗的"持有者"往往都处于被动的地位。在非遗保护的大舞台上，以政府、学者、媒体以及外来开发商为代表的"他者"似乎扮演着主要的角色，而本来应该担任"主角"的非遗持有者们却似乎成了舞台上任人装扮的"小姑娘"。从2015年开始实施的非遗传承人群研修培训计划就是这样的一场"悲剧"，将本来技艺不同、独具特色的非遗传承人集中起来通过大学授课的方式进行所谓的系统培训，名义上看起来是在"补课"，但这样培训的后果只能导致非遗的同质化以及官俗化，这其实是对非遗原真性和独特魅力的消解与抹杀，于是出现传统四大名绣趋于雷同的现象也就理所当然了。

而以马街书会为代表的民俗类非遗项目，其最大的特点就是集体性、地域性较强，但如今也大多都陷入了"文化搭台、经济唱戏"的窠臼，政府和外来客商成了书会的组织者、策划者以及管理者，原本书会的主角——曲艺人却成为政府和客商招揽游客的噱头和广告，原本具有独特神韵的书会也就变成了千篇一律的"官俗"，这种脱离地域性的保护方式极大地消解了传统民俗等在内的非遗的整体性和原真性，与非遗保护的初衷——保护人类文化多样性背道而驰，与其说是开发性保护，不如说是破坏性开发。

当然这些问题并非个案，似乎已经成为非遗保护工作中绕不过去的难题，如何让非遗真正成为民众的非遗，是实现非遗整体性、原真性保护的关键。要寻求这一问题的答案，社区参与似乎可以给我们一点的思考。

二、社区与社区参与相关概念渊薮

作为世界文化多样性的重要载体，非物质文化遗产在人类历史发展上的重要性不言而喻，但无论任何一种形式的非遗都不是孤立的存在，而是与特定的地域环境和人文生态共同构成一个有机联系的整体，而当这种地域投射到具体的地理空间中时，社区便成为最为主要的表现形式。那非物质文化遗产到底和社区有着怎样的内在联系呢？在回答这一问题之前让我们先厘清相关的概念。

（一）"社区"的内涵

"社区"，即英文"Community"，有公社、团体、社会、公众，以及共同体、共同性等多种含义。社区的概念最早见诸于社会学家斐迪南·滕尼斯的著作《社区与社团》中，他将社区定义为："社区是基于亲族血缘关系而结成的社会联合。"① 20 世纪二三十年代，"社区"一词被引入中国，我国早期社会学家吴文藻、费孝通先生都沿用滕尼斯的观点，将"社区"理解为一个有相对明确界限的封闭实体，是社会在一定地理空间上的投影，主张社会学的研究应立足于具体的社区，"因为联系着各个社会制度的是人们的生活，人

---

① 蔡禾. 社区概论［M］. 北京：高等教育出版社，2008：16.

们的生活有时空的坐落，这就是社区。"①

社区的概念随着社会生活的变迁也一直处于变化之中，不同时期国内外的学者对社区有着不同的理解。结合众多社区的定义，笔者认为，所谓的社区即是一定自然地域范围内人们彼此结成的社会共同体。主要具有如下几个特征：（1）一定的地域；（2）完备的社会制度及公共服务设施；（3）社区居民具有共同的文化传统或是基于某种亲族血缘为纽带的社会关系与社会交往；（4）居民对社区的认同感、归属感强。

社区依照分类标准的不同又可区分为：地域型社区和功能型社区，前者最为常见的就是作为城市基本治理单元的社区，而后者因功能不同可划分为经济型社区、文化型社区等等。在这里笔者要做一点说明，由于本文研究的对象是非物质文化遗产的保护工作，因此本文中所论及的社区应是拥有一定非遗项目的文化功能型社区，主要包括传统古村落和少数民族聚居区等，这些地方历史悠久或地处偏远，文化生态保存较为完整，堪称是中国传统文化的宝库。

（二）社区参与的概念

与社区研究相比，社区参与的概念则出现较晚，20 世纪 80 年代社区旅游开始兴起，旅游产业的发展对目的地社区既起到了积极作用，同时也对社区治理提出了巨大的挑战。1985 年 Murphy 在《旅游：社区方法》一书中首次提出应将社区参与的概念引入到旅游研究当中②，提倡要从社区发展的角度出发，充分尊重社区意愿，结合社区优势进一步开发和规划旅游产业的发展。和国外一样，我国的社区参与研究也主要集中于社区参与旅游发展领域内，重点探讨社区参与旅游发展的意义、社区参与旅游机制以及社区参与旅游发展的模式等。

---

① 费孝通，乡土中国［M］. 北京：北京大学出版社，2012：102.
② 杨晓红. 社区参与旅游发展法律保障制度研究［M］. 北京：法律出版社，2015：3～4.

　　而对于社区参与的概念，目前国内的学者都达成了一定的共识。彭惠清认为社区参与是社区居民通过一定的途径和形式参与社区事务的决策、管理和监察的过程，表现为居民与各利益主体互动中采取的制度化、合法化的参与方法和策略。① 王林提出"社区参与是一种手段，也是一种目的，即社区居民参与经济发展的目标制定、规划和实施发展、监测和评估；伴随着经济受益、促进社区居民的自主权，增加社区居民权能"。② 因此笔者认为所谓的社区参与也就是社区居民通过制度性的安排主动参与到社区公共事务的管理过程，并分享发展红利，实现社区增权，充分发挥"主人翁"的作用。

　　值得一提的是，随着文化遗产保护实践的不断发展，开始有越来越多的国内外学者也开始认识到社区以及社区参与在文化遗产以及非物质文化遗产保护方面也具有着重要的作用。孙九霞从保护传统文化的视角着重提出社区参与对于强化社区居民文化自觉、增强社区认同感、保护传统文化具有重要意义。③ 李晓明则从非遗保护整体性的角度探讨了"社区"之于非遗保护的重要性，提出非遗的保护应着眼于培养持续而稳定的文化生态，"将产生这一非遗的社区整体保护起来，而非某一具体文化项目"。这一提法不仅丰富了社区以及社区参与的内涵，开辟了社区发展的新方向，同时也为非遗的保护提供了新的思路。

三、非遗保护语境下的"社区"与"社区参与"

　　在简单廓清了社会学视域下的"社区"以及"社区参与"概念

① 彭惠清. 城市社区居民参与研究 [D]. 华中师范大学博士学位论文，2009：4.
② 王林. 景观村落旅游与社区参与 [M]. 北京：中国旅游出版社，2014：9.
③ 孙九霞. 社区参与旅游对民族传统文化保护的正效应 [J]. 广西民族学院院报（哲社版），2005，27（4）：35~46.

的内涵之后，我们再来看看非物质文化遗产保护语境下的"社区"的界定。当我们重新审视近几十年来联合国有关非物质文化遗产保护的文献和宪章，就会发现"社区"，即英文"Community"频繁出现于其中，从1989年的《保护传统文化和民俗建议案》、再到《人类口头和非物质遗产代表作》，直至2003年《保护非物质文化遗产公约》，这一系列法律文献中都有"社区"的踪影，这充分表明非物质文化遗产与"社区"有着千丝万缕的联系。

（一）国际法律文献当中的"社区"

单纯从非遗的概念的来看，早在《保护非物质文化遗产公约》之前，即1989年在巴黎通过的《保护民间创作议案》，当时还尚未有"非物质文化遗产"的概念，就以"民间创作"指代非遗，议案中明确规定："民间创作是指来自某一文化社区的全体创作，这些创作以传统为依据、由某一群体或一些个体所表达并被认为是符合社区期望的作为其文化和社会特性的表达形式。"① 将民间创作与特定的文化社区相联系，强调了民间创作是以社区传统为基础的，最终的表达形式也必须符合社区共同的期望。在后来的《人类口头和非物质遗产代表作条例》中，对"人类口头和非物质遗产"的定义中，基本上沿用了之前的表述；该条例还着重强调"被宣布为口头和非物质遗产代表作的候选材料应经有关社区同意"，然后才可以提交申请，这样的规定把"社区"置于非遗保护实践中首要地位，也从另一个角度说明社区的意愿是非物质文化遗产保护过程中的重要因素。

经过几十年的探索发展，2003年联合国教科文组织通过了迄今为止在世界非物质文化遗产保护领域最具有权威性和影响力的国际法文件——《保护非物质文化遗产公约》。该公约开宗明义，规定："非物质文化遗产是指被各社区群体、有时为个人所视为其文化遗

① 王文章. 非物质文化遗产概论［M］. 北京：文化艺术出版社，2012：5.

产的各种实践、表演、表现形式、知识体系和技能及其有关的工具、实物、工艺品和文化场所。各个社区和团体随着其所处环境、与自然界的相互关系和历史条件的变化不断使这种代代相传的非物质文化遗产得到创新，同时使他们自己具有一种认同感和历史感，从而促进了文化多样性和激发人类的创造力。"上述表述不仅明确了非遗在传统文化体系中的重要地位，充分肯定了非遗在现代社会中的重要价值；同时进一步明晰了非遗的主体和权利归属，旗帜鲜明地指出非遗的主体应是"各社区、群体，有时是个人"，将群体、个人与社区相并列更突出了社区的主体价值；同时该规定还强调了"环境、与自然界的相互关系和历史条件的变化"等文化生态因素在非遗生成、传承过程中的重要性。

　　当然目前《公约》在使用"社区"进行表述时，其概念还是相对宽泛的，在不同的语境下有着较大的差异，既可以指特定行政区域中相关不同社会组织和个人的集合体，如各级政府；同样也可以理解为文化区域中参与保护传统文化的民间性团体或个人，[1] 如前面提到的"我者"。出现这样的问题，其背后的原因主要是各成员国对"社区"的概念存在着较大的分歧。一些国家对"社区"具有高度的政治敏感度，"担心社区的相关表述可能导致所谓的社区主张某些特殊权利的危险"[2]。尽管目前对于"社区"的界定还存在着一定程度上的模糊性，但是从这些法律文献的表述中，可以充分认识到"社区"以及社区的参与在非遗的保护中具有举足轻重的作用。

（二）非遗传承的土壤：社区的文化生态环境

　　"社区"这一概念之所以能频繁地出现于非遗保护的国际法律文献中，不仅是各缔约国相互妥协而选取类似于"社区"这样偏中

　　① 孔祥学. 社区参与理念下的非物质文化遗产保护研究［D］. 西安建筑科技大学硕士学位论文，2013：12.
　　② 李墨丝. 非物质文化遗产保护国际法制研究［M］. 北京：法律出版社，2010：10.

性色彩的词汇，同时也有着深层次的原因，这是非遗传承的固有规律的必然选择。

任何文化事项都不是孤立的存在，离不开特定的地域环境和人文生态的支撑，并与这些要素共同构成一个有机联系的整体。从非遗形成的机理上来看，非物质文化遗产是传统社会里特定地域内的人们在其漫长的生产生活实践中主动创造并保存至今的生活方式，是人们在长期的征服自然、适应自然过程中所积累下的有效解决问题的方式和经验，同时也是人们在调整人与人、人与社会关系的过程中所形成并相沿成习的文化传统。因此在非遗产生和漫长的历史沿革中离不开特定的地域自然环境和人文生态环境。

人类是自然的产物，以地理环境为核心的自然生态是人类赖以生存和发展的物质基础。自然环境在人们的生活中扮演着十分重要的角色，敬畏自然、顺应自然、利用自然成为不同地域环境下人们共同的选择。地理环境的差异也导致了人们在文化行为模式和生活方式上的不同，从饮食习惯、服饰文化到生产技艺、婚姻丧葬，甚至是民众的信仰习俗、游艺竞技等非物质文化遗产的内容都与地理环境的有着千丝万缕的联系，正所谓"十里不同风，百里不同俗。"以国家级非遗项目宜兴紫砂为例，宜兴紫砂壶自明代始至今已有500多年的历史，之所以长期受世人追捧，很重要的一个原因就是其原料的特殊性，紫砂泥具有可塑性好、生坯强度高、烧成收缩率小等特点，而宜兴当地丰富而优质的泥料资源为紫砂产业的发展奠定了坚实的基础，因此"世界上只有一把紫砂壶，它的名字叫宜兴"。

当然除了特定地域的自然环境因素的影响，特定的文化社会环境也是非遗产生和传承过程中的关键因素。作为人类主动创造的精神文化现象，非遗是一定地域内民众共同创造并广泛认可且传承至今的民间文化的表现形式，在其产生和传承过程中不可避免地会受到特定地域内的文化传统、宗教信仰、生产生活水平以及日常的生活习惯、风俗等因素的影响，它们从不同方面决定了非遗的内容和特点，影响制约了非物质文化遗产的形成和发展。诞生于特定地域内的非物质文化遗产被深深打上了该地域的文化烙印，具有浓郁的地域特色，是一定地域的文化表征。

非遗是"地方性知识"的表征，具有强烈的地域性。而当这种地域性投射到具体的地理空间中时，那么"一定自然地域范围内人们彼此结成的社会共同体"的社区便成为最为主要的表现形式。从上文分析的"社区"的内涵要素或者是特征上来说，一个完整意义上的社区主要包括地域、人口、凝聚力、共同的文化等，这些要素也契合了非遗产生过程中对于特定地域文化生态环境的要求，二者具有高度的统一性，是和谐共生的关系，社区之于非遗来说就是其产生和发展的土壤。

（三）非遗传承的关键：社区主体的参与

从非物质文化遗产的特点来看，"非物质性"是其最大的特点，相对于其他形式的遗产类型来说，非遗更加注重人的价值，重视人的创造力以及活的、动态的、精神的因素。而这些因素的体现也并非都是依靠物质性的实体来体现的，它主要是依托于人类的行为活动来呈现的，需要人们的语言或者行为来表现。比如，手工技艺类项目在成品形成之前，它通常只能是以一种知识经验、技能方法存在于"我者"的头脑当中，只有当这些人通过不同的方式将其表演或者展示出来，非遗才能真真切切地出现在我们的面前，而在这过程中所借助的工具、实物从真正意义上来说并不是非遗。正如中国艺术研究院苑利教授所强调的，那些"看得见、摸得着的工具、实物、制成品即或对保护、传承非物质文化遗产具有特殊的意义，也不能视之为非物质文化遗产"①。因此非物质文化遗产作为一种人类的文化创造活动，它的产生与传承必须依靠该非遗所在地人们的主

---

① 苑利. 民俗学与遗产学视域下的乡土中国［M］. 北京：北京时代文化书局，2015：300～301.

动参与，才能得到进一步的发展，"它（非遗）的存在必须依靠传承主体（社群民众）的实际参与，体现为特定时空下一种立体复合的能动活动"①。

在《保护非物质文化遗产公约》中，也明文规定了社区传承主体在非遗保护实践当中的"参与权利"，第三章内容直接以"社区、群体和个人的参与"为题，规定各缔约国在非遗保护实践中的基本策略。该章第 15 条规定"应努力确保创造、延续和传承这种遗产的社区、群体，有时是个人的最大限度的参与，并吸收他们积极地参与有关的管理"，进一步强调了非遗传承主体的参与是非遗保护的关键，应充分保障传承主体的有效参与，也从一定程度上表明社区参与是非遗保护的重要理念和方法。因此，非遗保护语境下的社区参与可以被理解为：非遗所在社区内的传承主体在遵循非物质文化遗产传承固有规律的基础之上，主动参与保护的非物质文化遗产整体性的保护方式。

之所以在非遗保护工作开展的如火如荼的当下提出非遗的"社区参与"保护方式，除了是非遗传承的固有规律的内在要求，很重要的一个原因就是非遗保护实践的现实需要。在如今非遗保护实践当中，以政府为主导的自上而下的保护模式，为非遗注入了活力、提高了非遗的社会关注度，在一定程度上为非遗的传播起到了至关重要的作用，极大地推动了非遗的保护工作。但是当以政府、学界以及商业团体为代表的"他者"习惯性地凭借其绝对话语权以及强大的社会资源强势介入到非物质文化遗产传承过程中时，极易出现反客为主、越俎代庖的现象，甚至是直接取代传承主体的地位，直接进行非遗的传承与保护。尤其是政府机构，长期存在着越位、错位的现象。但是在强势的"他者"面前，以非遗传承人、团体或群体为核心的"我者"因为社会地位的差异以及话语权的缺失显得相对弱势，往往成为非遗保护工作中容易忽视的群体，沦为

---

① 贺学君. 关于非物质文化遗产保护的理论思考 [J]. 江西社会科学，2005（2）.

"他者"任意摆布的角色。这样的保护模式对于非物质文化遗产的整体性保护来说，无疑是一个致命的缺陷。

从去年开始实施的非遗传承人群研修培训计划，原意是通过系统的文化素养以及技能培训，提高非遗传承人的文化素养、艺术造诣以及创新能力。但是这种将技艺不同、独具特色的非遗传承人集中起来而脱离非遗地域性的培训方式只能导致非遗的同质化、官俗化以及所谓的"现代化"，这其实是对非遗原真性和独特魅力的消解与抹杀。而通过社区参与的方式，可以帮助我们厘清非遗传承过程中传承主体和保护主体的相互关系，确立传承主体在保护实践当中的主导地位，激发社区传承主体参与保护的积极性与热情，鼓励他们积极参与到非遗的保护、诠释和再现的过程中，从而让非遗真正地回归社区、回归民众。

四、非遗保护语境中的社区参与机制及原则

作为非遗整体性保护的重要理念和方法，社区参与在非遗传承和发展过程中的重要作用不言而喻。但非遗当中的社区参与具体包括什么内容，如何发挥其重要作用，仍然是一个值得深究的问题。笔者拟从社区参与机制出发，结合参与的主体、客体、动机、机制以及原则等五个方面来详细介绍非遗保护语境下社区参与的具体内容。

（一）参与的主体：谁来参与

如前文所述，社区是一定地域内部人们彼此结成的共同体，换句话说就是，社区是由于一群关系密切的人相互联结而形成的组织，社区的居民是社区得以成立的首要条件，这些民众是理所当然的主体，是社区的细胞。社区的发展和民众的切身利益是密切相关

的，居民的参与态度以及参与行为在一定程度上都会影响社区的发展。

具体到非遗的文化社区当中，社区中居民从理论上来说应该都是参与的主体，但因非遗项目的差异，其参与的主体又有一定的区别。对于传统工艺技术类这些个人化色彩比较浓厚的非遗项目来说，拥有这些技艺或生产生活知识的非遗"持有者"们是理所当然的参与主体，非遗也正是因为他们的口耳相传才能传承至今，他们是非遗的"身体化"形态；而对于该社区内没有从事该非遗项目的但是"生于斯、长于斯"的居民来说，他们虽然没有直接参与非遗的制作与传承过程中，但是在长期的生产生活实践当中，那些非遗早已经成了他们日常生活的一部分，他们对于非遗同样有着自己特殊的理解和技艺，因此他们也是社区参与中的重要主体，只是在主体的先后顺序上与非遗的"持有者"有一定的差距。其次对于以传统民俗、传统节庆为代表的以群体传承的非遗项目而言，在历史上这些非遗项目都是人们日常生活中常见的岁时节庆、仪式仪礼，与人们的生活息息相关，因此长期居住在该社区的居民理论上都应该属于社区参与的主体，但是在实际过程中由于社会变迁以及现代文化的冲击，这些曾经为全体居民共享的民间文化如今可能只存在于少数人的记忆中，他们在参与的过程应该扮演更为重要的角色。

（二）参与的客体：参与什么

社区参与的客体是社区中的各种社会事务，包括社区教育、各项公益事业、优待抚补助以及社会管理机构选举等关乎社区发展的公共事务。在非遗的社区当中，非物质文化遗产作为社区文化的重要组成部分，对于非遗的保护无疑是社区发展的重要命题，因此社区参与的主要管理的首要任务也就是如何更好地保护非物质文化遗产的整体性、活态性以及原真性。在具体的实践过程中，第一就是社区居民主动地参与到非遗项目的制作、表演等活动当中，也就是直接从事某一非遗项目；其次，在对非遗赖以生存的文化生态环境进行整饬的时候，社区居民应该通过一定的制度安排积极主动地参与到计划的制定、执行以及监督等过程中，充分发挥"主人翁"的作用。

（三）参与的动机：为什么参与

社区参与的心理动机是参与活动的起点，是激励与维持参与活动并达到一定目标的心理动力，是社区可持续发展的源生动力。在社区参与过程中，不同的参与主体因其自身利益诉求和经济文化需求的差异，其参与社区公共事务治理的心理动机也会有一定的差异，可以分为经济利益驱动参与型和公共参与精神驱动型，对于非遗来说更多的应该是后者。

所谓地经济利益驱动参与型，即是指社区内的居民是追求个人利益最大化的主体，其参与社区治理活动的主要动机是寻求经济利益，从而满足自己对于物质财富的追求。以这种心理动机为出发点的社区参与，在居民政治素养以及参与能力较为低下的传统村落社区以及参与的低层次阶段，可以极大调动社区居民参与的主动性与积极性，激发他们地参与社区管理的热情。但由于参与活动所取得的利益结果是公共物品，在全体社员中进行分配，而以经济利益驱动的社区参与必然会产生"搭便车"现象，使社区参与陷入极大的困境之中。

而以公共参与精神为内在驱动的社区参与，即是指社区居民在熟稔公共参与精神并在其感召之下，在对社区公共利益形成一定的共识基础之上，以彰显自我价值和发挥自身潜力为目标，自觉主动地参与到社区公共事务的决策、实施以及收益分配等活动中，从而形成个体发展与社区发展的命运共同体。

（四）参与的路径：怎么样参与

从社区参与旅游的实践来看，社区参与的主要活动有决策、规划、管理监督以及收益分配等，因此国内学者们对社区参与达成了一定的共识，认为社区参与的决策机制和收益分配机制是社区参与体系的核心要素，当然还应该包括激励机制、监督机制等。健全的机制是社区有效参与的前提，机制的健全与否直接决定社区参与的程度和层次，从社区参与初始阶段的激励引导，到社区事务的决策规划，以及日常的监督管理，再到最后的收益分配，这些环节都环环相扣，相关的配套机制也必须条理清晰、相互衔接，才能保证整个社区运转有序。其中社区中的行政组织包括居委会、村委会等，以及社区中间组织应在组织协调不同主体进行社区参与的过程中发挥重大作用，特别是社区中间组织的作用还应该进一步发掘。

（五）参与的原则

1. 以人为本的原则

非物质文化遗产是以人的活动为中心的活态的精神文化遗产，它的传承、实践的主体和载体都是人。只有当这些主体自发、自觉、自愿地参与文化遗产的保护中来，非遗项目才不会失去其赖以生存的土壤，才会后继有人，才能永葆生机。社区参与鼓励社区民众积极踊跃地参与社区的日常管理活动中，就是让社区的传承主体积极地参与到非遗的保护、诠释和再现的过程中，这也是《公约》所赋予的社区文化主体的"参与权利"。因此在社区参与非遗的保护过程中，更应该强调以人为本的原则，不能忽略社区居民的实际利益，这是关乎社区参与能否长期存在的关键问题。

2. 文化自觉的原则

所谓文化自觉，借用费孝通教授的观点，指的是生活在一定文化中的人对其文化有"自知之明"，明白它的来历、形成的过程，所具的特色和它发展的趋向，不带任何"文化回归"的意思。一个民族对其自身文化价值与特质的自我认知，是文化的自我觉醒、自我反省与创建。在文化的自我认知过程中，可以确立我们民族的主体意识，增强我们民族文化的认同感和自豪感，在文化自觉的基础上树立起对自己民族文化的自信，从而在传统走向现代化的过程中保持住民族文化的特色和魅力，促进世界文化多样性的发展。

我国是一个历史悠久的文明古国，文化底蕴深厚，各种形式的文化遗产灿若繁星，是中华民族宝贵的财富。但是在近现代历史上，随着西方现代文明的不断涌入与国人不断地自我否定，传统文化成为了愚昧、落后的代名词，被国人选择性遗忘，这无异于是一种"背叛"。因此，在社区参与非遗保护的过程中，应该大力提倡文化自觉原则，让社区居民或者非遗传承主体们充分认识到传统文化重要价值和魅力，树立起文化自信，只有这样才会促使社区居民能够积极主动参与到非遗的保护工作当中。

3. 民间事民间办的原则

非物质文化遗产作为一种深深植根于民间的社会精神文化遗产，它有着自己固有的传承规律，它的产生和传承在很大程度上都是依赖于广大人民群众的自我参与，是普通人民群众在长期生产生活实践中经验的积累与创造，因此它的保护与再现离不开那些扎根于民间的非遗传承主体们。要想科学地保护好非物质文化遗产，就必须按照非遗固有的规律来传承非物质文化遗产。在传统的乡土社会中，相对于专制统治的政治结构，民间长期存在着一套稳定自我管理体系，"以社长或社首为代表的村落神事管理系统，主要负责村落神事活动，祭神、娱神、迎神、赛会等都是由这套系统来完成的"①，维系着整个社会稳定发展。借助于这种管理体系，非遗也得到了很好的传承与发展。

而在社区参与的过程中，提倡坚持民间事民间办的原则就是强

---

① 苑利，顾军．非物质文化遗产保护的十项基本原则［J］．学习与实践，2006（11）．

调行政干预最小化原则，最大限度地调动民间社会的积极性，自我管理、自主参与从而保住文化遗产原有的特色。当然在如今的社会中，保护非遗是民族发展的重要任务，需要社会各界的参与，但是"他者"毕竟不是非遗的直接传承人，不能完全掌握非遗的传承规律，必须明确自己的定位，以切实可行的方式为非遗的保护贡献自己的力量。

4. 以社区为中心的整体性保护原则

非遗是一个集时间与空间于一体的概念，它的产生与发展也离不开特定地域的文化生态环境，也离不开人们的主动参与。对于非遗的保护最为重要的一个原则就是整体性保护方式，除了对非遗本身完整性的保护，更应该注意的是保持其原生环境的完整性。作为非遗整体性保护方式，社区参与就是要强调保护非遗不仅要兼顾非遗的生态环境，同时也要考虑到传承主体在非遗保护开发过程中的参与性。

总之，对于非物质文化遗产的保护不能脱离于它赖以生存的自然环境以及人文生态环境，即本文中的社区；同样也离不开社区主体积极有效的参与，充分发挥他们主体作用，才能使非遗不会失去其文化根基，才能永葆生机，为中华民族的发展提供源源不断的"脐带血"。

参考文献：

[1] 蔡禾. 社区概论 [M]. 北京：高等教育出版社，2008.

[2] 杨晓红. 社区参与旅游发展法律保障制度研究 [M]. 北京：法律出版社，2015.

[3] 李墨丝. 非物质文化遗产保护国际法制研究 [M]. 北京：法律出版社，2010.

[4] 王林. 景观村落旅游与社区参与 [M]. 北京：中国旅游出版社，2014.

[5] 费孝通. 乡土中国 [M]. 北京：北京大学出版社，2012.

[6] 王文章. 非物质文化遗产概论 [M]. 北京：文化艺术出版社，2006.

[7] 苑利. 民俗学与遗产学视域下的乡土中国 [M]. 北京：北京时代文化书局，2015.

[8] 孙九霞. 社区参与旅游对民族传统文化保护的正效应 [J]. 广西民族学院院报（哲社版），2005，27（4）.

[9] 贺学君. 关于非物质文化遗产保护的理论思考 [J]. 江西社会科学，2005（2）.

[10] 周超. 社区参与：非物质文化遗产国际法保护的基本理念 [J]. 河南社会科学，2011，19（2）.

[11] 苑利、顾军. 非物质文化遗产保护的十项基本原则 [J]. 学习与实践，2006（11）.

[12] 费孝通. 反思·对话·文化自觉 [J]，北京大学学报（哲学社会科学版），1997（3）.

[13] 孔祥学. 社区参与理念下的非物质文化遗产保护研究 [D]. 西安建筑科技大学硕士学位论文，2013：12.

[14] 彭惠清. 城市社区居民参与研究 [D]. 华中师范大学博士学位论文，2009（4）.

[15] 苑利. 进一步深化对非物质文化遗产概念的认识 [N]. 人民日报，2011 - 6 - 10（13）.

产业化视角：社会转型中的
传统文化"评弹"的困境突破之路

郑雅宁①

摘要：评弹是江浙沪等吴语地区的代表性曲艺，也是国家级非物质文化遗产。从文化经济学角度看，目前评弹艺术具有较高的文化价值和较低的经济价值。从绝对值意义来看，由于受众群体老龄化、缺少新的年轻受众、其他艺术表演价格较高等原因，评弹的艺术需求低且难持续；由于演出场所不断减少、表演群体老龄化、缺少商业评弹演员和高质量的长短篇书目创作、发展资金不足，评弹的艺术供给不足，后继无人。为摆脱这种困境，评弹需要走产业化发展道路：形成"创意策划—投融资—作品创作—营销推广—销售"的产业链条，并通过产业集聚扩大规模、产业融合扩大市场。

关键词：评弹；文化产业；文化经济；非物质文化遗产

评弹，是评话和弹词的总称，是江南地带的民间曲艺，是一门传统的说唱艺术。它起源于苏州，常用吴语表演，讲究"说噱弹唱"。2006 年苏州评弹被列入我国第一批非物质文化遗产名录。然而，近十年过去，评弹艺术的发展仍然举步维艰。在文化产业发展的良好态势下，尝试走产业化发展道路，成为保护非物质文化遗产同时提高经济效益的新举措。借此良机，评弹艺术需要充分挖掘自

---

① 郑雅宁，华东政法大学文化产业管理专业 2014 级研究生。

身的文化价值和经济价值，打造完整的产业链，进而进行产业聚集、产业融合，摆脱困境、提高经济效益。

一、问题的提出

评弹作为中华民族的优秀传统文化，曾在历史舞台上发挥过独特的作用和价值。自 2006 年苏州评弹被评为国家级非物质文化遗产以来，江苏、上海等地先后出台了相关的政策和法律法规等，以保护非物质文化遗产、促进评弹艺术的发展。近十年过去了，本就处在边缘的评弹艺术是否被重新唤回了活力？评弹艺术经历了我国社会的三次转型，目前的发展状况如何？该怎样在新的社会环境中谋求生存和发展？商业化浪潮和现代文化的冲击，已经使从前布满大街小巷的评弹书场慢慢离场。已渐渐不为年轻人所知的评弹艺术是否还能继续在历史舞台上光彩演绎？作为非物质文化遗产的评弹艺术，面临着新的发展困境和发展机遇。在国家大力倡导传统文化发展、文化产业崛起、文化遗产保护的今天，兼具文化价值和经济价值的评弹艺术，只有保持自己的传统精髓、地域特色，不迷失在今天多姿多彩的文化环境下，才能按照自己的文化发展规律传承下去；只有适应新的形势、新的市场环境，创造新的艺术需求，才能按照市场经济规律"活"下去。因此，我们要保护评弹艺术，并且要在保护的基础上着力打造一条评弹艺术的产业化发展道路，这样才能让评弹继续造福新的一代，为实现"中国梦"添砖加瓦。这条道路该如何走、怎么走？回答好这个问题不仅有利于评弹的可持续发展，还将为其他非物质文化遗产的产业化发展提供一定的借鉴。从文化经济学角度、产业化视角出发，将有利于我们解决这个问题。

二、案例选择和研究方法

本文选择了评弹进行个案研究。评弹既是国家级非物质文化遗产，又是江浙沪地区的文化代表。江浙沪地区独特的方言和地域生态文化环境，诞生、培育、繁荣了盛极一时的评弹。改革开放以来，江浙沪地区又成为市场化发展程度较高、受全球化影响较大的地方，为文化产业发展提供了十分有利的环境。在这种社会转变中，评弹的发展变化成为时代和地域的缩影。因此，对评弹的研究具有代表性和典型性。结合国家发展战略，江浙沪地带出台了很多有关非物质文化遗产保护、评弹保护、文化产业发展的政策和法律法规，具有政策优势，走在社会前沿，因此，选择评弹研究具有前瞻性，符合政策性。又因评弹诞生在苏州、繁荣在上海，我们能够方便地找到评弹的有关历史资料，能够就近进行采访和调研，较为完整地、全面地分析评弹的发展。因此，选择评弹研究具有地理位置的优越性和便利性。对评弹的保护，关系到传统文化如何在现代社会生存、非物质文化遗产如何继承发展、文化和经济如何协同发展等重大问题，涉及文化经济学、文化产业管理、传播学、历史等问题，十分值得探讨和研究。

本文在文献研究的基础上，采用对个案进行实地调研、采访调查、问卷调查的实证研究方法，从文化经济学角度阐述评弹的文化价值和经济价值，分析评弹目前的发展困境，结合产业链、产业集聚、产业融合等理论知识，通过演绎归纳，为评弹的产业化发展道路提供可行的具体方案，以使评弹在可持续发展的基础上，能够最大可能地创造良好的经济效益，从而为其他非物质文化遗产的发展提供思路。

三、非物质文化遗产评弹的价值分析

（一）评弹的文化价值

文化价值的要素包含审美价值、精神价值、社会价值、历史价值、象征价值和真实价值。运用不同的评估方法，我们能够对艺术品的文化价值进行一定的评估。评弹具备自身独特的文化价值。苏州评弹博物馆馆长、著名评弹表演艺术家袁小良在接受笔者采访时谈道，"评弹最大的特点在于'雅俗共赏'，不仅文人雅士、达官贵人喜欢，而且普通百姓、贩夫走卒也都热爱。从大的方面讲，它表现仁义道德、礼义仁智信等潜移默化的意识形态，引领社会的风尚与道德底线；从小的方面看，它用廉价的成本使人们在日常生活中享受娱乐，感受最有性价比的演出"。提到评弹的独特性，袁老师称"评弹一定不会被淘汰，因为它的表演形式很亲民化、很接地气"①。评弹的每首曲目都是艺术家原创的、表现自我风格的、独一无二的，因此具有真实价值和审美价值。评弹在吴语地区的人们心中就是家乡的象征，无论他们身处哪个角落，只要听到那呶呶低语、绵绵小调，思乡之情便溢于心头。从这个角度上来说，评弹是具有象征价值和精神价值的，它代表着家乡的一方水土一方人，具有一定的文化意义。从内容上来说，评弹说唱的是历史故事，评弹悠久的发展历史正是吴语地区人们真实生活的写照。因此，评弹具有社会价值和历史价值，对评弹的研究就是对其所在地区的历史社会生活的研究。根据笔者的调查②（详见图 1《群众对于是否需要

---

① 2015 年 8 月，笔者对袁小良先生就"苏州评弹的发展"问题进行了采访，文中有关袁小良先生的叙述均由本次采访整理而得。

② 此次问卷调查的调查样本为 300 人，采用抽样调查法得出本结果。

保护评弹的态度调查》)，约有 68% 的人认为需要对评弹进行保护，根据态度分析法，这从一定程度上证实了评弹的社会价值和历史价值。

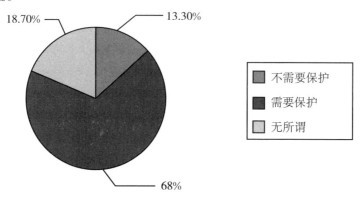

图1　群众对于是否需要保护评弹的态度调查

（二）评弹的经济价值

当评弹作为一种经济物品时，其存在的数量和人的欲望相比是不足的。从经济学角度来说，评弹艺术具有稀缺性、脆弱性和原创性。评弹作为一种无形的文化资本，如果逐渐地被人们忽视则会慢慢消失，只有通过不断地投资才能增加其存量，并可能提供服务流量。因此，对评弹的保护和创造需要源源不断地投入资源。通过对评弹艺术进行资源的整合，使其达到一定的规模，并通过市场运营而产生利润，从这个产业化视角来看，评弹是具有一定的经济价值的。

借助文化遗产资源的价值类型模型（见式1)①，我们可以较为直观地看到评弹的经济价值。

$$P = P_1 + P_2 \qquad （式1）$$

其中，P 表示经济价值，P_1 表示文化遗产本身的直接经济价值，

---

① 顾江编著. 文化遗产经济学 [M]. 南京：南京大学出版社，2009：24.

P_2 表示文化遗产产生的间接经济价值。

对于评弹来说，它所创造的直接经济价值就是消费者欣赏评弹艺术时所付出的门票价格。经调查，目前一场评弹表演的门票价格普遍 5 元到 50 元。这不包括那些公益性质的社区书场。另外，还有个别的高档书场根据演出情况会有 30 元到 180 元的门票价格。但更为普遍的是，普通书场 2 小时评弹演出的 5 元、15 元的门票价格，其中包括评弹欣赏期间的茶水费用。评弹所创造的间接经济价值则包括其所带动的旅游业中的住宿、交通、饮食、纪念品等消费，以及评弹所创造的各种衍生文化产品消费、评弹作品的版权、评弹艺术所创造的就业机会等。

就目前评弹的发展来看，评弹具有较高的文化价值和较低的经济价值，这说明其经济价值并不能完全体现其文化价值。由于评弹在产业化道路上的落后，评弹创造的经济效益还不太明显。

四、非物质文化遗产评弹的发展困境分析

近年来，评弹的发展趋势并不乐观。从文化经济学角度来看，评弹的艺术需求和艺术供给均逐步萎缩，从绝对值意义上来说，评弹的艺术需求和艺术供给均比较低，因此整体经济效益低下。

（一）艺术需求较低且难以持续

评弹的艺术需求低且难以维持的原因及表现主要体现在以下三个方面。

首先，受众群体老龄化，难以提高消费水平。乡音书苑是目前上海市运营的相对成功的书场，书场白天的上座率整体在 95% 以上，夜场受众的各个群体的比例为：年轻受众占 20% 、中年受众

占 20%、老年受众占 60%。① 评弹体现的是老一辈人的一种生活方式、时代个性，由于人们现在的生活环境、生活习惯发生了重大变化，评弹所依托的人和时代也发生了改变，因此评弹从一种"接地气"的表演艺术逐渐变成了远离人们生活的艺术形式。由于文化冲击、媒体的舆论导向和市场作用，越来越多的年轻人热衷于韩剧、美剧、流行音乐等，他们听不懂吴语方言，根本不了解甚至没接触过评弹，对评弹自然没有兴趣。喜欢听评弹的还是那些保留着本来的生活习惯的老年人。尽管我国老年人人口逐渐增多，但老年人的收入和消费水平普遍较低，使得门票价格提不上去，其所创造的艺术需求比较低。

第二，没有年轻的可"继承"的受众，难以创造新的艺术需求。具有较高文化水平的年轻人对评弹没有偏好，也没有充足的闲暇时间，因此需求也较低。同时，由于年轻人普遍对评弹没有兴趣，当这代的老年观众离开的时候，可"继承"的评弹的消费者也就没有了。艺术需求失去了继承性和可持续性。所以很多评弹艺术家认为评弹目前发展最大的问题是如何吸引年轻的受众。

第三，其他流行的表演艺术产品的价格较高，在一定程度上降低了评弹的艺术需求。时下受到年轻人欢迎的流行音乐、歌剧、话剧等普遍价高，也有一定的市场，赢得了年轻人的消费。人们在艺术文化上的消费和需求是有限的，若将其投入在了其他领域，自然对评弹的需求和消费就会减少。

由于艺术需求低，即使是高质量的评弹表演，也无法获利、难以为继。比如轰动一时的评弹系列新篇《四大美人》，受到观众的很大肯定，票房也不错，但因为演出成本高，依然不能收回成本。又因市场有限，《四大美人》很可能无法再上演。培养年轻受众已经成为评弹界的共识。"我说书都立足在 45 岁以下的观众，我去不

---

① 2015 年 8 月，笔者对乡音书苑就"书场及评弹的发展"问题进行了采访，文中有关乡音书苑的叙述均由本次采访整理而得。

少大学都演出过，年轻人疯起来比老观众还热情。"吴君玉始终认为，评弹只有打动年轻人才有生命力。① 只有培养年轻一代的受众，不断提高艺术需求，才能让评弹的发展持续下去。

（二）艺术供给不足，后继无人

艺术家是艺术作品的核心，没有艺术家，艺术创作便没有了灵魂。艺术供给的数量和质量取决于艺术家的数量和质量。由于评弹艺术家的培养需要长久的时间、专业的指导和被培养者的极大兴趣，高质量和数量的青年评弹演员已经十分稀少，评弹表演群体已经呈老龄化趋势。而正是由于偏好、市场等问题，鲜有年轻人把评弹作为终身事业，评弹的继承也令人担忧。仅从近几年来看（参见表1《2003年至2013年间评弹团演出场次统计》），不同评弹团演出场次的减少，就可以看出评弹的供给下降。尽管评弹本身的艺术需求较低，但是仍存在着艺术供给不平衡、供给绝对值不足等现象，这些表现和原因主要体现在以下五个方面。

表1　2003年至2013年间评弹团演出场次统计② （单位：场）

评弹团名称	2003年	2005年	2006年	2007年	2008年	2009年	2010年	2011年	2013年
上海评弹团	1901	2121	2909	3539	3455	3862	3565	1200	
上海新艺评弹团	1250		900			605	720	700	
上海市新长征评弹团		656	656	653		401	417	487	
江苏省苏州市评弹团	7200	6314	6500	6039	5934	6100	6900	6085	1339

---

① 评弹《四大美人》成本未收回可能束之高阁［N］. 东方早报，2006 - 9 - 20 综合版.

② 笔者通过查阅2003年、2005年~2011年、2013年的《中国文化文物统计年鉴》整理而得。

评弹团名称	2003 年	2005 年	2006 年	2007 年	2008 年	2009 年	2010 年	2011 年	2013 年
江苏省苏州市吴中区评弹团	2637	4309	2576	3617	2356	3247	2635	4000	950
江苏省常熟市评弹团	2100	2180	2100	2200	2300	2500	300	4000	815
江苏省常州市评弹团	2340	2185	2502	1946	2032	1646	1580	2099	810
江苏省江阴市评弹团	1500	1500	1615	1750	1860	2150	1900	1760	723
江苏省启东市评弹团		1550	1459	1349	1350	1400	1450	1500	748

第一，评弹的演出场所不断减少。评弹发展困境中一个不可避免的现实问题就是书场的没落。2011 年上海市书场工作者协会发布《上海评弹书场调查报告》显示，上海书场大量萎缩，目前中心城区的黄浦、杨浦已没有书场，闸北、虹口、原卢湾等区各只有一家书场。上海市的书场只剩余十多家，且生存下来的书场大多勉强度日，甚至亏本经营。① 而目前嘉兴市区只剩下珊凤书场一个，曾数次面临消亡。在该书场的一场青年评弹演员的表演中，两位评弹演员的薪酬为每天 500 元。演出一场 13 天的书目，演出费共计 6500 元，平均每场有 82 位听众，票价为每张 7 元。这场书目的门票总收入为 7462 元，演出费用为 6500 元，两者相减盈余不超过 1000 元。若再除去房租、茶水、水电等费用，几乎没有利润了。② 利润减少甚至亏本使许多书场消亡。演出场所的减少使评弹演出供给减少的直接原因。

第二，表演群体老龄化使演出数量减少。目前，全国约有五十余

① 储静伟. 评弹书场调查报告 书场困局：想提价又怕得罪听众［N］. 东方早报, 2011 - 9 - 1.

② 参见 http://bbs.tianya.cn/post - no04 - 2591398 - 1.shtml，［2015 - 8 - 31］.

个评弹社团组织。他们常组织参加一些公益性质的评弹演出，但是却经常因为表演者年事已高而不得不放弃演出机会。上海市青浦区评弹爱好者协会成员在接受采访时说道："团里年龄最小的演员 60 岁，年龄最大的演员 86 岁，平均年龄也 70 多岁了。现在我们主要面临后继无人的状态，因为评弹要求既要能唱又要能弹，需要长时间的训练。现在我们出去演出，虽然大家热情很高，也有很多人邀请我们，但老人毕竟行动不便，不方便长时间外出。"① 因为年纪大不方便出行，他们已经拒绝了上海老新闻工作者协会迎春晚会、陈云纪念馆的演出邀请。这种现象在评弹界普遍存在。

第三，评弹劳动力市场规律的作用，使评弹演员减少。评弹演员由于报酬低而改行的现象比较严重。20 世纪 80 年代末，很多评弹演员就纷纷抵受不住诱惑，下海经商，致使评弹发展进入了一个低谷。"在鼎盛时期，一位优秀的评弹演员说半年书便能买一幢住宅"的时代一去不复返了。评弹艺术市场中的劳动力，有着显著的特征。首先，他们有基本的物质需求。如果评弹演出不能满足他们的生活需求，他们便不得不抛弃评弹艺术，或者兼职从事评弹艺术创作。第二，评弹表演者的收入分配也是极度不均的。不同的艺术家所达到的艺术境界不同，他们所创造的文化产品有各自的特性，因而艺术家有了"一流、二流"之分。评弹艺术家也如此，即使是讲述同一段故事，艺术家在技巧性和熟练度上也存在着很大的差异，他们的名气和被认可的程度决定了他们是"一流"说唱人还是"二流"说唱人。不同的层次和排名决定了他们的报酬是有差别的，即"差额利润"。例如同样是用评弹演绎《玉蝴蝶》，蒋月泉就比其他人的报酬高。当越来越多的年轻人由于收入等原因不再学习、不再演出评弹的时候，评弹的艺术供给就会逐步萎缩。

第四，缺少高质量的长短篇书目创作。在评弹市场，存在着一种

---

① 2015 年 8 月，笔者对上海市青浦区评弹爱好者协会就"书场及评弹的发展"问题进行了采访，文中有关该协会的叙述均由本次采访整理而得。

现象，一个评弹演员的出名往往靠一部长篇书目，一旦出名以后，评弹演员就难再有新的高质量的作品。从经济学的角度来看，长篇书目的生产存在着周期长、收益小的特点。评弹演员要创造一篇长篇书目需要花费大量的时间和精力，却存在着很大的市场风险，很可能入不敷出。因此，与其再花费经历进行创造，不如借用已有的成名作产生收益。这样的想法阻碍了更多长篇书目的诞生。短篇书目，是现代人为了适应市场化需求，在篇幅长度上的一种改进。由于评弹界仍把长篇书目作为评弹发展的核心，短篇书目在业内的认可度较低，因此评弹艺术家较少地进行短篇书目的创作。书目的减少也造成了评弹艺术供给的不足。

第五，发展资金不足。"评弹协会的发展是很艰难的。我们的主要资金来源都是成员。政府方面对活动主要是上年预算拨款，所以例如陈云纪念活动这些临时活动都是我们自掏腰包。"上海市青浦区评弹爱好者协会成员如是说。资金是推动评弹发展的物资基础。从书目整理、演出场所、演出道具、演员到舞台设计、宣传推广，评弹发展的每一步都需要资金支持。然而政府和协会成员的个人资金支持都是有限的。缺乏了必要的资金，评弹的艺术供给下降也不足为奇了。

评弹的艺术需求反映了开拓评弹市场的必要性，艺术供给反映出发展评弹的重要性。同时提高评弹的艺术需求和艺术供给，并逐步调节二者之间的平衡，以使评弹产生更大的经济效益。

五、非物质文化遗产评弹的产业化道路

根据鲍莫尔成本疾病理论，评弹现场演出的相对成本出现了逐渐增长的现象，因此它越来越依赖国家的补贴。但政府的支持毕竟是有限的。"在政府的保护支持下，我们下面一代的演员已经垮掉了。传统艺术有一个特征是'隔代红'，即以十年为一代，梅兰芳后再过一代

人才有优秀的人。苏州的评弹书场大多不存在竞争，资金包括演员的费用全部由国家出。不管听众有多少，演员的演出平均每场可以拿两三百块。但这带来的问题是仅将评弹作为一种工作来完成，只是为了拿个工资。这对评弹的发展极其不利。所以我更加支持竞争。国家更多的应当是在政策精神层面上的扶持，而不是给工资养演员。"袁小良谈到。评弹作为一种兼具文化价值和经济价值的艺术形式，目前却面临诸多发展困境。为了解决评弹面临的上述困境，必须走评弹的产业化道路。

（一）形成"创意策划—投融资—作品创作—营销推广—销售"的产业链条

评弹产业链条的形成，将为实现评弹的产业化和可持续发展提供基础。文化产业的产业链和传统制造业有所不同，"在文化产业链条中，始终贯穿着艺术创意、经营创意、推广创意、销售创意，正是由于这一系列的创意，才能把信息、技术、资金和营销网络结合起来，激活和提升原有的文化资源，使文化资源在市场上产生出最大效益"。评弹艺术的产业链条亦是如此，"创意策划—投融资—作品创作—营销推广—销售"，其中投融资从策划开始后可根据实际情况贯穿至营销推广环节。目前评弹的发展在这各个环节上基本处于缺位状态。

1. 创意策划

评弹需要突破以往的发展路线，进行发展道路的整体创意规划，袁小良谈道："我们现在的升级换代应该是表演形式的创新，我们要让不听评弹的人、外地人、社会精英人士等听得懂评弹。这种升级是全方位的，但要同时注意保持传统精华的继承。"因此，评弹在创意策划阶段需要综合考虑市场、作品、演员、投融资、推广等各个阶段的问题，要在不失传统韵味的基础上，结合时代特征，结合人们喜闻乐见的表演形式，结合信息技术进行整体策划。

2. 投融资

评弹需要"开源"，解决发展中资金不足的问题。评弹要扩大投融资渠道，获得来自政府、基金会、企业甚至是社会的赞助。但由于文化产业的服务对象需求不确定（nobody knows），其投资风险较高，"往往适合资金充足的、可以实现规模投资的大公司来操作"[1]。为了提前确定部分艺术需求，评弹可与时下最流行的投融资方式结合——比如众筹。众筹，是指通过互联网发布项目，获得关注和募集资金。2015 年 8 月，预计成本 50 万元的中篇评弹《林徽因》就尝试开展了"评弹众筹"。该项目预计将 50 万分成 100 股，每股 5000 元，其中超过五成的股份面向全社会开放。这不仅为成本注入了资金，更重要的是使评弹艺术得到更多人的关注，因此每人只能认购一股，以扩大辐射范围。众筹带来的效益还不止这些。据了解，目前已有企业在得知众筹计划后向该剧组表示了合作意向。"众筹是面向个人的，如果企业有意向的话，接下来第二步可以开展股权经营。冠名也可以是一种方式。"[2] 开拓多种多样的投融资渠道，为评弹项目注入强大的资金支持，是评弹艺术发展的重要物质基础。

3. 作品创作

提高评弹艺术的产品创作，增加艺术供给。评弹的作品创作要注重创作人培养、与时俱进、注意版权保护。首先，评弹要把艺术家放在核心的位置，给艺术家创造良好的作品创作的环境。培养艺术家的任务非常艰巨，"评弹很难学会，但不是说只有江浙地区的人才能学会，主要是要热爱"[3]。中小学是培养青少年兴趣的地方，要针对课

---

① Nicholas Garnham. From Cultral to creative industries——An analysis of the implications of the" Creative Industries" approach to arts and media policy making in the United Kingdom，International Journal of Cultural Policy，Vol. 11，2005.

② 邵岭. 上海传统曲艺引爆创新热点：400 年评弹率先引入"众筹模式"［N］. 文汇报，2015 – 08 – 12.

③ 2015 年 8 月，上海市青浦区评弹爱好者协会在接受笔者采访时谈到。

堂、学校开展评弹教育。喜爱、学习评弹的人才增多，才能够增加评弹作品的创作。第二，创作人在进行评弹创作时，要注重民族特色，面向现代面向国际，让老故事有时代感、新故事有历史感，将个人感受、时代特色融入到传统故事当中，将艺术家的独特个性孕育其中。作品的魅力和艺术家的魅力一旦结合，魅力指数可迅速放大。第三，评弹的一个特殊性在于，弹词往往是由弹唱人自己创作或据前人的弹词创新而成的，从知识产权的角度上来看，具有自己的独创性，只流传给自己的继承人。评弹的创意活动是这门艺术最独特的魅力所在，一个弹唱人名声大噪，正是由于他对故事的阐述、弹唱生动形象，吸引了观众。版权保护是激励创作者进行创作的有力措施。青浦区评弹爱好协会成员在接受采访时称，由于评弹节目是由团队创作的，他们享有版权，所以暂时不会考虑将协会的评弹作品收录到市评弹团。保护版权，不仅是对创作者权利和评弹艺术的法律保护，也是对创作者的激励和奖励。评弹艺术的管理机构、社团组织等都应自觉遵守版权保护的规定。

4. 营销推广

通过系列的营销推广策略，增加艺术需求。评弹要和媒体"联姻"、注重品牌效应。第一，评弹的发展离不开媒体的发展。电台、电视都曾有评弹的一席之地。伴随着互联网的发展，评弹也需要与时俱进，向新媒体靠拢。"目前评弹的投入不够，电视向网络转型太慢，我们没有太多合作渠道。若仅仅是转为网络演出则没有舞台效果。"与新媒体的合作，不应该停留在打造网络书场的固定思维模式上，而是要借互联网的手，引起网民对评弹的关注，让现在的年轻人知道、认识、了解评弹，通过一些营销策略把网民吸引到书场中去欣赏评弹。在注意力时代，通过打造评弹的轰动事件、利用名人效应进行宣传、制作优质纪录片、融入到时下受欢迎的真人秀节目当中等等，在第一时间内先抓住受众的注意力，为评弹先打开一扇门，再通过其他线下形式来进一步吸引受众。第二，评弹需要品牌建设。在一定程度上，名演员就是评弹的品牌。在繁盛时期，评弹名家可谓数不胜数。但从20世纪 70 年代开始，评弹的名演员便处于稀缺甚至空位的状态。盛小云、袁小良算是 90 年代的名演员，但现在的演出也逐渐变少。自他们之后至今，几乎没有出现一位能够挑大梁的评弹名演员。袁小良先生十分注意品牌，他成立了"袁小良评弹艺术工作室"，用"新瓶装陈酒"，在评弹精华的基础上，对其进行"包装"，从而使其影响力不断扩大。

5. 销售

可采用定制化策略，针对不同的受众群采取不同方案。虽然价格机制对文化产业的市场调节作用并不适用，但是价格的定制化策略是针对目前评弹的实际市场采用的特殊手段，目的在于通过价格分类产生最大收益，而不是通过影响需求来影响收益。"评弹的定位是中老年的艺术，因为评弹观众第一要有每天来听的时间，第二要具备安静的性格，第三要有一定的文化修养。这几点是一般的年轻人不具备的。要年轻人每天来看看演出是不正常的。我们现在向年轻人宣传推广，就是为了要给几十年之后打基础，让现在的年轻人在老了以后可以来听评弹。"[1] 针对老年和青年两个不同的受众群体，评弹演出要采用不同的定价策略。对待老年观众，需要把长篇书目留给他们，制定相对低廉的票价吸引他们每天观看。针对年轻观众，尽可能地为他们提供短篇书目的评弹表演，就像电影一样，在较短的时间内讲述一个故事，甚至就是一场"评弹秀"，同时用绚丽的舞台效果、名演员、有趣的故事吸引他们，因而也可以将票价提高到符合年轻人较高的消费水平上。

（二）进行产业集聚和产业融合，扩大规模和市场

"对文化产业来说，要实现规模经济，接触到尽可能多的受众、实现纵向和横向的联合至关重要。"[2] 因此，评弹的产业化不仅要在横向

---

① 2015 年 8 月，袁小良在接受笔者采访时谈到。

② Nicholas Garnham. From Cultral to creative industries—An analysis of the implications of the "Creative Industries" approach to arts and media policy making in the United Kingdom. International Journal of Cultural Policy，Vol. 11，2005.

上实现自身的产业聚集，也要在纵向上进行产业的延伸。产业集聚是指在某一特定领域内相互联系的，在地理位置上集中的公司和机构的集合。① 即能够形成生产、销售等产业链的上下游企业/机构，以及具有竞争、互补关系的企业/机构，同时和相关的政府部门、行业协会、金融保险部门、培训部门等在地理位置上集中，在产业链上进行协作或竞争。从经济学的角度来看，产业集聚的目的是降低成本，提高资本利用率，提高经济效益。评弹艺术的产业化道路在产业化链条形成的基础上，在形成一定的规模之后，可进一步采用产业集聚的形式，降低各个环节的成本，取得规模效益。评弹的产业集聚结构图（参见图2《评弹产业集聚图》）显示，评弹作品的创作、演出团队/机构是核心，除了产业链上的各个企业/机构的集中，茶水、乐器、服装及其

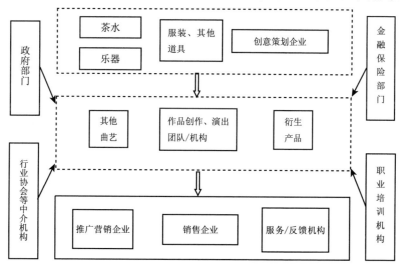

图2　评弹产业集聚结构图②

① 王洁. 产业集聚理论与应用的研究——创意产业集聚影响因素的研究 [D]. 同济大学，2007.

② 笔者根据以下参考资料整理而得：魏守华. 企业集群中的公共政策研究 [J]. 当代经济科学，2001（6）.

他道具企业/机构需要为评弹提供辅助产品;其他曲艺作为竞争产品来活跃评弹创作和演出;衍生产品的开发为评弹提供更多的消费点;服务/反馈机构作为一种售后保障,有利于增加受众和评弹艺术之间的互动、帮助发展和改进评弹艺术;政府部门为评弹艺术提供政策、资金、人力物力等方面支持;行业协会引领评弹的发展方向;金融保险部门为评弹的投融资提供保障;职业培训部门培养评弹爱好者、为评弹提供优质的演员。

产业融合是指不同产业或同一产业内的不同行业通过相互渗透、相互交叉、最终融为一体,逐步形成新产业的动态发展过程。[1] 评弹艺术在产业化道路上不能孤军奋战,还需要通过与其他产业的融合来推动发展。目前最有效的是与旅游产业和与传媒产业的融合。旅游产业和传媒产业已经形成了相对成熟的发展模式,有广泛的市场基础。评弹产业与它们的融合,将为评弹开拓市场、降低成本、提高经济效益。让评弹演出走向旅游景区、文化旅游节、电视剧、电影、电视节目,采用恰当的方式将评弹植入当下流行的选秀、真人秀节目中去;建立评弹文化创意产业园区,将其打造成相关旅游景点,收取门票,吸引消费者等。在产业融合的同时,也要注意对评弹艺术的保护。在和旅游产业融合时,"旅游开发也是可以和遗产保护互相成就的。这就要求开发建立在实事求是尊重历史传统和风俗文化的基础上,必须更加重视文化遗产的社会价值、文化多样性价值和情感价值,让生活于其中的人有认同感"[2]。评弹在旅游景点的演出,不能脱离整体的文化生态环境,而要打造评弹原本所处的生活环境、文化氛围,通过评弹艺术的演绎让观众体味到吴语地区人们的生活习俗、历史文化,让评弹的语言、曲调、内容打动观众,赋予观众情感,让他们爱上当地文化。在和传媒产业融合时,不能够为了迎合节目、影视作品而失去评弹自身的特色,降低文化品位。

---

① 厉无畏. 产业融合与产业创新 [J]. 上海管理科学, 2002 (4).

② 让遗产与生活相互供养(新评弹·善待历史文化遗产) [N]. 人民日报, 2015 – 05 – 21.

六、结　论

评弹作为一种兼具文化价值和经济价值的艺术形式，在商业化浪潮和其他文化的冲击之下，目前已经存在诸多的发展难题。从绝对值来看，评弹的艺术需求和艺术供给均存在不足。艺术劳动力市场规律作用下，评弹艺术家和受众均呈老龄化趋势，没有年轻人可以继承。再加上演出场所减少、资金不足等情况，评弹发展可谓岌岌可危。结合我国文化产业发展的大背景，评弹走产业化道路不失为一种自我保护、创造经济效益的有利尝试。从同心圆模式来看，评弹产业属于核心产业。评弹的产业化，除了打造属于自身的产业链条之外，还需要通过产业集聚来扩大规模、与其他产业的融合来扩大市场。目前，学界已经认识到了评弹的发展困境，但对评弹的讨论和发展建议集中在内容、传承人和受众培养等微观方面，而少有学者从文化经济学和产业化视角研究评弹的发展。本文希望开启新的思路。需要注意的是，在产业化过程中要注重对评弹艺术的保护。事实上，传统艺术、文化遗产的继承和保护，需要有群众基础和文化根脉。成功的评弹产业化道路不仅可以实现这个目标，而且将会产生不小的经济效益。

参考文献：

[1] 顾江．文化遗产经济学［M］．南京：南京大学出版社，2009．

[2] 评弹《四大美人》成本未收回可能束之高阁［N］．东方早报，2006－09－20．

[3] 储静伟．评弹书场调查报告 书场困局：想提价又怕得罪听众［N］．东方早报，2011－09－01．

[4] Nicholas Garnham. From Cultral to creative industries—An

analysis of the implications of the "Creative Industries" approach to arts and media policy making in the United Kingdom［J］. International Journal of Cultural Policy，Vol. 11，2005.

［5］邵岭. 上海传统曲艺引爆创新热点：400 年评弹率先引入"众筹模式"［N］. 文汇报，2015 - 08 - 12.

［6］Nicholas Garnham. From Cultral to creative industries—An analysis of the implications of the "Creative Industries" approach to arts and media policy making in the United Kingdom［J］. International Journal of Cultural Policy，Vol. 11，2005.

［7］王洁. 产业集聚理论与应用的研究——创意产业集聚影响因素的研究［D］. 上海：同济大学博士论文，2007.

［8］厉无畏. 产业融合与产业创新［J］. 上海管理科学，2002（4）.

［9］郑海鸥. 让遗产与生活相互供养（新评弹·善待历史文化遗产）［N］. 人民日报，2015 - 05 - 21.

作为非物质文化遗产的古琴艺术
在"现代性"背景下的保护方式

杨阳雨①

摘要：随着古琴艺术被纳入世界非物质文化遗产保护名录，古琴的保护和发展越来越受到人们的关注。但是如何保护古琴艺术？怎么样才是真正意义上的保护？对于这些问题学术界依然存在争议。在从事非遗保护研究的学者中，有学者赞同要尽可能保持最初的原貌，而另外一种观点则支持要与时俱进。本文从非物质文化遗产的设立背景切入，围绕以上这两个问题的讨论，试图阐明在"现代性"的背景下，古琴艺术应当在市场中进行保护，借助资本市场达到传承和发展的目的。

关键字：非物质文化遗产；古琴艺术；资本市场；文化消费品味

一、非遗的设立背景

"文化"作为一个过程概念，其本身具有复杂性和动态性。因此，尽管不同领域的研究者试图对其进行定义，但是目前这一概念

---

① 杨阳雨，华东政法大学文化产业管理专业 2015 级研究生。

还没有一个相对统一、明确的定义①。但是，在有一点上，文化研究者是达成共识的，即文化是与人密切相关的，它是自从人类出现后才逐渐形成的。然而，在之前人类的发展过程中，文化的保护和继承问题却不是从文化形成之初就备受关注的，或者说至少没有成为全球议题，被广泛讨论。笔者认为其原因有两方面：其一，文化权利。文化权利强调不同文化的价值、赞同文化的特殊性。二战后，人权问题成为世界共同关注的问题。联合国成立的初衷也是为了建立新的世界秩序，以保护人权。文化权利作为人权之一也逐渐被意识到。1966 年，联合国制定的《经济、社会和文化权利国际盟约》（ International Covenant on Economic, Social and Cultural Rights ② ）第一次以法律的形式确保文化权利的实现，其中明确说明："人人除享有公民及政治权利而外，并享有经济、社会和文化权利"，体现了对于文化权利的意识。其二，文化多样性。20 世纪 90 年代，联合国教科文组织开展了大量以保护文化多样性为主题的活动，其主要目的是为应对全球化带来的负面影响——文化同质化。文化遗产体包含着不同文化的独特性，因此保护文化遗产既是对其相应文化的认同，体现了文化权利，也是对文化多样性的保护。在这一背景下，联合国设立了"人类口头和非物质遗产代表作"（以下简称"非遗"），"古琴艺术"作为第二批，于 2003 年入选。

二、古琴的保护现状

在古琴被列入世界非遗保护名录后，我国政府于 2005 年颁布

---

① Donders, Y. (2010). Do cultural diversity and human rights make a good match? [J]. International Social Science Journal, 61 (199), pp. 15 ~ 35.

② ura, N., & Mititelu, R. (2013). International Covenant on Economic, Social and Cultural Rights. EIRP Proceedings, 8.

了《关于加强我国非物质文化遗产保护工作的意见》①，加大了对古琴艺术的保护。但是，古琴艺术在国内的当前传承和发展情况依然不乐观，面临着诸多问题。究其原因，可以将相关学者的观点归纳为四个方面。首先，"人"的缺失，这里的"人"是指对古琴艺术的传承和发展有推动作用的文人阶层和传承人。一方面，"文人士大夫"在现代社会中逐渐消失，而这一群体恰恰对古琴的传承和发展起到至关重要的作用。他们将古琴视为修身养性的一种方式，古琴也正是在这些文人的参与中得以发展的；另一方面，古琴面临后继无人的困境。据《古琴艺术世界申报书》统计："目前全国 50 岁以上的古琴传承人仅有 40 余人"②。其次，在曲目的整理方面，目前 3000 多首传统古琴曲目，至今依旧有演奏者会弹奏的仅有大约 100 首。因此，一些古琴研究者致力于琴谱研究。他们通过"打谱"（按照琴谱弹出琴曲的过程）尽可能地还原古琴的演奏，以此对古琴进行保护③。除此之外，在录音资料的保存和乐器的保存与修复方面，同样存在困难。例如：录音资料的载体设备落后、早期录音的数字化以及对文物类古琴的保管等问题。从以上对古琴保护的问题分析中可以体现，目前对古琴艺术的保护方法是以还原和保留其原貌为主。笔者认为古琴艺术的原貌和历史固然重要，但是如果要在当下传承和发展它，仅仅凭借还原其原貌再呈现是难以实现的。因为，从古至今的社会条件变化巨大，能够适应过去条件的事物，未必符合当下环境。比如，传统古琴艺术的风格是否符合当下的审美品味？是否能适应由自娱功能向职业化、表演化的转变？因此，如何有效保护古琴艺术，其方法需要结合当下的外部条件来思考。

---

① 关于加强我国非物质文化遗产保护工作的意见 . http：//www. szfwzwh. gov. cn/index. php？ m = tzhcfg&aid = 74，［2016 – 08 – 17］.

② 彭岩. 对古琴文化保护与传承的思考［J］. 中国音乐学（季刊），2009（2）.

③ Sun，Q.，Zhang，D.，Fan，Y.，Zhang，K.，& Ma，B.（2010）. Ancient Chinese zither（guqin）music recovery with support vector machine［J］. Journal on Computing and Cultural Heritage（JOCCH），3（2）：5.

三、"现代性"背景下的古琴艺术保护

在"现代性"的资本运作下，艺术商品化已成为艺术领域的普遍现象（例如，美术领域的英国现代艺术家 Damien Hirst，歌剧领域的美国百老汇，音乐领域的上海彩虹室内合唱团，舞蹈领域的陶身体剧场等等）。因此，笔者认为，古琴艺术也可以被视为一种艺术商品，通过借助市场机制的运作，实现传承和保护文化多样性的目的。

现代性（modernity）是现代社会的基础和核心，是现代世界由以成立、由以持续并不断地再生产自身的本质—根据，它可以被概括为两个基本支柱，即资本和现代形而上学。其中，作为现代社会的本质—根据之一的资本，对整个社会影响和改变是巨大的。根据马克思的理论，资本对于现代社会具有历史性意义。他指出："资本一出现，就标志着社会生产过程的一个新时代。"[1] 在这一时代，资本有其自己的生产逻辑，具体体现为两大特征：其一，高度的商品化；其二，以资本增殖为目的[2]。在这一背景下，古琴在当代社会的保护，不能仅仅是一味地保持原貌、还原历史，更重要是如何使其被当下市场中的受众所接受。毕竟，保护不是最终目的，使古琴艺术脱离保护后，依然能延续才是关键。而在"现代性"的逻辑下，笔者认为其能否延续取决于市场中的受众。在上文分析古琴艺术保护中存在的问题时，有提及到"人"的缺失这一因素。人对于非遗的传承和发展确实极为重要，但是，这里的"人"应当包含有古琴的受众，而不仅仅是古琴技艺的传承人。在资本市场中，如果

---

[1] 马克思恩格斯全集［M］. 第 23 卷. 北京：人民出版社，1972：193.

[2] Marx, K, Mandel, E. and Fernbach, D.（1993）. Capital：a critique of political economy［M］, 3 vols.

将古琴艺术视为一件商品，那么没有一定的市场受众，也就很少会有生产者愿意从事这一商品的生产。这就解释了从事古琴相关行业的人之所以如此稀少的原因。

古琴艺术的保护应将更多的关注投向市场中的受众，通过提高大众接触古琴艺术的机会，逐渐培养他们的消费需求，让受众愿意再次消费。如果市场中有足够的需求者，自然有人愿意从事这一行业。作为中国非物质文化遗产的紫砂壶，可以作为一实例。由于一直以来的饮茶习惯，使得紫砂壶作为一种饮茶器，至今依旧有相当大的市场受众。因此，宜兴作为紫砂原料的产地，已形成较为成熟的产业链。而且，随着近几年紫砂壶的投资收藏价值越来越高，进一步促进了其市场需求量。这使得每年都有源源不断的学徒前往宜兴学习紫砂壶的制作工艺，宜兴为此专门设立了陶瓷学院，教授制壶工艺。这一实例证明市场中受众的需求在非遗保护中的积极作用。

四、古琴艺术受众的艺术消费品味培养

笔者认为，作为商品的古琴艺术需要的是培养其受众的艺术消费品味，从而促进大众对它的需求。这里品味是作为名词，不具有褒贬之意，可以理解为因喜爱而形成的对某种艺术的鉴赏力。由于，古琴在当下的艺术市场受众较小，因此培养其受众的品味需要分步进行。一方面，先要让公众有更多机会接触、消费古琴艺术，培养他们对古琴的艺术品味。根据布迪厄（1984）的观点①，艺术品味（taste）是后天形成的，也就是说受众的品味是可以通过后天

---

① Bourdieu, P. (1984). Distinction: A Social Critique of the Judgement of Taste [M]. Cambridge, Mass.: Harvard University Press.

培养塑造的。所以，古琴艺术的品味也是一样。由于古琴伊始之初就与文人群体有着密切关联，一直代表着文人的对人格修养的追求，因此其受众具有局限性，多数大众没有机会接触古琴。但是，这并不意味着他们不具有对古琴艺术的品味。根据 Lévy – Garboua and Montmarquett 在 2002 年的研究①，个人的品味与其投入某一艺术的时间有关。他们提出两种关于品味培养的模型。在其中一个模型中，他们假设个人最初是不了解自己的喜好和品味的，但随着个人消费某一艺术（或者其他事物）的次数更为频繁，其品味会逐渐形成。例如：在当下，大多数人都具有对流行音乐的欣赏品味，因为流行音乐更易获得，受众对其的消费频率较高。相较之下，古琴的可获得性过低，更不要说培养对其的消费习惯了。因此，保护古琴艺术首先要让公众有更多机会接触古琴，培养对古琴艺术的品味，这一品味会促进受众再次消费，形成持续的消费需求。

　　另一方面，古琴艺术的受众培养应是一个双向的过程，即不是单方面的呈现，一味地让受众接受传统古琴的曲调风格，而是需要了解和适应当下的审美习惯，以大众更容易接受的方式呈现，从而更有利于提高他们对古琴艺术的审美品味。根据 Lévy – Garboua and Montmarquett 提出的另一模型，他们假设个人起初就具备一定的品味，并且个人会根据既定的品味选择自己想要欣赏的艺术，该人从本次艺术体验中获得的感受会影响他对该艺术的品味，从而影响下一次艺术消费的选择。例如：某人凭借自己的品味选择去欣赏古琴演奏《高山流水》。如果他的选择使自己感到享受、获得满足感（这里将之称为"正体验"），那么他对古琴艺术的品味会随着这次积极的经历而相应提高；反之，如果此次体验后的感觉一般或是更消极，那么其对古琴艺术的品味则保持恒定。同时，他们的进一步研究表明：个人对于同一艺术的不同种类（例如：classical music 和 pop music）有着不一样

_____

① Lévy – Garboua, L. , & Montmarquette, C. (2011). Demand. In: R. Towse, ed. (2011). A Handbook of Cultural Economics, Second Edition [M]. Cheltenham, Glos, UK: Edward Elgar. pp. 177 ~ 189.

的品味，并且这些品味同样会随着消费时获得的体验而有所变化。即使个人起初对于某种艺术的品味较低，但是随着消费这种艺术所获得的正体验不断增加，其相应的品味也随之增加，如图1① 所示。

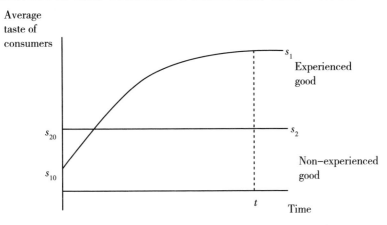

图1　The Cultivation of Taste

通过图1，可以说明当下大众对流行音乐与古琴艺术的平均审美品味，以及如何提高后者。假设 S20 和 S10 分别是当下大众对流行音乐和古琴艺术的平均审美品味。即使大众对古琴艺术的品味低于流行音乐的对应值，但是根据上述的品味培养模型，通过增加受众在消费古琴艺术时的正体验，其相应的品味会逐步提高。由此可见，古琴艺术在当下的受众品味培养，需要关注他们获得的艺术消费体验，尤其是其艺术表现是否符合当下的审美习惯。然而，对于这一观点学术界存在争议。

目前在非遗的保护方式这一问题上，学术界的观点大致分为两类：保护最初的传统和推陈出新②。对于古琴艺术的保护也存在相

① Bourdieu, P. (1984). Distinction: A Social Critique of the Judgement of Taste [M]. Cambridge, Mass.: Harvard University Press. P176. Figure 26. 1.
② 杨建营，王家宏. "非遗"武术保护问题辨析 [J]. 成都体育学院学报，2016 (2).

同的分歧。传统派中有学者认为，古琴艺术作为文化遗产应当还原、保存其最初的风格，体现传统文化。但是，笔者认为，类似的观点看似是在保护古琴艺术，实则阻碍了它的传承和发展。因为艺术作为文化的产物，其本身就是在不断的变化过程中。使一种文化始终保持不变本身难以实现，并且也难以适应变化的时代。同样，传统古琴的音乐特点与当下大众对音乐的审美习惯差异较大，若保持一成不变的传统风格，难以使得受众获得艺术消费的正体验。如此受众对古琴艺术的品味和消费需求不会有所提高。综上所述，在当下资本市场中的古琴艺术保护，最好的方式是培养受众对古琴的消费品味。同时，在这一品味的培养过程中，也需要适应市场中受众的审美习惯，适当改变古琴传统的音乐风格，从而得让更多人成为古琴艺术的受众。市场的需求增高加，生产者会随着增加。于是，古琴艺术在适应供求关系中，延续和发展，实现非遗保护的最初目的。

参考文献：

［1］Donders，Y.（2010）. Do Cultural Diversity and Human Rights Make a Good Match ［J］. International Social Science Journal，61（199）：15～35.

［2］Dura，N.，& Mititelu，R.（2013）. International Covenant on Economic，Social and Cultural Rights. EIRP Proceedings，8.

［3］关于加强我国非物质文化遗产保护工作的意见 ［OL］［2016 - 08 - 17］. http：//www. szfwzwh. gov. cn/index. php？m = tzhcfg&aid = 74.

［4］彭岩. 对古琴文化保护与传承的思考 ［J］. 中国音乐学：季刊，2009（2）.

［5］Sun，Q.，Zhang，D.，Fan，Y.，Zhang，K.，& Ma，B.（2010）. Ancient Chinese Zither（Guqin）Music Recovery with Support Vector Machine ［J］. Journal on Computing and Cultural Heritage

（JOCCH），3（2），5.

［6］马克思恩格斯全集：第23卷［M］．北京：人民出版社，1972：193.

［7］Marx，K，Mandel，E. and Fernbach，D. Capital：A Critique of Political Economy，3 vols［M］. London：Penguin Books，1993.

［8］Bourdieu，P. Distinction：A Social Critique of the Judgement of Taste［M］. Cambridge，Mass.：Harvard University Press，1984.

［9］Lévy – Garboua，L.，& Montmarquette，C. Demand. In：R. Towse，ed. A Handbook of Cultural Economics，Second Edition［M］. Cheltenham，Glos，UK：Edward Elgar，2011：177～189.

［10］Bourdieu，P. Distinction：A Social Critique of the Judgement of Taste［M］. Cambridge，Mass.：Harvard University Press，1984：176. Figure 26. 1.

［11］杨建营，王家宏．"非遗"武术保护问题辨析［J］．成都体育学院学报，2016（2）.

反思"中国风"产品设计的审美意识基础

——以服装品牌"花笙记"为例

李振强[①]

摘要： 在后现代社会背景下，如何实现对中国传统美学思想的表达，重拾中国传统的审美意识基础，是当下"中国风"产品设计者所面临的难题。通过选取传统的美学概念"意象说""气韵说"和"境界说"作为分析工具，将审美艺术基础与西方产品设计理论的结合，以"花笙记"服饰为例进行研究分析，探索服饰产品设计中如何兼有中国传统美学理念与传统纹样意象，对国内当下"中国风"服饰产品具有借鉴意义。

关键词： 中国风；产品设计；审美意识

中国传统服饰遭遇了国人生活习惯的历史性变迁，很长一段时间内淡出了日常使用。这其中有两方面因素：一方面是现代性取代古典，是社会工业化尝试带来的必然结果；另一方面是中国文化源远流长，取用哪一个朝代的传统、哪一个美学理论代表中国风格实在难以界定。中华文化的历时跨度从史前文明到 3000 年的中华文明史；就产品设计而言，"产品设计的三要素"：功能、物感、意义[②]也各有不同。进入了后工业时代，在产品设计中对传统文化的

[①] 李振强，同济大学人文学院哲学专业美学方向 2015 级研究生。

[②] 吴兴明. 反省"中国风"——论中国式现代性品质的设计基础 [J]. 文艺研究，2012（10）：16～27.

需求被重新唤起时，我们想要去重新定位文化身份就变得相当困难。

后工业社会的民族风潮流，实质上是一场基于民族烙印的知识竞争，目的是民族国家在经济发展中的驱动力和参与国际文化竞争。利奥塔在《后现代状况——关于知识的报告》中提出后现代的社会特征：知识成为商品，不同的民族国家通过竞争游戏竞相发展自己的民族知识，使得以西方为中心的元叙事传统的合理性受到广泛质疑。不同民族国家间的文化价值等级体系已经"去中心化"了，如美国文化霸权的工具——好莱坞电影也大量出现中国文化元素，这并不是代表中国文化的影响力在世界上能够与美国相媲美，而是商品开始以满足消费者需求为手段，包裹着各民族文化的外衣，输送着预设的意识形态武器传播国家影响力。

各民族文化间的平等反而使得民族文化影响力在经济领域开始新的竞争。因此建立中国现代美学体系，寻求一个古今中外各要素新的折中至关重要。我们需要重新给中国设计理论设定一个新的民族文化身份。这不仅是国际竞争的需要，也是国人寻回现代性夺去的传统文化中人与人、人与自然相亲近的情感温度的需要。在这样的一个背景下，传统文化的价值被重估。但是毕竟产品设计在历史上受到西方文化的影响，包括服装设计师在内的文化制造者往往纠结于古典与现代、东方与西方这两个维度的抉择。

日本在工业设计领域发展出了一套基于日本民族特征的现代性设计基础理论，但在谈到日本传统审美意识时，日本建筑及工业设计师黑川雅之仍然认为"作为一个日本人，我对自身应有的审美意识叙述，甚至也不得不基于西方的思考方式来进行，这实在是一种悲哀。"① 在探讨传统审美意识的时候，我们必须要考虑到当下的实际情况，即纯粹从古典理论的角度探讨审美意识已经失去了理论存在的社会背景；纯粹使用西方设计理论又难有中国文化特色。因

---

① 黑川雅之. 日本的八个审美意识 [M]. 石家庄：河北美术出版社，2014：序言7~8.

此，用现代的语言来转译中国传统的美学思想，不失为一种折中主义态度，这才有可能在历史的多个分叉路交汇后寻找到新的发展道路。由此基于当代的视角对中国传统美学的诠释，结合具体的"中国风"服饰产品来探讨有民族特色的审美意识如何对产品设计产生影响具有重要研究价值。

一、"中国风"服饰的概念界定

"中国风"从广义的角度而言，无论任何时代，只要是符合中国人时代审美意识特征的产品设计都可以纳入范围；从狭义的角度而言，一般将具体艺术领域的中国纹样与中国的美学理论相分离，因此不能完整地呈现中国人的审美意识特征。

当下国内的"中国风"热潮主要出现在工业设计和流行音乐领域，是基于传统中国元素素材的表达。"中国风服饰"被许多设计者理解为仅仅是民族传统元素的取用拼贴，如同流行于法国 17 世纪末到 18 世纪的"中国热"，仅仅是没有来过中国的欧洲设计师通过对中国产品的借鉴，基于西方审美理念想象出的中国风格产品。在服装设计领域，基于古典时期、启蒙现代化时期和后工业后现代时期的三个时间段，可以区分出三种不同的"中国风"服饰潮流。

古典时期的物受到传统符号等级的束缚，"家具和物品的功能首先是作为人与人关系的化身，并且要居住它们共享的空间，甚至要拥有灵魂。"① 此时的物与人是一体的，如同中国传统的美学理论，物的体系是人类社会等级秩序的反映。此时的中国传统工艺品上镶嵌着繁复的花纹和道德伦理的束缚，在 17 世纪传播到了欧洲大陆后，深受以蓬巴杜夫人为代表的贵族阶层的拥戴。中国风尚

---

① 尚·布希亚. 物体系［M］. 林志明，译. 上海：上海人民出版社，2001：14.

（la Chinoiserie）潮流的兴起，其本质上是封建制度为巩固统治的沆
瀣一气。布歇的《中国皇帝上朝》（如图1）体现出西方人将东方
描绘为一个与其相似等级社会，属于一种狭义的"中国风"。

图1　布歇《中国皇帝上朝》①

随着启蒙时代的到来，"物"因为人的解放而解放了，由"象
征物"向"功能物"转变。"在现代设计中，物不仅摆脱了外在装
饰的约束，同时也极大地摆脱了历史赋予的外在社会性含义的约
束。"② 在设计领域中"物感"的概念被凸显出来。阿达姆·卡尤
索对"物感"概念的解释是"建筑的物理现场直接具有的情感效
力。"③ 与中国传统音乐起源的"物感说"相通，即《乐记·乐本》
中提到的"人心之动，物使之然也"。

---

① 图片来源：http：//jingwenone. blog. 163. com/blog/static/1704886642016820321474 6，
访问日期：2017 年 4 月 16 日。

② 吴兴明. 反省"中国风"——论中国式现代性品质的设计基础［J］. 文艺研究，
2012（10）：16～27.

③ 同上。

　　此时的"中国风"服饰代表就是自民国以来，中式服装的改良出现了"旗袍""中山装"等以功能为主的产品设计。"中山装"的设计虽然遵循西方设计理念简约的风格，突出衣服材质的"物感"进行设计表达，但是细节中仍然寄寓了中国的共和与宪法精神，是有意义设计在其中的，这就是传统"意象说"观点留下的广义"中国风"的痕迹。

　　到了后工业社会，20世纪80年代兴起了国际奢侈品潮流的中国风（China Chic）。谭玉燕提出的这个概念，是基于西方美学设计理念，对中国民族元素的表现（如图2）。这一种中国风仍然属于狭

图2　Dolce & Gabbana 2016 春装中国风①

---

　　①　图片来源：http：//photo. sina. cn/album_ 24_ 68540_ 60928. htm？vt =48：ch =24，访问时间：2017 年 4 月 17 日。

义的"中国风"设计。兴起的原因一方面是后现代设计"去中心化"的体现，各民族文化的平等表达；另一个方面是中国人的奢侈品消费需求越来越旺盛，出于市场经济原则对产品设计的考虑。而国内的"中国风"服饰设计仍然方兴未艾。后现代的设计理念是对古典设计的回顾，也是对现代设计的一种补充。后现代设计基于查尔斯·詹克斯在《后现代建筑语言》中提出的观点，是将"物感"推向极致，个性化的彰显、历史主义、直接的复古主义等，而这些设计理念都对当下国内"中国风"产品设计提出新的呼唤。通过对"中国风"服饰设计的广义和狭义的区分，可以审视不同时期国内外服装设计的特点，在后工业社会的当下，对"中国风"服饰产品的设计提供借鉴意义。

二、中国古典美学中的审美意识

印刻着民族风格的"中国风"产品设计，必然符合中华民族的时代审美意识特征。美学范畴和美学命题是一个时代的审美意识的理论结晶。① 审美意识集中体现在时代的美学理论范畴中，也体现在时代的艺术作品里。因此基于设计者的视角，在产品生产的同时也是美学理论的生产。审美意识不仅符合美学理论的要求，也符合具体的艺术形式需求。要探讨中国现代的美学体系，就必须追问古典的美学传统。中国古典的美学中的审美意识，自先秦至清末主要有"意象说""气韵说"和"意境说"② 三种相辅相成的观点。

---

① 叶朗. 中国美学史大纲 [M]. 上海：上海人民出版社，1985：4.
② 叶朗. 中国美学史大纲 [M]. 上海：上海人民出版社，1985：8.

（一）"意象说"的符号体系

"意象说"作为一个美学概念最早出现在南朝文学理论家刘勰《文心雕龙》的《神思篇》，其主张艺术作品中要善于运用"意象"，是一种主观赋予客观事物特定的神思、情志、言辞的表达。①用当下的视角来解读，"意象说"是人形象思维的产物，把自然物与人的情感用一种约定俗成的方式赋予意义，是"形象与情趣的结合"②。例如，传统意象"月亮"代表着思乡之情，但月球并不是我们的故乡，在逻辑上和故乡的概念没有任何关系。值得注意的是，古人的形象思维如列维斯特劳斯指出的，基于一种"实用的态度"，将现象与现象间，现象与结果间联系在一起。因此古人的意象符号所表达的意义天生就具有一种功用的态度。中国传统审美在产品设计领域里往往将"美"与"善"相结合，酷爱占卜的古人对"吉利"和"幸运"有极强的心理期待。

中国传统文化中发达的意象符号图谱佐证了索绪尔提出的符号能所指之间的随意性原则，是传统艺术所特有的丰富装饰形象的意义来源。因此，在选取意象来设计艺术品的时候，我们必须关照到这个意象符号所表达的特定意义，这个意义必须符合具体的情境，必须对主体有所功用，才能算是准确完善的表达。

（二）"气韵说"的感性直观

"气韵说"多用于古典画论，首次出现在魏晋南北朝时期谢赫的《古画品录》中对画的六个评价标准之一的"气韵生动"。"气韵说"主要是要求人物画中对人的精神气质生动传神，气即气质，韵即外表风度。③传统美学思想对气韵的要求，实际上是出于感性

---

① 袁忠. 中国古典意象说疏论［J］. 船山学刊，2001（02）：72～76.
② 叶朗. 中国美学史大纲［M］. 上海：上海人民出版社，1985：265.
③ 张卿. 中国古代画论中"气韵"说的传承流变［J］. 艺术·生活，2003（04）：40～41.

直观的审美需要,要求绘画模仿的时候要抓住人的主要特征。而这些特征不仅仅是形象特点,更关系到人物本身所处的社会环境,如情绪、性格、性别、年龄、地位等社会因素的考量。与"意象说"借用客体来描述主体不同,"气韵说"主要要求在准确反映主体个体真实的同时,也要反映出主体的社会属性。而传统人物的社会属性,需要遵循约定俗成的伦理与道德观念。

(三)"境界说"的等级秩序

王昌龄在《诗格》中提出了"境"的概念,认为诗有"三境":物境、情境和意境。主张"境在象之外",对"境"的追求,无论是自然山水景物、人生经历的境界或是内心意识的境界,都要摆脱有限而去追逐无限。[①] 这个观点与谢赫不谋而合,只有实现了"境"的追求才能够实现"气韵生动"。有限与无限实际上并没有绝对化的区分,因此二者是相对的。从有限到无限的追求,无形中发展出了一个境界秩序体系,有限的境界作为起始端,逐渐往更高的无限境界递进,有限境界臣服于无限境界。

三种传统美学思想不仅仅是针对艺术作品,同样可以在工业设计领域得到应用。作为日常生活中表达中国传统文化的重要方式,服装设计自始至终都是人思想表达的载体。那么如何将中国的传统思想嵌刻进产品中,使国人乃至国外消费者所接受,就需要对服装进行特殊的设计。而这种特殊的设计就是将西方现代产品功能和中国传统美学思想相结合,组合成有中国特色的当代服装设计的审美意识基础。

---

① 叶朗. 中国美学史大纲 [M]. 上海:上海人民出版社,1985:269.

三、"花笙记"服饰对传统审美意识的体现

当下国内服装市场仍然是以西方现代设计理念的产品为主，对传统"物感"和传统的审美意识的考虑仍相对欠缺。在国家大力倡导中华传统文化的复兴之际，"花笙记"作为一家主打"中国风"服饰的服装品牌，其服装设计流露出浓郁的中国传统文化特色与现代流行气息。其服装设计在保证服装的现代性功能的前提下，大胆地运用中国元素，体现出传统美学理念。作为一个快速成长的"中国风"服饰品牌，其品牌口号"花笙记就是中国风"申明了对传统工艺的保护与传承的理念。"花笙记"的服装设计开始于对唐装的修身剪裁，设计出适合年轻人穿戴的现代唐装，而后将现代设计融入了汉服、马褂等传统服装样式。其新颖的设计理念是"中国风"服饰的现代化尝试的绝佳样板，值得对其进行分析研究，总结出传统服装设计现代化的应用经验。

服装设计的艺术理念与艺术密不可分，服装本身就是艺术品，着装本身就是艺术创造。① 根据服装设计理论，一个标准的"服装状态"由服装、着装者和着装方式构成。在服装设计环节，着装者和着装方式是被预设地设计进服装中的，因此服装广告的设计就是服装设计的重要部分。通过对服装广告海报的设计，就能够体现出目标着装者和目标的着装方式，将服装的状态整体地呈现。服装由物质性和精神性构成，是个人身份的表达，是连结个体与社会的一种沟通方式。如何在服装中体现中国的文化身份，是当下流行服装设计的一个难点。通过对"花笙记"品牌服装广告的分析，还原出"花笙记"服装的"中国风"设计，探讨在实践中如何将现代工具

---

① 华梅. 服装美学 [M]. 北京：中国纺织出版社，2008：154.

性与传统民族性相结合。借由"意象说""气韵说"和"境界说"三个传统的审美意象,分析选取的四幅"花笙记"服装广告图中流露出的传统文化,给予"中国风"产品设计可借鉴经验。

(一)意象的选取

图3　花笙记中华九九棒球服①

"中国风"产品设计的基础就是中国意象的表达,原则上要求意象要美观,象征意义要吉利。图3为"花笙记"设计的"中华九九棒球服"。棒球服是年轻人流行服饰的经典款设计,由此可见其定位就是在年轻人市场。从功能角度出发,棒球服与马褂的结合赋予了传统服饰都市休闲的风格。在流行服饰中,背后有两位数字是经典的设计样式,脱胎于美国棒球联赛使用的棒球服,数字原本是代表运动员的编号。这款衣服将流行设计样式赋予了特定的传统数字意象,是一个大胆的尝试。"9"是最大的个位数,在传统中是一个程度极高的数量词,因此在传统文化中有崇尚数字9的观念,在《易经》中有"乾玄用九,乃见天则";《楚辞》中有"九者,阳之数,道之纲纪也"。9是天道秩序的象征,是传统道德纲纪的隐喻。另一方面,数字9与"久"谐音,意喻长久美满之意。"中华99"

① 图片来源:http://www.sohu.com/a/131985946 - 479981,访问时间:2017年4月17日。

一方面寄托了对国家发展的可持续繁荣的美好期盼，另一方面也表达了当下的社会秩序的重要性，从日常穿着中提出对个人的自我约束。基于日常功能的设定，通过对主体有实际功用的意象，在这套服装设计中表达为一种吉祥的符号，为个人和国家带来幸运。

（二）气韵的烘托

图4　花笙记锦衣玉麒麟休闲汉服①

"气韵"是基于"意象"的选取搭配而成的感性直观体验。如图4为"锦衣玉麒麟休闲汉服"，服装通过纯黑色的设计和玉麒麟的意象展示了中国男性的一种神秘深沉的气质特征。"玉麒麟"不仅指代了能够带来幸运的瑞兽，也是《水浒传》中卢俊义的绰号，其勇猛无畏的气概成了这件服装所要表达的中国传统男性气质。将"气韵"解读为气质，是基于服装产品的特殊理解。纯黑的布料简约而稍加修饰，既体现传统"物感"，也兼有了传统的"意象"，

---

① 图片来源：http://www.sohu.com/a/131985946 - 479981，访问时间：2017年4月17日。

因此是一件符合中国文化的现代服装设计。

从功能的角度，将汉服与风衣外套的功能相结合，赋予汉服以街头休闲的气质。广告图片中的模特长发披肩，是中年人站在国外街头的形象，说明这款衣服适合年龄稍长，事业有成，对世事有所体悟的成功人士。基于当下国外街头的广告拍摄，和传统服饰的休闲定位，是要将传统的审美意识与当下的街头潮流相融合，目的是为传统服装设定特定的使用场合。

（三）境界的塑造

图5　花笙记仙鹤仙桃印花休闲外套①

基于"意象"的选取而透露出的"气韵"必须有一个规定性，而"境界"就是对感性体验的评价标准。"境界说"将境界划分为三种不同的类型，一种是与人的主客体评价有关的，如"人生经历

————————

① 图片来源：http：//www. sohu. com/a/131985946 – 479981，访问日期：2017 年 4
月17 日。

的境界或内心意识的境界"，实质上都是一种相对的标准；而另一种是对人所处的"自然景物山水"的评价，环境的评价就相对客观一些，一般以宏大为尊。图 5 为"仙鹤仙桃印花休闲外套"，其中"鹤立鸡群"的意象，就是要制造一种境界差异。这种境界差异主要是和主客体的评价有关，是自我心境的鹤立鸡群，或是他人评价的优人一等，这样的一种优越感给穿衣者以自信。

这款服饰借用仙鹤的意象，表达的是与人的经历或内心意识有关的境界。这款服饰是将传统纹样设计加在外套夹克上，利用外套夹克已有的日常功能，通过传统意象和模特戴着墨镜，手捧雄鸡，脸上带着的傲慢神情，塑造了产品的气质差异，实现境界的提升，"气韵"的通达。

图 6　花笙记紫金系列 99 绣花夹克①

另一种境界就是自然山水的境界，如图 6 所示，为"紫金系列99 绣花夹克"，选取的意象为"乾坤""秩序"和山水背景，体现出所处的环境的一种高境界。这款服饰通过传统的色彩搭配与传统

① 图片来源：http://www.sohu.com/a/131985946-479981，访问日期：2017 年 4 月 17 日。

的流行服饰相区别,并引用中国传统的哲学概念,给予穿衣者一种高深莫测的气韵感。通过传统的颜色传递中国传统的"物感",是"气韵"和"境界"的双重表达。

由此可以发现,"意象""气韵"和"境界"并不是三个独立的美学概念,而是互相渗透,相辅相成的。以"花笙记"服饰为例,"象征物"和"功能物"有机结合,从中见出中国传统美学原理服饰产品所独有的设计要求以及服装设计对功能和个性的表达。"中国风"服装设计通过"意象"的选用彰显出"气韵",从而实现一种"境界"。

"花笙记"服饰通过广告图片的设计,为传统服饰的现代化找到了功能性和象征性的结合点。"意象"概念的引入,赋予了服饰作为艺术品所特有的文化意味;日常功能性的回归,为传统文化找到了现代生活的落脚点。功能性与象征性的兼顾,融合了西方现代生活和中国传统文明特征,为"中国风"产品的现代化设计探索了新可能性。作为民族精神的一部分,传统服饰通过"意象"的引入重现了中华古典元素的温情,而基于日常功能的设计为传统文化注入了新的生命活力。功能性作为服装设计的具体性要求,与传统美学思想中的"意象说""气韵说"和"境界说"相结合,实现了"中国风"服装产品的审美意识基础。那么由此不难得出,就"中国风"的各类产品设计而言,都可以由此找到思路借鉴。

参考文献:

[1] 吴兴明. 反省"中国风"——论中国式现代性品质的设计基础 [J]. 文艺研究, 2012 (10): 16 ~ 27.

[2] 黑川雅之. 日本的八个审美意识 [M]. 河北:河北美术出版社, 2014.

[3] 尚·布希亚. 物体系 [M]. 林志明, 译. 上海:上海人民出版社, 2001.

[4] 叶朗. 中国美学史大纲 [M]. 上海:上海人民出版

社，1985.

　　[5]袁忠.中国古典意象说疏论[J].船山学刊，2001（02）：72~76.

　　[6]张卿.中国古代画论中"气韵"说的传承流变[J].艺术·生活，2003（04）：40~41.

　　[7]华梅.服装美学[M].北京：中国纺织出版社，2008.

台州市路桥区民间手工艺生存现状研究

王润华[①]

摘要：本文采用以田野调查为主并结合文献研究的方法，首先对民间手工艺的概念进行梳理，然后分析了浙江省台州市路桥区民间手工艺所依赖的地理和人文环境，并对路桥民间手工艺进行了分类。在此基础上，本文选取竹板刷、箬帽、藤编三项手工艺为对象对路桥区民间手工艺的现状进行个案研究。最后，根据路桥区民间手工艺当下的生存状况思考路桥区民间手工艺的未来发展之路，以期为我国其他地区的民间手工艺的发展提供一定的借鉴。

关键词：路桥区；民间手工艺

2016 年 9 月 24 日，以"保护传承创新开放"为主题中国（贵州）第一届国际民族民间工艺品文化产品博览会在贵州贵安新区开幕，来自 30 多个国家和地区的手工艺人以及他们的作品亮相此届民博会。近年来，随着非物质文化遗产保护工作的不断深入，人们对于民间手工艺的关注不断增加。与此同时，我国民间手工艺的保护与传承还存在诸多问题，还有一些未被纳入非物质文化遗产保护的手工艺项目无法获得国家资金和技术的支持，这些民间手工艺未受到应有的关注，处于被边缘化的境地。目前国内外对于我国民间手工艺的研究大多集中于单个的民间手工艺项目，对于区域性民间

---

① 王润华，华东政法大学文化产业管理专业 2015 级研究生。

手工艺的生存状态及未来发展鲜有研究。本文研究的对象正是区域性的民间手工艺，这些手工艺至今与民众的日常生活息息相关，也最能体现我国当今民间手工艺的真实状态，本文的田野调查地是浙江省台州市路桥区，路桥区只是我国普通的一个行政区域，正是因为普通，路桥区的民间手工艺才更能反映我国民间手工艺的真实存在状态，因此才具有代表性。

一、"民间手工艺"内涵的界定

要想界定民间手工艺这一概念，首先要明确民间一词的概念。"'民间'一词有两解：一是指非官方的存在域；而是指人民中间的存在域。"① "在艺术领域里使用'民间'一词不是泛指一切人民。"② 因为"即使手工艺人的作品，由于从事生产服务性质，有的作品是属于民间艺术的，有的却是典型文人士大夫性质，需要具体问题具体分析。"③ 因此，可以说被特指为"民间手工艺"的"民间"首先是个地域概念，与官方存在域相对，其主体泛指为普通民众服务的人民大众。

要理解民间手工艺的概念，还要理解手工艺这一概念。手工艺这一概念是针对机械工艺提出的，是对手工制品的一种强调。这里对于是手工工艺还是机械工艺的判定笔者认为有一个标准，这个标准就是采用机械的程度。当手工艺品的生产机械化到达一定程度时，手工艺品就不再是手工艺品而成了机械工艺品。手工艺品的生产发展存在一个悖论：手工艺品要发展就要扩大销量，当需求增加时，限于手工生产的效率极限，手工艺品的生产就必然要机械化，随着手工艺品生产的机械化程度提高，手工艺品最终变成了机械工

① 梁玖. 什么是民间艺术 [J]. 中华手工，2004，(3)：18 ~ 22.
② 张道一，廉晓春. 美在民间 [M]. 北京：北京工艺美术出版社，1987：30.
③ 张道一. 美术长短录 [M]. 济南：山东美术出版社，1992：293.

艺品，因此手工艺品的发展和保证手工艺品的"手工"性质是一对不可调和的矛盾。

柳宗悦在《工艺之道》一书中将工艺分为两大类和四小类，两大类是民艺（民众的工艺）和美艺（美术的工艺），民艺又分为集体的（创造的工艺）和资本的（机械的工艺）；美艺又分为个人的（个性的工艺）和贵族的（技巧的工艺）。① 柳宗悦所指的集体的创造的民艺即是民间手工艺。王瑛娴认为"各研究中使用的与民间手工艺内涵基本相同的名词还有'民间美术''民间艺术''传统手工艺''手艺''民艺'等概念，因研究者个人倾向而定"②。"而'民间手工艺'则体现了一种动态感，涉及形式、工艺过程、手艺人、制作工具等更为广阔更为全面的问题"③。

综上所述，关于民间手工艺的概念学界至今没有一个公认的定义，民间手工艺的界定之所以困难，是因为手工艺界限的模糊性，自从工业革命以来，手工艺品的生产就脱离了纯手工的状态，由于机械化的程度无法量化，导致手工艺的界限无法确定，因此，笔者认为，对于手工艺的界定不应停留在静态的固定的分类维度上，应该动态看待手工艺这一概念。民间手工艺可以定义为是由普通民众为主体进行生产，服务于人民大众的动态发展的工艺，其与工业品的区别在于采用机械化的程度。

二、路桥区民间手工艺资源综述

（一）路桥区民间手工艺的地理和人文环境

路桥区隶属台州市位于浙江沿海中部，东濒东海，南接温岭，

---

① 柳宗悦. 工艺之道 [M]. 徐艺乙，译. 桂林：广西师范大学出版社，2011：191.
② 王瑛娴. 民间手工艺的研究范式 [J]. 艺术探索，2009（1）：66~69.
③ 同上.

西邻黄岩，北连椒江。全区背山面海，丘陵与平原相间；河道纵横，水网密布；作为浙江省台州市的主体城区之一，路桥区的历史最早可追溯至 3000 年前的西周时期。因地处台州人口最密集的温黄平原中部，路桥历来贸易发达，清代年间已成为浙东南沿海的著名商埠。悠久的历史和繁荣的商贸孕育了路桥广博的传统文化和繁荣的地区经济，同时也推动了手工制造业的进步。

（二）路桥区民间手工艺的类别

根据笔者的实地调研发现，路桥区的民间手工艺品类多样，层次丰富，全区共有民间手工艺上百项，可以依据不同的标准对其分类。这里采用民俗学的研究视角对这些手工艺进行分类。"对于日常生活中人们制作和使用的物品的研究，民俗学者主要有四种研究视角：（1）认为物质传统是历史手工艺品；（2）是可描述可传承的实体；（3）是文化的体现；（4）将制作和使用物品作为人类作为。"① 依据第一种视角可以将手工艺分为遗留物和延续物两种，"遗留物是指那些过去比较普遍和流行的物品和行为。"② 遗留物是普通民众日常生活中的一种"习得"，是从历史到现代一直存续的思维和行为方式，它依靠人类习惯得以不断延续，在这一延续过程中，遗留物会发生变化，其本身具有的一些功能会发生变化乃至消失。举例来说，路桥区新桥镇有个打铁匠叫管正友，打铁作为农耕文明的产物，与农业生产息息相关，在农业文明时代，打铁技艺在民间非常普遍，但是如今的打铁技艺伴随着工业化城市化的发展已逐渐衰落，打铁技艺变成了农业文明的遗留物。

---

① ［美］迈克尔·欧文·琼斯. 游自荧, 译. 手工艺·历史·文化·行为：我们应该怎样研究民间艺术和技术 ［J］. 民间文化论坛，2005（5）：78~89.
② 同上。

"延续物一直存在是因为在特定的自然环境和经济状况下并没有出现更好的替代品，例如，在小块土地上人工收割粮食，在陡峭的山边用动物而不是拖拉机来耕种田地。另一方面，替代品可能存在，但是人们更喜欢用传统方式制作东西。"① 这一类的手工艺在路桥区有很多，如湖头村的箬帽，箬帽是村民在农田劳作时带的帽子，这种箬帽是用竹篾和箬竹叶编织而成，轻盈透气，在晴天可以遮阳，下雨天又可以挡雨，是千百年来当地村民根据当地气候条件发明的实用性很强的劳作工具，箬帽至今还没有更好的替代品。另一个例子是纺车织布。路桥区横街镇马院村有个手艺人叫吴卿增，他现在依然用古老的纺车织土布，并用这些土布制作地毯。笔者通过访谈发现，手艺人吴卿增并不是不知道有现代机械可以替代他的纺车，也不是因为他没有资本去购买一套可以织布的机器设备，而是因为吴卿增已经习惯了用传统纺车织布，他对于织布所产生的利润并没有太多追求，因此采用机械工具也不是必要的。

第二种视角是"将物质民俗看作是可描述可传承的实体，以使用的物品或制作它们的目的为基准，研究者确立了'类别'的概念"。② 依据这种标准，可以将路桥区民间手工艺分为以下三类：一是生产性手工艺，如路桥区横街镇前潘洋村的应显友，他从事木质农具的制作，这种手工艺是为农业生产服务的，是一种生产性手工艺。二是生活性手工艺，如横街镇的周宏江，他从事藤编技艺，以生产家用藤椅为主，这种手工艺是为普通民众的日常生活服务的，是一种生活性手工艺。第三种是审美性手工艺，如田洋王村的叶春海的剪纸，是为民众日常审美服务的。

---

① ［美］迈克尔·欧文·琼斯. 游自荧，译. 手工艺·历史·文化·行为：我们应该怎样研究民间艺术和技术［J］. 民间文化论坛，2005（5）：78～89.

② 同上.

三、路桥区民间手工艺的生存现状

路桥区民间手工艺种类繁多，对于他们的生存现状进行一一分析不实际也没有必要，这里挑选出三个比较具有代表性的民间手工艺进行分析。

（一）竹板刷

竹板刷作为路桥区民间手工艺具有代表性，因为路桥区的竹板刷已经形成了产业，并且进行了明确的分工。路桥区竹板刷工艺形成于横街镇上林村，上林村水系发达、池塘遍布，自古便有浓厚的工商业氛围，曾经兴起煮盐、土布、鞋板刷等三大产业，村民多有外出承接业务或者开设家庭小作坊的传统。因区位优势不甚明显，近十年来，村庄的面貌变化不大，各项基础设施建设并不突出。

上林村的竹板刷制作分为三个流程：采购毛竹——制作竹板——穿毛。首先由专门负责采购毛竹的村民，他们去黄岩采购毛竹进行粗加工，再卖给制作竹板的村民；然后，制作竹板的村民对竹子进行分割，把一根竹子用机器分割成标准大小的竹板，随后用劈刀刮去竹板上的青皮，这样使得竹板更加美观，接下来用机器对竹板进行打孔，最后一步是晾晒；完成了以上的工序后，最后一项工序是对竹板穿毛，穿毛这一工序是纯手工操作，据竹板刷手艺人陈美云介绍，手工穿毛一天最多可以穿一百多个。"毛"的材质有棕榈丝、猪毛、尼龙丝等，现在常用的是尼龙丝，因为价格便宜。板刷的制作流程分别由不同的村民专门负责，虽然这些村民对于竹板刷全部的制作流程都熟悉，但他们知道每个人负责不同的工序，大家分工合作的效率更高。

竹板刷制作完成后会有专门的经销商来收购，这些加工好的竹板刷经过经销商会流向市场。目前，上林村从事竹板刷制作工艺的有十几户人家，附近的陈家村也有人家在做，根据竹板刷手艺人的介绍，他们平均每人每天可以赚到 100～200 元钱。因为受到塑料板刷的冲击，竹板刷现在已经不能赚到钱了，从事手工板刷制作的村民大多是中老年妇女，年龄 40～90 岁。据板刷手艺人介绍，村里的年轻人都不愿意去学竹板刷的制作工艺，因为从事竹板刷这个行业相较于出外打工挣不了多少钱。

（二）箬帽

路桥区湖头箬帽制作工艺为路桥区非遗项目，传承人吴宏保已于 5 年前去世，目前无其他传承人，整个湖头村现只有 5 户人家还在从事箬帽制作。湖头村地处横街镇西南角，东边有凤凰山脉，南面与羊宅西村、西与新桥镇交界、北同镇城区的横街居相邻，交通发达，有三个主要交通干道。

湖头村箬帽是极具地方特色的民间手工艺，因为箬帽的编织需要一定的技术，所以在路桥区目前只有湖头村还有制作箬帽的手艺人。箬帽作为农民田间劳作的必备工具，在农业生产还未机械化以前，其市场需求量很大。据箬帽的手艺人介绍，以前农民插秧、下农田都要戴箬帽，销量很大，现在很少有人再去戴箬帽了。

湖头村的箬帽制作关键是看手艺人的技术水平，熟练的手艺人一天可以做 6 个，而手艺水平差的每天可以做 3 个，箬帽的批发价每个是 8 元，零售价每个是 10 元、12 元、15 元左右，具体价格要看箬帽制作的是否精良，而每个箬帽的成本大约是 2 元钱。经过计算可以发现，箬帽的手艺人每天能赚大约 50 元。通过访谈，笔者发现，这些制作箬帽的手艺人并不以制作箬帽为生，他们制作箬帽的动机大多是日常生活的消遣，赚钱倒是次要的。

（三）藤编

路桥区横街镇横街居有个藤编技艺传承人，他叫周宏江，他在从事藤编制作之前是从事塑料编织的。之所以选择藤编作为案例分析是因为周宏江的藤编手艺是一种"前店后厂"的模式，即生产和销售在同一地域，产销的负责都是同一个人。

在路桥区从事藤编工艺的就只有周宏江一人了，据周宏江介绍，他也没收徒弟。周宏江从事手工藤编已经三十几年了，他除了编织平常家用的藤椅、藤桌外还会对藤编的器型进行创新，比如他会把藤编的椅子做的很小，可以作为家里的摆设，偶尔也会用藤条给孙女做一些可爱的玩具。周宏江平常也会选用塑料进行编织，他所经营的藤编店铺里也有卖塑料编织物，这些塑料编织物都是工厂里进的货。周宏江认为只有天然的藤条编织的椅子才有质量保证，根据他的经验，塑料藤椅两三年就会坏，而好一点的用植物藤编织的椅子可以使用几十年，因此植物藤编织的椅子的价格会远远高于塑料的藤编椅。

据周宏江介绍，如今他手工编织的藤椅都不在店铺里销售了，因为价格太高，他自己的手作藤编椅子一般都是先要预约定制的，他会根据预约者的身高、体型进行量身定做，这样他也觉得更有意义。一般周宏江定做的植物藤椅价格可以卖到 800 ~ 1000 元。

四、路桥区民间手工艺的未来

通过以上分析可以发现，路桥区民间手工艺种类繁多，其生存现状堪忧，对于路桥区民间手工艺的未来发展笔者以为应该进行保护与开发相结合，在开发中保护，在保护中开发。保护和传承不能脱离人们的日常生活，对于路桥民间手工艺的开发与保护可以从以下三个方面着手。

（一）建立民间手工艺体验中心

体验经济学的提出者约瑟夫·派恩曾经指出："通常经济学家仅涉及经济提供物本身的价值，而不考虑它们给顾客带来的价值。"① 这里，派恩是想强调价值不再只是产品本身的价值，也是人们在经济活动中感受的价值。同样，我们看待民间手工艺品的经济价值不能只着眼于手工艺品本身，还要看到手工艺品生产过程的经济价值开发。"农产品是可加工的，商品是有实体的，服务是无形的，而体验是难忘的；当企业有意识的以服务作为舞台，以商品作为道具来使消费者融入其中，这种刚被命名的新的产出——'体验'就出现了。"② 民间手工艺品因为生产过程的特殊性而使得其运用体验经济而比其他商品更具优势。

路桥区新桥镇金大田村近年来因为乡村旅游而渐渐发展起来，在调研中笔者发现金大田村文化礼堂旁边就是一个手作体验中心，这个手作体验中心被称作"花田市集"。目前，"花田市集"和当地乡村旅游结合，运转良好。路桥区的民间手工艺发展正好可以借助"花田市集"平台，挑选一些具有代表性的民间手工艺发展体验经济，民间手工艺的体验和观摩可以提升游客的满意度，进而增加游客数量，游客的增多反过来又带动了民间手工艺体验经济的发展，同时也传播了民间手工艺的制作技艺。通过打造民间手工艺体验中心可以实现路桥区经济发展和民间手工艺保护的双赢结果。

（二）打造地方民间手工艺品牌

随着国内对于民间手工艺的日益重视，各地的民间手工艺品层出不穷，如何在众多民间手工艺品类中脱颖而出，赢得市场认可，

---

① ［美］B. 约瑟夫·派恩，詹姆斯·H. 吉尔摩. 体验经济［M］. 夏业良等，译. 北京：机械工业出版社，2008：178.

② 同上书：16.

关键在于对品牌的打造。路桥区民间手工艺中有很多是路桥区独有的，还有一些是路桥区独具特色的民间手工艺。比如，湖头村的箬帽。湖头村的箬帽产生于农耕文明时代，随着工业化的进程，这种箬帽在全国已不多见，据当地箬帽的手艺人介绍，湖头村的箬帽编织手法也与别处不同，湖头村的箬帽相比于其他地区生产的箬帽其质地更加紧密，因此也更加结实耐用。对于路桥区的民间手工艺发展，可以选取一些具有地方特色的民间手工艺，进行品牌打造。品牌打造可以增加民间手工艺品的产品附加值，同时也提升了路桥区民间手工艺的知名度。通过对路桥区民间手工艺进行品牌打造可以完善民间手工艺的产业链条，实现完善民间手工艺产业链和民间手工艺保护相互促进的良性循环。

（三）对民间手工艺进行创新

路桥区民间手工艺品类众多，但这些手工日用物在工业品的冲击下已不具价格优势，因此在商品市场也没有竞争力。要想实现民间手工艺的发展，就要利用现代设计思维，通过融入现代元素对民间手工艺品进行创新开发与生产。比如，路桥区的藤编技艺，藤编手艺人周宏江出于对技艺的追求而设计出新的藤编器型，这些新的藤编器物不再只是针对民众的日常生活使用，还针对民众的审美与娱乐需求。对于路桥区民间手工艺的创新，不能仅仅依靠手艺人本身，要吸引一些专门的设计人才，通过手艺人与设计师的结合最终实现民间手工艺的创新与新生。

以上三种途径并不是孤立的，而是相互配合的：通过民间手工艺的设计创新才能更好地打造地方民间手工艺品牌，吸引更多的顾客来进行体验；更多的顾客体验又会促进民间手工艺的创新和提升民间手工艺的品牌知名度；而打造了地方民间手工艺品牌又会吸引更多的顾客来进行民间手工艺制作体验。

五、结 语

本文以路桥区民间手工艺为案例进行民间手工艺的研究，通过分析路桥区民间手工艺的现状后得出路桥区民间手工艺发展的三种途径：一是建立民间手工艺体验中心；二是打造民间手工艺品地方品牌；三是对民间手工艺品进行创新。路桥区民间手工艺在全国具有代表性，希望本文可以为我国其他地区的民间手工艺开发和保护提供借鉴。

参考文献：

[1] 梁玖. 什么是民间艺术 [J]. 中华手工，2004（3）：18～22.

[2] 张道一，廉晓春. 美在民间 [M]. 北京：北京工艺美术出版社，1987.

[3] 张道一. 美术长短录 [M]. 济南：山东美术出版社，1992.

[4] 柳宗悦. 徐艺乙，译. 工艺之道 [M]. 桂林：广西师范大学出版社，2011.

[5] 王瑛娴. 民间手工艺的研究范式 [J]. 艺术探索，2009（1）：66～69.

[6] [美] 迈克尔·欧文·琼斯. 游自荧，译. 手工艺·历史·文化·行为：我们应该怎样研究民间艺术和技术 [J]. 民间文化论坛，2005（5）：78～89.

[7] [美] B. 约瑟夫·派恩，詹姆斯·H. 吉尔摩. 夏业良，等，译. 体验经济 [M]. 北京：机械工业出版社，2008.

由网络新民俗看传统文化的日常性保护

李易儒①

摘要：移动互联网的诞生使得现代人的生活被笼罩在一张巨大的网络之中，受此种环境影响，人们的日常生活变得和互联网密不可分。乡里城间被人们口耳相传、世代相承的传统民俗，也被移动互联网技术以及移动互联网思维日益侵蚀，并由此诞生了互联网时代的网络新民俗。这种新民俗源自于传统文化，但同时也打破传统文化并对其进行新的建构，最终存留于现代人的日常生活实践之中。本文通过对日常生活的学理探究和对日常实践的追溯，以批判性思维分析此种网络新民俗的诞生缘由及延续可能，力求探索出一种传统文化的新型保护模式。

关键词：互联网；新民俗；传统文化；日常性保护

一、日常生活的启蒙

"二战"后的德国在经历了纳粹、战争、奥斯维辛之后，和平和民主得以保证，长期以来富足繁荣日渐增长。在这段时间里，生存的前提不需要去斗争就能获得，对生活的规划布置则得以凸显。这一代

---

① 李易儒，上海交通大学媒体与传播学院文化产业管理专业2015级研究生。

人厌倦了英雄主义，也对平淡无奇的日常生活逐渐麻木。当时的社会情况亟需日常生活的启蒙者，引领大众探寻生活的意义。由此，赫尔曼·鲍辛格这一代民俗学者将研究对象定位于"普通人的日常生活"，以"近视域的伦理"——一个由图宾根哲学家瓦尔特·舒尔茨提出、鲍辛格乐于引用的概念，一种能渗入生活其中的思考为重点，开启了"经验文化学"的研究和探索。在这样的思考中，不仅考虑到人是现实的、顺从命运安排的存在，同时也对人寄予乐观的期待。

新中国在经历了百年屈辱和跃进动乱后，终于在改革开放后迎来了稳定和平的发展时期。国家富强、民族团结、社会进步、人民幸福的发展状态使得日常生活的重要性得以体现出来。当普通民众不再需要为生存做斗争，当国家不再在存亡之际徘徊，日常生活便逐渐占领人们的生命历程，却不被大多数人所察觉。

担当日常生活的角色，是德国民俗学家赫尔曼·鲍辛格半个多世纪以来在从事研究、教学和与公众沟通时倾力致力的目标。在鲍辛格眼中，日常生活一方面是"灰色的"，是一成不变循环往复的，受讲求实际、以实用为导向的思维和行为方式的支配；另一方面，在飞速发展和更新的技术世界里面，每个人的日常生活都在相应地与时俱进。鲍辛格和他的学界同行引为己任的，就是去发现那些永远处于"变化中的恒久"的内容。

鲍辛格引导的民俗学意义上的这种启蒙取向，不再以发现"沉淀的文化遗产"（versunkene Kulturgüter）和民族之精魂（Volksseele）为目标。这种对日常生活的启蒙，也是一种对社会现代化进程的回应：其目标是让普通民众反思性地看待那些习以为常的内容，进而形成对日常生活的自觉。

鲍辛格关注"小人物的文化"，这并没有使他的研究变得无足轻重。恰恰相反，他的研究反倒成了进入一片处女地的发现之旅：日常生活。1974年鲍辛格在为图宾根大学的报纸《尝试》撰写的一篇文章中阐明，他的研究致力于那些不引人注目的、存在于日常生活之中的、为其他文化研究学科视为死角的内容。在他看来，其他学科并不真正关注当今的大众文化：只有个别艺术史学者才研究广告，只有少数音乐研究者才关注爵士乐，只有少数文学研究者才注意到产品使用说明书，更不用说有人去考虑这些事物之间的关联了。在鲍辛格看来，日常文化研究的对象不仅仅是通俗艺术品本身，同时也是这些通俗艺术品在生活之中的位置，它们对日常思想的意义，它们在日常生活中的功能，尤其是它们的思想方式和行动方式本身。在民俗学的话语中，人们将该专业关注不为人注意的、日常的现象这一事实，用"对不引人注意之事的虔敬"这一公式来表达：这句话最早出自波提舍①，用来讽刺格林兄弟的"古老的德意志森林"。在19世纪的进程中，这一揶揄之词却成了充满敬意的话语，因为人们开始将许多被忽略的民间文化看作一座金矿残渣，是日耳曼古老文化的见证，它标志着人类文化的开端。鲍辛格的经验文化学与这些观点格格不入：他从来不考虑如何从精英文化研究的角度来看待这些"低级的"产品和流行的行为，从来不考虑如何将通俗文化予以阐释上的提升。对鲍辛格来说，连环漫画并不会因为被提升为古代埃及象形文字的后继者才变得有意义，他对足球研究的兴趣也不取决于体育馆被视为"当地的神坛"、比赛被看作隐性的基督教"诅咒与宽恕"仪式等类似的论断。从总体上，他一直坚持哲学家恩斯特·布洛赫（Ernst Bloch）提出的警言，即我们不能隔岸钓鱼。

二、网络新民俗的兴起

所谓的"新民俗"，简单理解就是在新的历史社会条件下出现

---

① 波提舍（Sulpiz Boisserée, 1783-1854），德国历史上著名的艺术品收藏家、艺术史与建筑史学者，曾任教于汉堡大学。生前为科隆大教堂的修复做出巨大贡献。1845年被普鲁士国王腓特烈·威廉四世任命为宫廷枢密顾问。

的新民俗形态。早在 1977 年，美国民俗学家阿兰·邓迪斯（Alan Dundes）就在《谁是民俗之"民"》一文中指出："随着新群体的出现，新民俗也应运而生。"新群体、新社会关系、新生产力、新文化等都是新民俗产生的原因。

20 世纪 90 年代互联网传入中国，进而使国内的大众生活以及传统文化发生了翻天覆地的变化。互联网的兴起催生了一大批以网络为生的新兴社会群体，打破了原有的现实生活中的社会关系与社会结构，使生产力大幅度提高并向更高的层次转型进步，继而由此产生了新型的不同于任何已经存在于人类历史中的互联网文化。传统民俗也在互联网的这一强势冲击下有所动摇，在互联网这一仗中丧失众多"信徒"；然而更加引人注目的是，新兴的网络民俗则以洪水之势在短时间内收服了众多追随者。

以春节这一蕴含了诸多民俗的典型的中国节日为例。从古至今，春节一直扮演了中华民族的历法中最为盛大的节日。它是典型的历年再现仪式，是由一系列仪式化行为组成的民俗。作为一年的开端，春节担当了除旧布新、祭祝祈年、敦亲祀祖、阖家团圆、娱乐狂欢的多项功能。而时至今日，除祀神祭祖等活动比以往有所淡化以外，春节的主要习俗，都完好地得以继承与发展。但不断发展进步的社会不满足于仅仅对传统民俗的继承，人们在继承传统的同时往往也会因为尚未泯灭的好奇心和不断开拓的勇气而推陈出新，创造出新的民俗。

而早在互联网出现以前，春节这一传统节日期间的传统民俗就受到了新技术和新力量的挑战。自 1983 年出现的直播形态的央视春晚，以有序的行为模式成为仪式化的媒介事件，形成了中国人在电视直播时代的新民俗。电视直播春晚作为中国人春节的媒介仪式，从 1983 年开播起，就逐渐树立起明确的仪式观。

如今在互联网来势汹汹的大环境之下，电视产业多年苦心经营的一片天地被网络残忍地打破，"守岁"从围炉夜话转变为同看春晚，又再次转变为齐刷红包，却一直遵循一个核心理念：那就是

"天涯共此时"。从 2015 年羊年春晚与微信合作，全民一同"摇一摇"；到 2016 年猴年春晚与支付宝合作，举国上下为了"五福"一直"咻"不停。

詹姆斯·凯瑞认为，传播的仪式观是指在时间上对一个社会的维系，即共时。无论是电视直播时代，还是网络互动时代，为央视春晚以及更多媒介在同一背景下凝聚全民族的时空关系提供了重要的媒介保障和技术支持。詹姆斯凯瑞还强调，仪式观中传播一词的原型是一种以团体或共同的身份把人们吸引到一起的神圣典礼，即认同。在中华民族在漫长的历史长河中，形成了一种家国同构的社会结构。它是一种家庭和国家在组织结构方面的共同性。微信构建了互联网社会中的新型社群，而在群聊中发红包抢红包的这一群体性社会行为则体现了对每个主体的关照。红包原是装满了新春佳节的所有美好祝愿，是晚辈向长辈拜年后，长辈赠予晚辈的一种祝福；而微信红包将这一行为由日常生活移至网络时空中，打破了原有的"同时同地不同辈"的红包原则，为祈福红包加入了互动交流娱乐的功能，将发红包——抢红包游戏化娱乐化，从而进一步提升新型社群中社群成员对组织的认同感。和微信不同的是，支付宝并不是一个可供群体闲聊的社交软件，它通过金钱交易使相互共同的朋友联系在一起。没有了小型的群体，却拥有广阔的受众。这一点成为了支付宝与微信竞争之中的短板，但亦成为其长处。今年支付宝通过全民齐"咻""五福"的形式一举攻破了微信在春节期间的霸主地位，既然不能发起小群体之间的嬉戏打闹，那么就打造一场覆盖甚广的全民狂欢。"福"字承载了中国人对节日、对一年生活的美好祝愿，"咻"到福字代表着幸运、如意，转赠"福"字则意味着亲朋好友之间的祝福与亲密的感情，体现了友善互助的传统美德、感恩怀旧的人性主题和团结统一的民族意识。春节是炎黄子孙的共同生活时刻，因此，不管是春晚仪式、还是抢红包仪式、抑或"咻"五福仪式的参与者，都在媒介所提供的认同的空间里促成了机械的团结。特别是在中国现代化进程中，多元价值理念成为社会的重要表征，媒介的仪式传播能够形成在互动时刻的平等意识和共同感受。

"仪式"是文化人类学的重要概念之一，通常被视作一种标准化的、表演性的、象征性的，由文化传统规定的一整套行为方式。正如约翰·费斯克所定义的那样：仪式就是"组织化的象征活动与典礼活动，用以界定和表现特殊的时刻、事件或变化所包含的社会与文化意味"①。一般认为，仪式具有参与性、程式性、表演性、场合性等特征。传统节日的民俗活动正是借由合家团聚、祭祀祖先等一整套的行为方式，将人们放置到现实的共同场域中，通过亲身体验"特殊时刻"，产生情感上的共鸣，进而影响人们的观念和行为。可以说，传统民俗活动就是一种"仪式"。而网络新民俗同样借助了"仪式感"这一渗入个人和群体生命形态中的古老基因，借助尖端科学技术，将传统民俗的"仪式"在相同的时间以不同于过去的现代的形式展现在人们面前，从而达到令人耳目一新和改良传统的效果。

三、网络新民俗对传统民俗的日常性保护

（一）随手拍摄的记录性保护

从互联网到移动互联网的发展，得益于智能手机的普及。智能手机打破了人类对于电话、手机等通讯工具的定义，使工具人体器官化，并通过功能的不断增加从而不断提升其在人类生活中所占据的分量。拍照、录像、拍摄小视频等形式层出不穷，更进而激发了一大波以更好、更方便地随手记录日常生活为目标的手机应用的开发与创新。各类拍照软件、录像软件以及修图、制作视频软件如雨

① 约翰·费斯克. 关键概念：传播与文化研究辞典［M］. 北京：新华出版社，2004：76.

后春笋般层出不穷，极大地刺激了民间创造力，为大众记录生活、创造文化提供了巨大的心理动因和技术支持。

这种随时随地、随心所欲的新的记录方式打破了原有的时间和地点的限制。青年一代已经习惯了"不拍照不吃饭"的新型约定，而小视频的风靡更是将原本仅限于静态化的记录引入到动态化的传播领域。在过去，一份详尽的记录是需要参与者在事件之后，秉着客观公正的态度所沉淀出来的长篇累牍，这样的记录不能保证事件的鲜活，更不能谈及真正的客观。因为任何文本形式的创作都涉及加入了作者自身的态度与情感。而通过"长枪大炮"等专业摄影装备所记录的影像虽较为客观，但却要通过摄影集的出版或者摄影展的开设才能广为人知，更不用说其在拍摄过程中所需要耗费的人力物力。而如今，通过随手拍摄记录的新民俗，传统民俗得以通过不同的大众视角以不同的传播形式呈现在大众眼前。

（二）即刻上传的共享性保护

对于现代人来说，拍摄只是记录第一步，且是较小的一步。紧随其后的则是将存在于工具中的记录文档、图片上传至网络，发布在不同的平台，这一点占据了现代人社交生活中的很大一部分。在这一过程中，将拍摄的图片及视频上传至网络个人主页的举动本身就存在着保护意义，它将储存于手机或电脑内存中的内容再次储存于网络，这样就避免了记录文件的丢失。

从更深层意义上说，将图片及视频上传至网络更是一种共享性的保护。个人通过分享行为将个人当地的民俗传播至更广阔的范围；他人通过浏览网络好友的动态和访问好友的主页可以了解到不同地区的民风民俗。而共享这一行为本身，也正日渐成为大众的消费习惯，成为新的网络民俗，并使大众在消费过程中，生产创造出个体化的、独特的文化产品和文化体验。

和共享相对应的受众行为，在现实生活中十分普遍。"刷"朋友圈已经成为人们的日常休闲娱乐活动之一，这一行为促进了不同时空下不同人类活动的记录与传播。当前科技快速发展，移动互联网在 WiFi 和 4G 网络的环境下茁壮成长，受众群体不断扩大，分享速度不断加快，更加扩大了分享流量。这种共享性保护突破了传统民风民俗的地域限制。在过去，地方性的传统民俗往往是与地域相挂钩，离开了当地范围，此种民俗便不为人知。而共享性的保护行为将会彰显放大地域性的民俗，从此民族的就是世界的将不再只是一句口号。

（三）图文并茂的表达性保护

网络新民俗对传统民俗的日常性保护还在于网络将文本与图像结合在一起，从而表述了一项活动的完整意义。对图像的意义加以阐述，特别是对民俗活动的文字记录，能够更加完整地将一项民俗活动展示在受众眼前，帮助受众理解民俗活动所隐含的意义与内容，避免指鹿为马的笑话出现。而民俗活动往往会涉及地方性的特殊符号与特殊行为，如果没有图像和影像的记录，单凭文字则又不能完好地将其阐述，甚至可能造成画虎不成反类犬的啼笑皆非的效果。

除了民众个体发起的传播行为外，当前还有一种形式的新民俗流行于网络之中。利用互联网 H5 形式，将图片与文字乃至音像融合，触发受众的视觉、听觉以及思想，通过精美的画面和美妙的音乐吸引受众，并鼓励受众广为传播。这种制作精良的网络文本为传统民俗的保护与传播提供了一种新的形式。

但同时也要注意，此处的"制作"（fabrication）是一种生产，一种创造（unepoiétique）①，但却是隐藏的，因为它散布在（电视传播、城市规划、贸易等）"生产"系统所决定和占据的领域中，因为这些系统的扩张不再为"消费者"留有空间，从而表明它们将这些系统的产品变成了什么。还有另外一种生产，它与合理的、扩张

---

① 希腊语为 poiein："创造、发明、生成"。

的，且集中、嘈杂、壮观的生产相对应，我们称之为"消费"。它是有计谋的、四处分散的，但是它渗入任何地方，悄悄地、几乎是不为人所察觉地渗入进来，因为它通过对占主导地位的经济秩序强加的产品进行使用的方式来凸显自己，而不是通过产品本身来显示自己。①

四、当前网络新民俗的不足与进步空间

把对传统文化的保护落于日常生活中，是最好的选择。由网络新民俗所兴起的对传统民俗的回视，也在很大程度上让现代人认识到了被忽略的传统的声音。但对传统文化的日常性保护，仅仅靠网络新民俗来维系，是远远不够的。当前网络新民俗尚存在诸多弊端，而传统民俗界对于网络新民俗的定义也存在着诸多争议。

（一）碎片化形式

如果说传统民俗是一块浑然天成的璞玉，那么网络新民俗就略微类似于一串手作打磨的珍珠。现代生活最大的特点就是碎片化，由网络新民俗所记载的传统民俗则同样被肢解重组。那么这就在一定程度上对传统文化造成了或多或少的误解与破坏。更为甚者，现代社会行为往往直接与经济利益相挂钩，而文化本身的碎片越多，则就意味着谋利缝隙越大，谋利的可能也就更多。当各大网络平台的红包从每晚一刷变成每小时一刷，其中所牵涉的利益方便如滚雪球之势，越滚越多，越滚越大。若管理不善，将导致经济利益方对文化资源的蚕食与破坏，而这样的结果是违背文化研究者的初衷的。

---

① [法]米歇尔·德·塞托. 日常生活实践1：实践的艺术［M］. 南京：南京大学出版社，2015.

碎片化作为网络新民俗的固有特征，是无法杜绝和避免的。但可以通过对其良好地利用与管理，来达到一体化的传统民俗所不能达到的效果。首先，传统民俗要敢于接受网络新民俗的形式，突破固有的思维，以不变应万变，整合特殊的资源优势，主动适应网络新民俗的传播形式。其次，研究传统民俗的机构、学者以及单位应当担当传承传统民俗的责任，以开放的胸怀接受网络新民俗，利用自身的知识优势，打造网络新民俗与传统民俗结合的品牌，引导大众消费倾向。最后，社会应当加大对怀有不良动机的网络新民俗传播行为以及错误引导大众的网络新民俗的打击和制止，这样才能正本清源，保证健康的、适应时代发展潮流的网络新民俗更好地弘扬传统文化。

（二）流动的民俗

民俗是流动的。民俗文化的形成过程不仅是一个不断累积的过程，更是一个不断更新、替代的过程。所谓的"传统民俗"只是一个相对概念，民俗事象总是处于不断变化发展中。网络新民俗必须表现民众的生活愿望，必须与民众的生活紧密结合，成为日常生活的一部分，而不是脱离日常生活。在民俗学的研究领域，存在着"新民俗""泛民俗"和"伪民俗"三大概念。在日常生活中，有一些民风，出现时间比新民俗短，与日常生活的结合不那么紧密，或者只存在于小群体之中。这部分民风，一些学者称为"泛民俗"。"泛民俗"的概念出现于世纪之交。根据泛民俗学的代表人物徐华龙的观点，泛民俗事象是以传统民俗事象为基础，在未形成新民俗事象的一段时间内流行的民俗文化现象。泛民俗事象有可能发展为新民俗事象，也可能流行一段时间以后消失①。但也有一些类似民风民俗的文化现象，是出于现世的某种功利目的，没有任何根基而被迅速"制造"或"发明"出来的，被称为"伪民俗"。"伪民俗"

---

① 徐华龙. 泛民俗研究与学科的建设———当代民俗学的发展趋势 ［J］. 浙江学刊，2002（3）.

（fakelore）一词较早由民俗学家理查德·道尔森（Richard M. Dorson）在 1950 年发表的《民俗与伪民俗》一文提出来的。道尔森的研究比较集中于民间传说故事领域，他认为，伪民俗"是打着地道的民间传说旗号，假造和合成出来的作品。这些作品不是来自田野，而是对已有文献和报道材料不断进行系列的循环反刍的结果，有的甚至纯属虚构"①。但无论是"新民俗""泛民俗"还是"伪民俗"，这些概念仅仅存在于民俗学内部，而并不存在于日常生活中。面对大众的民俗爱好，无论是"新民俗""泛民俗"还是"伪民俗"，大可不必采取极端的态度。德国图宾根学派尚且历经数载才将"经验文化学"提升到人们的视野中，我们对网络新民俗的态度倘若宽厚开放一些，则将更有益于社会的发展进步。

（三）日常性保护

将保护传统文化落于日常性保护，就是让被束之高阁的传统文化重返现代人的生活。依照图宾根学派的观点，日常生活存在于社会、文化和历史三者重合的阈限内。对这样的日常生活的启蒙，是通向解读社会结构、历史进程和个体物质与精神再生产的出发点。传统本就存在于生活，只是往往为大多数人所忽视。要打破大众对传统的固有观念，则要从学科内部的知识分子开始。鲍辛格认为民俗学的问题，不在于它从研究上不得不和各种传统打交道。它的问题在于：一是倾向于把传统看成静止的，不接受任何改变；二是把民间文化中保留的传统从根本上认为是有价值的、不可质疑的。阿尔诺·施密特（Arno Schmidt）曾经讽刺一些有怀旧思想的人，说他们之所以想保存每个小水坑，是因为他们相信那里面的水是上帝用来惩罚人类的洪水的残留。鲍辛格则认为，一个传统并不因为古老而有价值，甚至可以说正好相反，恰恰因为有价值它才古老。虽

---

① ［美］阿兰·邓迪斯. 伪民俗的制造［M］. 周惠英译. 民间文化论坛，2004（5）.

然并不总是如此。

因此，将传统文化通过网络新民俗的形式加以保存、更新，并不是将传统文化推下高高的宝座，而是赋予传统文化以新的生机和活力。通过日常性保护，将传统文化融入人们的日常生活，不仅能够节省保护、传承传统文化的人力物力，相较于将传统文化束于意识形态的庙堂之高而言，也更能保持传统文化的鲜活。对日常生活的忽视，并非朝夕可成；重拾对日常生活的关照，并将对传统文化的保护融入其中，更非一朝一日的功夫。对大众而言，保有理性的头脑，抱有开放的胸襟，才能更好地将传统文化以网络新民俗的形式融入日常生活。

参考文献：

[1]［德］赫尔曼·鲍辛格等. 日常生活的启蒙者［M］. 吴秀杰，译. 广西：广西师范大学出版社，2014（5）.

[2]［法］米歇尔·德·塞托. 日常生活实践1：实践的艺术［M］. 方琳琳，黄春柳，译. 南京：南京大学出版社，2015（1）.

[3] 蔡敏. 虚拟性与日常生活审美化［D］. 扬州大学，2008（5）.

[4] 张露. 中国传统节日文化的网络传播研究［D］. 南京师范大学，2014（5）.

[5] 苏长鸿. 民俗资本化：叙事、节日、遗产［D］. 华东师范大学，2015（4）.

[6] 陈寅. 央视春晚"传播仪式观"形成动力研究［D］. 西南大学，2012（5）.

[7] 毕旭玲. 流动的日常生活——"新民俗""泛民俗"和"伪民俗"的关系及其循环过程［J］. 学术月刊，2011（6）：102~106.

[8] 刘爱华. 创意与"变脸"：创意产业中民俗主义现象阐释［J］. 民俗研究，2012（6）：88~96.

"互联网 +"时代下县域文化资源的产业开发

——以博兴县文化资源为例

蔡胜男[①]

摘要： 当今社会，文化软实力的竞争越来越成为综合国力竞争的重要组成部分，也越来越成为各地方发展文化产业的政策支持。随着"互联网 +"时代的到来，该时代不仅激发人们开阔的创新思维与意识，也为文化的交流与传播提供了便捷的传递方式，更为文化资源共享、文化产业开发提供多渠道、高效率、全方位的技术支持。利用"互联网 +"的思维方式与技术渠道合理开发文化资源，是提高文化软实力的重要举措，是一个区域发展壮大的重要力量。本文以博兴县的文化资源为例，对博兴县的文化资源在"互联网 +"时代下的产业开发进行初步探索，从而为县域文化资源的产业开发提供借鉴。

关键词："互联网 +"；文化资源；产业开发；博兴县

对于文化资源的开发、文化产业的发展，我们不应该只局限于不断推陈出新的互联网技术，而是潜存于新技术之中的"互联网 +"的思维模式，"互联网 +"是在互联网思维的基础上，拥有独特的系统性战略思维和跨界思维。在"互联网 +"时代背景下，我们要将传统的文化资源与互联网新媒体融合，形成一个由互联网

---

① 蔡胜男，山东艺术学院艺术学理论专业文化资源研究方向 2014 级研究生。

作为驱动力的发展关系链条，最终演进成为特有的文化产业发展模式。对于博兴县特有的水文化、佛文化、戏文化、孝文化以及传统手工艺等文化资源而言，这些文化资源依靠"互联网＋"时代潮流，进行适时、适当的产业开发、宣传推广，进而更有效地打造当地文化名片与品牌特色，为县域的文化资源产业开发提供借鉴。

一、"互联网＋"与文化资源开发

（一）"互联网＋"的含义

"互联网＋"代表一种新的经济形态，即充分发挥互联网在生产要素配置中的优化和集成作用，将互联网的创新成果深度融合于经济社会各领域之中，形成更广泛的以互联网为基础设施和实现工具的经济发展新形态。通俗来说，"互联网＋"就是"互联网＋各个传统行业"，但这并不是简单的两者相加，而是利用信息通信技术以及互联网平台，让互联网与传统行业进行深度融合，创造新的文化产业链。而文化资源的产业开发在"互联网＋"时代下势必会形成涉及面广、附加值高、创新性强的产业开发形态，在与互联网融合发展上具有天然的优势。

（二）文化资源的产业开发

文化资源按不同标准可以形成不同的分类体系。从性质的角度，文化资源可分为物质文化资源和精神文化资源；从可持续发展的角度，文化资源可分为可再生文化资源和不可再生文化资源；从统计评价的角度，文化资源可分为可度量文化资源和不可度量文化资源；按历时性可分为文化历史资源和文化现实资源两大类。由此可见，博兴的水文化属于物质文化资源，佛文化、孝文化属于精神文化资源，戏文化、传统手工艺属于不可度量的文化资源。

文化资源开发是运用一定的技术手段，充分发挥人的创造性，将存在于开发区的各种现实和潜在的文化资源科学合理地组合利用和有效保护，使其能被持久永续地利用，实现经济效益、社会效益和生态效益的协调发展。文化资源开发包括三方面的内容：一是对尚未被旅游业所利用的潜在文化资源进行开发，使之产生效益；二是对现实的、正在被利用的文化资源进行再生性开发，延长其生命周期，提高综合效益；三是凭借经济实力和技术条件、人为地创造文化资源和创新旅游项目。

（三）"互联网＋"时代对文化资源产业开发的意义

1. "互联网＋"有助于打造文化资源新的宣传渠道，提高宣传力度

对于县域文化资源的宣传推广可借助于互联网平台，一方面打造自己区域的文化品牌，另一方面可以吸纳更多的文化资源产业开发的投资，为本地区经济、文化效益的提升拓宽渠道。

2. "互联网＋"有助于拓宽文化产业的融资渠道

"互联网＋"创新了文化金融跨界合作模式，实现文化产业与民间资本的对接，拓宽文化产业的融资渠道。例如，当今的"众筹模式"，初创个人如传统手艺传承人，可以利用互联网传播特性，在宣传自己的产品的同时让更多的消费者参与自己的创作，按照消费者的意愿创作出消费者喜欢的产品，这样不仅宣传了自己的手艺，也为产品制作争取了融资渠道，成为新一代的营销手段。

3. "互联网＋"有助于激发全民参与文化创意、创新和创业

互联网是大众创业、万众创新的新工具，只要"一机在手""人在线上"，实现"电脑＋人脑"的融合，就可以对接众多创业投资，引爆无限创意可能。对于一个地区的文化资源的产业开发，可以实现全民参与的方式，人人献点子、谋规划，共同参与自己家

乡的发展建设上，为文化产业的发展贡献当地居民的一份力量。

4. "互联网+"有助于加速当地文化产品"走出去"的步伐

在文化资源的产业开发中形成各类文化、艺术产品，利用互联网高新技术和现代生产方式，改造传统的创作、生产和传播模式，同时利用互联网技术大力开发电子商务，拓宽营销渠道和市场，充分实现对外文化贸易的"互联网+"，对于提升当地的文化效益和经济效益有着重要作用。

总之，"互联网+"概念与文化产业产生交集时，所能形成的产业生态结构必然不同于传统产业发展，而是运用互联网思维，调动系统内各变量协同作用，建构起具有创新开放思维的文化产业发展模式。

二、博兴县文化资源概况

黄河九曲十八弯，下游的最后一弯，在美丽富饶的鲁北平原蜿蜒而过。弯的南翼，黄河三角洲腹地，有一个历史悠久、人文厚重的城市，这就是汉代孝子董永的故里，中国优秀传统剧种——吕剧的发祥地，全国最大的不锈钢厨房设备生产基地，有"吕剧之乡""中国厨都"之称的山东省博兴县。博兴文化璀璨，资源丰富。黄河在县城北部通过，黄河湿地生态资源丰富，位于引黄济青渠首的打渔张森林公园，是省级森林公园，自然风光优美，景色宜人；境内有鲁北最大的淡水湖泊麻大湖，属典型生态湿地，便于开发水上旅游和农、渔家旅游。董永与七仙女的故事，在我国广为流传，经久不衰，给"董永故里"博兴增添了美丽的传奇。发祥于博兴的吕剧，以其浓郁的乡土气息和生动活泼、朴实优美的演出风格，赢得广大群众的喜爱，成为山东主要地方戏曲之一。博兴文物古迹众多，十多年来出土了大批石、金铜、瓷造佛像，其中包括极具特色的北朝佛教造像。水文化、孝文化、戏文化、佛文化，构成了博兴文化的鲜明特色，也为博兴的文化产业发展提供了丰富的文化资源基础。

（一）水文化——河湖交错

1. 打渔张森林公园

位于鲁北地区黄河南岸，1958 年由俄国工程师设计，开始建设打渔张引黄河，并修建引黄渠。引黄闸渠建成后，分别在黄河大堤、引黄渠植树造林，营造黑杨林、柳树林，建造了桑园、葡萄园，1989 年 10 月，引黄济青渠首管理站建成。打渔张森林公园工程是"一五"计划国家重点工程，公园以田园风光为中心，以"幽、静、秀、野、怡"为特色，集自然景观和人文景观于一体，极具北国水乡特色。公园分五大景区：打渔张渠首观河区、特色农业观光区、休闲垂钓区、打渔张水库风景区、堤外湿地风景区。公园经营面积 4.5 万亩，公园内鸟语花香、林海茫茫、水声滔滔，景色宜人，已经初步形成一处以森林旅游为主，集观光、垂钓、科普、自摘果实、捕猎、购物等游、鱼、吃、住、行为一体的旅游胜地。

2. 麻大湖

景区位于博兴县城南，湖区风景秀丽多姿，鱼类资源丰富，水生植物繁多，水域广阔，苇蒲丛生，芙蓉似锦，湖中有河，河中有渠，船道纵横，素有"北国江南，鱼米之乡"的美称。湖区是历代文人名相聚会地，有齐桓公会盟诸侯的"会城遗址"、晏子使楚归来接风洗尘的"饮酒厅"。经调查，湖区共有浮游植物 133 种，浮游动物 103 种，底栖软体动物 19 种，经济鱼类 40 种，水生及湿地植物 173 种，还时常有野鸭、大雁、天鹅出没。特产九孔白莲藕、金丝鸭蛋、四鼻鲤鱼闻名遐迩。

（二）佛文化——佛光普照

北魏天平元年雕刻的"丈八佛"是平原地区最大、最完整的单体圆雕造像，系青石、单体立式圆雕，通高 7.1 米，佛像高 5.6 米。雕刻技法精美别致，造型生动，形体比例准确，身穿通肩袈裟，衣纹舒展流畅，方面大耳高髻，赤足立于莲花宝座上，仪态丰满，体现出了我国古代劳动人民的艺术成就，是智慧的结晶。据考证，在黄河下游的古寺群中，兴国寺的"丈八佛"是最有权威，最有物证，最具有发掘价值的，尤其是研究佛教文化的艺术瑰宝。丈八佛曾被收入《中国美术会集》《世界艺术珍品》及近 10 种报刊，为省级重点文物保护单位。现对外展出丈八佛石造像和重修"兴国寺"碑三通，还有其他石刻，并计划开辟以古代建筑构件和丈八佛故事为内容的两个展厅。

（三）戏文化——吕剧之乡

博兴是我国优秀传统剧种——吕剧的发祥地，中国传统剧种吕剧艺术以其浓厚的乡土气息和朴实优美的地方特色，在吕艺镇（原来为闫坊镇，由于被称为吕剧之乡于 2004 年改为吕艺镇）生根发芽并苗壮成长，特别是近几年，随着经济和社会各项事业的快速发展，人民群众对艺术的消费需求越来越高，吕剧艺术更加繁荣，已成为文化艺术的亮点和标志。博兴国际小戏艺术节，被中宣部确定为全国大型节庆活动，在艺术节上演的剧目有吕剧、睦剧、浦江乱弹戏、五音系、茂腔等，赢得广大人民群众的喜爱。博兴县吕艺镇是中国优秀传统剧目——吕剧的发祥地，素有"吕艺之乡"的美称。2008 年 2 月份，该镇被国家文化部命名为"中国吕剧艺术之乡"，并把《吕剧》列入国家级非物质文化遗产名录。吕剧发源于1870 年左右，经过百余年的发展，其角色行当由原来的"三小"（小丑、小生、小旦）为主发展到生、旦、净、末、丑诸行并茂，基本唱腔固定在"四平""二板""流水""娃娃腔"等板式上。吕剧作为中国民族艺术史上的一朵奇葩，以其浓郁的乡土气息和朴实优美的演唱，赢得了广大群众的喜爱，成为闻名遐迩的剧种。

（四）孝文化——董永故里

博兴是汉孝子董永的故乡，在博兴县湖滨镇湾头村，有一棵千年老槐树，相传它是董永与七仙女成亲的媒人，人称古槐为"爱情树"。千百年来，人们以董永的故事教育后人不忘父母养育之恩，尊老敬老。千年老槐被披上了神秘色彩，年轻人结婚都要到老槐树下合影留念见证天长地久的爱情。董永传说已被列入国家级非物质文化遗产保护名录。董永卖身葬父的故事流传甚广，并被列入"二十四孝"，优秀民间传说——《董永与七仙女》将董永演绎为具有神话色彩的人物。董永卖身葬父，于傅家为奴，玉帝七女感其孝心，私自下凡，后由槐仙做媒，嫁与董永为妻。七仙女一夜织锦10匹，帮董永改三年长工之期为百日。百日期满，夫妻双双还家，此时玉帝却令七仙女返回天庭，为董永安危，七仙女忍痛与丈夫决别。董永与七仙女的故事，经过历代文学作品的加工宣染，两千年来经久不衰，不仅普通民众将董永视为行孝的楷模，而且一些文人也将董永故事作为重要的创作素材，在诗词、戏曲中对其加以歌颂。如曹植的《灵芝篇》，元杂剧《织锦记》《百日缘》，黄梅戏《天仙配》等。可见董永其人在中国的深远影响。

（五）非遗资源——传统手工艺

民间传统手工技艺也是博兴县独特的文化资源，柳编技艺被列入国家级非物质文化遗产名录，老粗布制作技艺、布老虎制作技艺、草编技艺被列入山东省非物质文化遗产名录。由于博兴的地理环境，草、柳、苇工艺品历史悠久，产品畅销40多个国家和地区，地毯、抽纱、刺绣等工艺品在国内外久负盛名，新开发的特色旅游商品老粗布系列产品、布老虎以及剪纸、蜡染作品，在内外省旅游市场知名度不断提升。其中，布老虎、剪纸、草柳编等 13 项被列入滨州市非物质文化遗产保护名录。

老粗布是一种纯棉手工纺织品，在当前追求自然的生活潮流中，纯棉质地、手工织造、民族图案、古老工艺等特点使其声名鹊起。老粗布所承载的不仅仅是地域习俗和纺织文化，在博兴，它更是孝文化的象征、弘扬孝道文化的金钥匙，寄托了对孝文化的精神追求。董永故事在当地深入人心，故事中包含七仙女织布替董永还债的内容，因此老粗布对研究博兴历史和文化都很有意义。

草柳编是我国传统的民间手工艺品，具有较高的审美鉴赏和实用功能。草柳编多是利用蒲草、玉米皮、麦桔秆、柳条、藤条等野生资源编织的一种手工艺品，堪称中华民族民间历史文化的瑰宝之一。博兴县湖滨镇地处麻大湖之滨，盛产蔺草、蒲草、三棱草等，有着 800 多年的草柳编传承史，历经数代民间艺人的传承革新，博兴草柳编的实用价值、审美价值和社会价值得到普遍认可。1996 年博兴县被山东省文化厅命名为"山东民间草柳编艺术之乡"。

三、"互联网＋"背景下博兴县文化资源的产业开发

博兴县提出"文化兴县"的发展战略，出台了《县委、县政府关于文化大发展大繁荣的若干意见》，博兴县文化资源丰富，借助"互联网＋"时代机会，打造水、佛、戏、孝、艺五位一体的博兴文化名片，形成文化带动经济发展的文化产业链模式，助推博兴文化产业的发展。

（一）创建主题公园，打造水文化品牌

利用博兴县现有的打渔张森林公园和麻大湖景区，打造生态旅游业，让旅客体验住生态屋、吃绿色饭、品野生菜、观自然景、赏

生态文化为一体的旅游一条龙服务。在此期间，有关部门要充分利用互联网思维及互联网技术，打造主题公园的网络宣传与推广，打造线上、线下体验区，线上能够让旅客朋友们通过掌上移动网络就能全方位观摩景区内容，购买景区服务，线下做好旅客的吃、住、行、游、购、娱一条龙服务。

（二）开展民俗旅游，打造佛、孝文化品牌

兴国寺于 1998 年重建，丈八佛殿，大雄宝殿和东西厢房，千年古刹兴国寺得以重新展现在世人面前。2004 年中旬，建起居士寮房，念佛堂，斋堂等配套设施，兴国寺恢复了昔日的巍峨壮观与金碧辉煌。按照"精心、精品、经典"的开发理念，将该园区建设为集休闲、修行、旅游三位一体，具有佛教文化艺术欣赏、修禅养心、休闲养身、宗教文化体验、旅游接待服务等多重功能的旅游文化园区。经过十几年的发展，兴国寺现在已经成为鲁北地区重要的佛教道场，是博兴县佛文化的展示窗口，吸引着周边地区人们前来祈福祷告、旅游观光。每年四月初八释迦牟尼生日和正月初八丈八佛生日是兴国寺一年两度的香火盛会，农历正月初八也是一年一度的兴国寺庙会时节，附近地区的善男信女、观光游客来到兴国寺向丈八佛礼拜、烧香、祈福。同时，各种特色小吃、民间工艺品、民俗表演、娱乐游艺等也都云集在兴国寺的山门前，一尊千年古佛延续了一场亘古至今的人文盛会，丈八佛庙会成为鲁北平原地区极具影响力的佛教盛会。

董永与七仙女传说现在已经作为民间文学进入山东省非物质文化遗产名录，"董公""董郎家"酒、"董永"皮鞋等以此传说命名的产业早已成为山东省知名品牌。结合博兴传统的蓝印花布印染技艺、手工老粗布民间工艺，"七仙女"手工棉布成为博兴纺织业的著名品牌，产品远销省内外。此外，董永文化园作为博兴文化产业发展的一个重点项目已经规划完成，其发展目标是要建设发展成为董永孝文化、董永与七仙女传说的重要展示基地、山东省著名文化

旅游景点。基于佛文化、孝文化的源远流长，要充分利用互联网平台，打造民俗旅游，线下建设董永文化主题公园，兴建董永祠、仙女湖、董永墓、老槐树等景点，制定佛、孝文化的民俗节日，将庙会与孝文化相结合，举办专场文艺演出等吸引观众；线上通过佛、孝文化专题片、动漫连环画等对其加以宣传。

（三）举办节庆活动，打造戏文化品牌

为弘扬民族文化，挽救濒临灭绝剧种，填补中国小型戏剧长期性活动的空白，推动中国戏曲艺术的繁荣发展，2003 年起，以吕剧发祥地——博兴为基地，创办了繁荣戏剧的唯一的小戏品牌性活动——博兴国际小戏艺术暨董永文化旅游节。博兴国际小戏艺术节的定位是"董永故里观光，小戏观赏评比，旅游招商引资"为一体的大型节庆活动，力图弘扬民族戏剧、打造文化品牌、激活旅游产业、推动经济建设。博兴国际小戏艺术节以抢救农村民间濒危地方戏曲剧种、丰富农村和基层群众文化生活为宗旨，由文化部社文司、中国戏剧家协会、山东省文化厅主办。在艺术节活动期间，注重突出"文化搭台、经贸唱戏"，举办多种形式的经贸洽谈会，如中国厨具暨新型建材博览会、中国糖酒展销会等一系列的经贸活动。小戏艺术节的举办，不仅繁荣发展了地方戏曲艺术，活跃了农村群众的文化生活，而且对博兴县乃至整个省市在经济、文化、科技等各个领域的发展和对外开放都起到了积极的促进作用。

在举办节庆活动的同时还要充分利用互联网平台搭建吕剧网站，增设吕剧知识、在线点戏台、戏友交流、吕剧论坛、吕剧博客等项目，这样既可以浏览相关的吕剧知识，又可以在线欣赏自己感兴趣的戏曲节目，还可以将其下载到自己电脑进行收藏，便于随时观看与学习。该戏曲网站打造的是演员与吕剧爱好者、演员与评论家及吕剧爱好者之间的交流讨论的媒体平台，与以往的通过广播、电视、电影等媒体来收听与观看戏曲，通过网络来欣赏戏曲相比更为方便获取与存储。本吕剧网站具有传播内容的丰富性、传播范围的广泛性、可下载性、信息传播的交互性等特点。

（四）建造手工艺创意产业园，传播民间手工艺文化

草柳编技艺被心灵手巧的博兴人民发扬光大，博兴现在已成为全国草柳编工艺品出口基地和全国蒲草系列工艺制品唯一产地。博兴老粗布、布老虎已经成为博兴特产，行销大江南北。

为保护草柳编技艺，博兴县人民政府成立了草柳编技艺保护工作领导协调机构，组织开展了草编民间技艺的搜集、整理工作，建立了档案，对草编技艺的情况进行了全面的整理，出版了《草编技艺》《柳编技艺》丛书，完成电视专题片《实用草编技术》的拍摄和发行工作；对发展草柳编产业的龙头企业和镇内有较高声誉的民间艺人实行重点扶持措施；通过举办培训班、编织技艺比赛等形式，对全县优秀中青年手工业者进行草柳编技艺的培训。目前，全县草柳编从业人员达到 10 万余人，不仅保护了这一传统民间工艺，也创造了巨大经济效益，改善了人民生活质量。

老粗布是博兴民俗及文化旅游中的热点，成为游客了解农村文化生活的窗口。老粗布的各色图案不但帮助旅客领略博兴风物景色，还了解了当地历史文化和风土人情。目前，博兴县拥有老粗布纺织、生产业户 8000 多家，年产老粗布 2000 多万米，产值近 2 亿元，产品不仅畅销国内，还作为文化使者出口到西欧、日、韩、港台及东南亚等国家和地区，创造经济效益的同时使得民间纺织技艺得到传承、保护和开发。

为了让博兴编织手艺走向全国各地，要创建山东博兴手工艺创意产业园，同时充分利用互联网，在创意产业园的基础上进行电子商务开发，最终建设全国一流的高端电子商务产业园，这是将传统文化产业与互联网融合的具有"博兴特色"的电子商务发展之路。博兴县坚持以生态绿色农特产品和重点行业的网上销售为突破口，大力支持草柳编工艺、老粗布、藤制家具以及金属板材、商用厨具等重点行业的电子商务发展，积极实施了电子商务暨网上创业示范

培育工程，努力打造电子商务示范乡镇、村。通过搭建农村电子商务公共服务平台、跨境电商公共服务平台、外贸电商综合服务平台，为网商、网企、淘宝户开展电子商务提供政策咨询、业务培训、技术服务、物流配送、信贷融资、供应链管理等服务，针对生产同类商品行业集聚的特点，加快推进产业集群的电子商务应用。

四、"互联网＋"时代下县域文化资源产业开发的思考

（一）利用网络技术，实现对历史文化资源的有效保护

在文化资源产业开发的同时，一方面将历史文物资料进行数字化转换，使得珍贵的文献、文物得以更妥善的保存；另一方面，在原有图片、实物和资料的基础上，大量引进数字化的声像素材。图片、影像和声音等结合，可以实现更有效的文化资源展示，利用互联网的传播优势，可以使它们进入现代生活，让更广泛的观众接触和认知这些宝贵的精神财富。如博兴的佛、孝文化资源，可以将其精神内涵通过互联网加以传播。

（二）创新发展思路，加强县域宣传力度，打造文化品牌

通过网站推广、建立微信公众号、手机客户端、微博等形式，充分利用新媒体高效、直接的宣传，并与户外媒体、纸质媒体、电视媒体等传统媒体宣传相结合，对文化产业品牌进行全方位、立体化宣传与推广。如对博兴的水、佛、戏、孝、艺五位一体的文化资源进行线上全方位地立体推广，将各个资源有效结合打造博兴文化网络宣传片，将更大力度、更广范围、更快速度地对博兴文化加以宣传。

（三）优化产品结构，打造交互文化产业链，提高产业竞争力

"互联网＋"利用现代科技手段与当地传统文化产业融合，将当地各文化资源联系在一起，把具有原汁原味特色的文化资源借助现代科技手段，设计多样化的产品，推动实现文化产品的专业化、个性化消费，促进消费者文化需求的满足，进而打造新的文化产业链。如博兴县的水、佛、戏、孝、艺五种传统文化资源，可以分别通过旅游、节庆、民俗等联系起来，而不是单一去体现一种文化品牌，将精神文化资源与物质文化资源有机结合，可以实现资源开发的最大化，从而提高文化产业的竞争力。

（四）拓宽市场渠道，创造新的营销模式，提升品牌影响力

随着信息技术的发展，网络营销与管理的作用日益凸显，电子商务越来越成为大众的营销渠道，这使地域文化产业突破地域限制，拉近了各地域间文化与消费者之间的距离，实现了有效管理与营销。"互联网＋"使过去传统的营销方式发生改变，实现了线上与线下有机结合，创建了新电商经营模式，使得消费者的文化消费意愿得以激发，文化产业根据消费者需求实现了有效供给。

五、结　语

"互联网＋"时代符合我国文化建设的创新、开放、共享的发展理念，随着互联网逐渐渗入传统文化产业领域，文化产业的产品类型、商业模式、消费习惯等都发生了巨大的变化。在这样的背景下，只有加强与互联网的深度融合，通过借助互联网平台和技术，以互联网思维，不断创新文化生产方式，优化产品结构，丰富产品形式，拓宽宣传渠道，变革商业模式，推动文化产业不断创新与发

展,才能有效持久打造地域文化品牌。对于博兴县的文化资源产业开发来说,要深入挖掘、合理开发利用水文化、孝文化、戏文化、佛文化等地域文化资源,如打渔张森林公园顺利通过国家水利风景区创建验收,麻大湖湿地公园获批"国家级湿地公园",先后成功举办小戏艺术节、国际厨具节以及首届中国博兴天然纤维编织(草柳编)暨工艺品创新博览会,龙华寺遗址保护总体规划通过国家文物局审批,丈八佛入选第七批全国重点文化保护单位名单等。任何县域文化产业的发展,都要确立重点文化品牌发展方向,借助互联网平台,发挥"互联网+"思维,争取以最大力度全方位、整体性地展示县域城市独特的文化内涵与魅力,从而提升县域城市的知名度和影响力。

参考文献:

[1] 政协博兴县委员会. 博兴文化通览 [M]. 北京:中国文史出版社,2011:12.

[2] 吕庆华. 文化资源的产业开发的文化资本理论基础 [J]. 生产力研究,2006(9):183~185.

[3] 王艳秀. 基于"互联网+"时代的民族文化产业发展研究 [J]. 云南社会科学,2016(3):185~188.

[4] 欧阳友权,吴钊. "互联网+"与中国文化产业 [J]. 求索,2016(4):12~16.

[5] 路培,马世梁,王勇,刘贺明. 特色区域文化资源产业开发对策研究 [J]. 农业科技与装备,2013(8):9~10.

[6] 褚海龙. 我国农村区域文化资源产业开发研究 [D]. 浙江农林大学,2012(6).

[7] 张晓霞. "互联网+"背景下革命历史文化资源保护与开发利用研究 [N]. 兰州教育学院学报,2016(3):43~44.

文化产业观察
Cultural Industries Observation Vol. 3（第三辑）

空间的视角

…… ……

文化空间营造：地方感作为内核

——兼谈文化空间形成机制

吴丹丹[①]

摘要： 当下的文化空间建设遵循国家权威主导路径，无法满足民众的需要，民众参与的热情也有相应的局限。本文引入人文地理学中的"地方感"概念，认为全球化时代兴起的文化空间建设忽略了"地方感"的培养，导致文化空间的建设无法满足人们的需求。文章进一步分析文化空间的形成机制，认为文化空间经由人们在物理空间内的交流实践形成，并且与地方感互相促进。因此，文化空间营造应注重人与空间的情感连结，从增加文化空间开放性、将文化空间视为提供文化生产的平台、举办在地化活动，建立主动参与使用的环境入手培养地方感。

关键词： 文化空间；地方感；需求

在这个以美术馆、博物馆为代表的文化空间营造方兴未艾的时代，全国各大城市正在进入将文化作为空间更新手段的新时期。文化空间建设致力于为城市呈现多元文化艺术生态，为市民提供更高质量的文化生活，为城市行销提供更多名片。但文化空间供给增加与市民参与不足之间的矛盾日益凸显。很多精心设计的文化空间，

---

① 吴丹丹，华东政法大学文化产业管理专业 2014 级研究生。

在几年之内就无人问津，更糟糕的是在开幕式之后就无人涉足，精心设计的活动也常常因参与人员不足而惨淡收场。另一方面，普通民众面对反复的日常工作，迫切希望有一个能够远离工作、放松身心的场所，但是却没有合适的选择。为分析此现状出现的原因，本文引入人文地理学中的"地方感"概念，指出"地方感"的缺失导致文化空间无法满足民众的需要。为了理解文化空间如何满足民众需要，文章对文化空间的形成机制进行分析，最终提出以地方感为核心，可借助三个手段营造文化空间。

一、文化空间建设现状

在当下的城市规划中，"用文化空间提升城市的魅力和品质"正成为决策者提升城市内涵的策略。以上海为例，2015 年，上海城市空间艺术季开始以"文化兴市、艺术建城"为理念，以"城市更新"为主题，致力于打造具有"国际性、公众性、实践性"的城市空间艺术品牌活动，希望改善生活空间品质，提升城市魅力。在物理空间基本完成布局的情况下，借助文化进行调整和充实，是建设"文化空间"的主要路径。正如学者所建议，对于城市空间更新而言，文化空间不仅可以锦上添花，如利用艺术节、旅游节提升原有物理空间的文化内涵，更要雪中送炭，如通过文化艺术改善物理空间给人感觉沉闷没有生机的不足。① 这种建设方向的转变看似是城市民众生活的福音，但实际上，民众难以感受到自己与文化空间的关联，无法获得精神需求的满足。

---

① 葛剑雄. 用文化空间提升城市的魅力和品质 [N]. 文汇报，2015 – 11 – 09（5）.

二、文化空间：地方感为核心

（一）文化空间与地方感

当下的文化空间建设，或者遵循管理者的规划原则——理性而忽视"人文因素"，或者遵循发展商的原则——以利润为归宿，声称给民众带来现代化生活。① 基于发展商或管理者原则的文化空间建设弱化了群众参与，国家与民众之间不对等的供给者与受众关系难以激发人们对于空间的情感。②"对空间产生情感"，在人文地理学研究学者看来，是使人们对一个地方流连忘返的要件。在此，先要区分"空间"与"地方"这对概念。

在"空间（space）——地方（place）"的关系上，段义孚以形象的比喻解释了二者的区别："空间是流动，地方是暂停"，③ 20 世纪 70 年代之后，人文地理学研究的重点聚焦"将空间改造成地方"。空间要成为地方，需要人将意义投注于局部空间，然后以某种方式（如命名）依附其上。在政治地理学家阿格纽看来，地方是"有意义的区位"，它有三个基本面向：区位，场所和地方感。④"地方"并非仅是地图上的某一点（location），而可以是流动的一个场所，比如对于长期远航的人来说，行驶的船就是一个特殊的地

① 邵建伟. 文化创意空间中的公共领域——香港中环公共空间、服务支持与日常实践个案研究 [J]. 装饰，2010（6）：22~27.
② 方坤. 重塑文化空间：公共文化服务建设的空间转向 [J]. 云南行政学院学报，2015（6）：26~31.
③ [美] 蒂姆·克瑞兹威尔. 地方：记忆、想象与认同 [M]. 王志弘，徐苔玲，译. 台北：台湾群学出版有限公司，2006：37.
④ 同上书：14.

方；"地方感"，是指人类对于地方有主观和情感上的依附。① 它"以人类地方体验的主观性为基础，其内涵包括了地方本身的特征与个性，以及人对于地方依附的情感与认同"。② 从人的存在本质出发，地方感即暗示的是一种"家"的存在，是一种"获得感"。

从"文化"一词的词源上来看，"文化空间"代表着一种价值体系。"文化"一词源于拉丁语 cultura 和 colere，意指栖息、栽培、养育、耕种，在中世纪，"文化"意指"地方耕种"（place tilled），与人的生活息息相关。人类的生活总是发生在一定的物理空间中，因此可以说只要有人活动的空间，都是文化空间。正如向云驹认为的那样，"文化空间"的本源意义是指一个具有文化意义和性质的物理空间、地点和场所。③ 在跨文化交际（inter - cultural communication）研究中，文化空间可以是一个物理空间如"家庭"（home，指一个人成长的地方），也可以是一个隐喻的概念，如网络。④ 之所以将"家庭"作为文化空间，原因在于家庭所在的社区、城市、地区和国家等价值体系，构成了个体的文化背景，也正是强调个体对于空间的情感态度。

（二）地方感的消解

文化空间所代表的价值体系通常处于可被讨论的状态。在不同文化背景下成长的个体到达家庭之外的空间时，会以一种对比的眼光观察文化差异，排斥或接受"他者"文化。当身处与自己生活息息相关的文化空间中时，人们产生对空间的认同，反之则选择排

① ［美］蒂姆·克瑞兹威尔. 地方：记忆、想象与认同［M］. 王志弘，徐苔玲，译. 台北：台湾群学出版有限公司，2006：15.

② Eyles J. Senses of Place. London：Lion，1985. 转引自：朱竑，刘博. 地方感、地方依恋与地方认同等概念的辨析与研究启示［J］华南师范大学学报（自然科学版），2011：1.

③ 向云驹. 论"文化空间"［J］. 中央民族大学学报（哲学社会科学版），2008（3）：81.

④ What is Culture Space? In The TC Neighborhood Project. https：//thetcneighborhoodproject. wordpress. com/2012/05/24/what - is - cultural - space/，访问时间：2016 - 06 - 13.

斥。但这种对不同文化空间的感受在全球化和现代性的背景下基本遭到消解。单向度的文化空间无法满足人们多层次的文化需要。

第一，全球化时代的全球空间感消解了人们的"地方感"。世界各地的建筑被无情的均质化，出现一大批"国际风格"的地标性建筑和摩天大楼，如"世界之窗""广州塔"等。城市文化和空间形态的趋同化正在使城市失去特色、识别性和地方感。①

第二，现代性进程也从未停止对地方意义的重构。从欧洲提倡科学主义和理性主义以来，"现代性与现代化过程的一个显著标志是理性化与无差别的空间过程与空间法则作用于地方性的社会与文化脉络，使独特的地方之间不断呈现同质化，从而消解了地方的文化意义，干扰了个人与社会团体基于地方的身份认同。"② 20 世纪 70 年代以后，经济文化全球化成为重构全球空间的重要力量，它在技术与生产方式层面为人类社会的自由提供可能性的同时，也在地方性层面束缚了人类社会创造地方意义以及定义自我身份的能力。各地修建了大量的文化空间，但由于国家作为权威主体形象的出现，一定程度上挤压了个体的自我表达，难以使个体对空间产生情感上的依附与联结，因此尚未形成有效的公众参与，文化空间普遍呈现出一种"公共人衰落"的局面，人们宁愿选择私人空间的生活。③

① Cf. Adam. R. Globalisation and Architecture: The Challenges of Globalisation Are Relentlessly Shaping Architecture's Relationship with Society and Culture. The Architectural Review, At http: //www. thefreelibrary. com/Globalisation + and + architecture% 3a + the + challenges + of + globalisation + are. . . – a0176090683, 2008 – 2 – 1.

Vigne Quentin. Foreign Architects in China: Innovation at the Cost of Culture? http: //www. echinacities. com/expat – corner/foreign – architects – in – china – innovation – at – the – cost – of. html, 2011 – 5 – 19.

② 朱竑，钱俊希，陈晓亮. 地方与认同：欧美人文地理学对地方的再认识 [J]. 人文地理，2010 (6)：2.

③ 方坤. 重塑文化空间：公共文化服务建设的空间转向 [J]. 云南行政学院学报 2015 (6)：26～31.

（三）缺失地方感的文化空间

自从"文化创意产业"被作为提升国民经济的利器，文化空间缺少了一些面向，更多指的是博物馆、美术馆、音乐厅等文化艺术场所，并且这些文化艺术场所所代表的价值体系始终未能满足人们的需要。在城市空间更新的背景下，文化空间被看作城市空间更新的手段。城市公共文化设施、文化产业园区，甚至是一座城市等，都被称为"文化空间"，文化作为提升物理空间竞争力的工具。这种观点将文化与空间分开对待，认为"文化空间 = 文化 + 物理空间"。在此思路下营造的文化空间可以分为两种类型：流动性文化空间和固定性文化空间。前者如节庆、文化赛事活动，后者如旅游景区开发、文化场馆、闲置空间再利用等，又以老厂房活化以及大批规划建设的文化产业园区的出现为代表。

城市空间更新已经取得累累硕果，但由于文化空间的外观设计、活动安排为经济效益服务，忽略了人与空间的关联及情感诉求，导致文化空间追求炫目场景却均质化，活动安排注重跟随潮流却缺乏在地感。面对各地蓬勃兴起的文创园区、文化空间时，人们屡屡发出疑问：这些文化空间能够为人们带来什么？

三、文化空间营造：地方感的培养

对于个体本身而言，只有空间满足了人们的某种需要，人们对于空间才会产生一定的情感依附，因而多次前往。故而，文化空间营造，不仅需要有基本的空间设计和活动安排，更重要的是这些设计要使人与空间之间产生情感依附和联结，如此才能保持人们参与的持续性。

（一）文化空间形成机制

不管是段义孚对空间－地方的区分，抑或阿格纽对区位的意义的强调，都说明"地方"无法脱离人而独立存在，是人类创造的有意义的空间。尽管对"文化空间"尚未有一个公认的定义，但是无论是从跨文化交流中"文化"一词词源来看，还是在产业经济的背景下观察，"文化空间"的形成离不开人的参与。人们通过对文化的实践和记忆，产生对文化空间的感受，在塑造文化空间的同时也被空间所塑造。本文认为可以从物质、精神和社会三个维度归纳出"文化空间"的三个内涵。

"文化空间"的存在以物质空间为前提。这是人们能实际触摸到的物质空间，"文化空间实践"即指人们在物理空间内开展的各种文化活动。人文精神、文化内涵、文化符号、文化表征、文化形象等构成"文化空间"精神维度的表述，目前来看，"文化空间再现"是政府主导的对文化空间的构想、规划与空间秩序的指定，政治特性内含于文化空间建设和文化艺术形式之中。伴随人的加入和解读，文化空间包含着丰富的社会性，可能是对文化空间再现的认同，也可能是反抗。按照现代建筑学的划分，文化空间是与居住空间、工作空间相对的"第三空间"，是个体文化表达的公共场域。在这一场域中，"文化空间实践"和"文化空间再现"都无法独立描绘文化空间的意涵，正因此，"文化空间"最终呈现出来的是实际的、生活化的且包含各种社会关系的"文化再现空间"。基于此，本文认为"文化空间"是指：在一定物质空间基础上，人们通过社会化生产形成的具备一定精神内涵的空间形式。

结合对文化空间的物质、精神和社会三个维度的归纳，本文认为文化空间经由人们在物理空间内的交流实践形成，并且进一步形塑人们的语言和非语言实践形式。在这种交流实践中，人们进行对空间的认同建构，并产生一种情感的认同或反对。在这一定义下，文化空间由谁设计、为谁设计成为重要问题。通过分析文化空间的三个内涵可以发现，在文化空间营造过程中，不同主体的参与决定了文化空间最终呈现形态。"空间再现"强调权力者的意志，但"空间实践"需要不同主体的参与，因此对空间的接受是使用者在官方规划下的创意实践，也即在"空间再现"下进行的"再现空间"。

文化空间不仅是一个物质实体，更重要的是空间内各种关系构成的结构。何种主体占据着关系的中心位置影响文化空间的意义呈现。在之前的公共文化服务建设中，文化空间建设呈现国家权力全面支配的单一主体形式，如今则出现了国家、社会、市场、个体多中心主体共同治理的形式，很多地方开始尝试"政府主导、社会参与、市场运作、群众受益"的文化空间生产格局。[①] 正是因为在文化空间的形成过程中，强调生产者的权力意志难以给观者以情感体验。这在实践和实证研究中业已得到支持。例如，"碧山计划"的实施由于威胁了地方政府对于空间的主控权力而被勒令停止。据不完全统计，2005 年至今，碧山大约有 30 余幢建筑计划改造或已经被改造，并被赋予不同功能，参与主体涉及设计师、策展人等，对于拥有 800 多户，近 3000 人口的碧山村而言，这些零散空间所占的比例似乎不大，但习惯上，人们依然对空间生产的主体来自异地而感到不安。特别是这种空间生产行为完全是"异质化"和"去中心化"的，带有一种隐匿的回归企图。[②] 这种空间生产主体之间的博弈最终以外来精英主体退出而告终。香港学者邵建伟从 20 世纪 90 年代开始，在香港进行过多项有关街道空间和服务的研究，其中一个焦点便是理解街道空间的日常实践，如商铺和摊档的运作，以及邻里间在不同时段的互动，最终指出城市中的本土和日常实践构

---

① 方坤. 重塑文化空间：公共文化服务建设的空间转向 [J]. 云南行政学院学报，2015（6）：31.

② 有参观者认为碧山计划是一种忽视本地村民利益，纯粹为实现精英主义理想的乌托邦式生产。参见《碧山计划引哈佛博士周韵与策展人欧宁笔战》，观察网：http://www.guancha.cn/culture/2014_07_06_244166_s.shtml，访问时间：2014-12-20.

成地方特色的重要内容，是人们地方感的重要来源，要鼓励文化创意空间发展，应当珍惜和尊重我们城市中的本土和日常实践。①

（二）文化空间营造培养地方感的可能

基于消费主义的"文化"定义将文物（如古老的建筑或传统习俗）作具体物件式的保存，认为文化是旅游景点或具卖点的设计品，在此定义下，文化空间是追求经济利益的工具，长此以往，"我们只会任由消费主义吞噬文化，失去自身对文化认同、作为一个'人'对意义系统的不断反省及更新的营造能力"。② 远离消费主义的"文化"定义认为"文化是关乎人们在漫长时间里实践对所存在的土地的孕育、对下一代的思想薪火相传的教化、对社群的组织及发展；文化也是关乎某个族群的意义、价值取向的认识、反思，以及这个族群的生活方式的滋长及沉淀（成为传统习俗）……"③ 从广义的角度看，文化是整个社会和生产生活方式的总和，人类的生产生活实践总是在一定的空间内展开，从而赋予了空间以文化属性。文化内生于人们的生活方式之中，担任着促进人与人之间相互认同的功能。地方感是一种满足人们基本需要的普遍的情感联系，这种情感联系无法通过激情的口号宣传来建立，而是要体现在人们的日常生活实践中。因此，通过文化空间来培养地方感就有了坚实的落脚点。在培养地方感的过程中，人们不再满足于宏大的观念，而是充分重视有形的、具体的、微观的社会过程及其载体。

---

① 邵建伟. 文化创意空间中的公共领域——香港中环公共空间、服务支持与日常实践个案研究［J］. 装饰，2010（6）：22～27.

② 郭恩慈. 东亚城市空间生产：探索东京、上海、香港的城市文化［M］. 台北：田园城市文化，2011：347.

③ S. Miles，R. Paddison. The rise of culture led urban development. Urban Studies，2005，42（5－6）：833～839. 转引自郭恩慈. 东亚城市空间生产：探索东京、上海、香港的城市文化［M］. 台北：田园城市文化，2011：347～348.

（三）文化空间营造培养地方感的作为

一个城市的特质或者说与其他城市的不同之处，在于其感性特质。[①] 然而在全球化的脉络下，大都市的空间生产皆因大资本发展商和政府掌握了城市经济及政治发展过程，使其文化发展陷入将文化空间变成商品的无底深渊中。这种现象在近几年已出现好转，各地对于文化空间的想象已经和过去完全不同。如上海市已开展"行走上海2016——社区空间微更新计划"，旨在将"城市更新作为城市新陈代谢的成长过程，从传统'大拆大建'的粗放型建设方式，转变到关注零星地块、闲置地块、小微空间的品质提升和功能塑造，改善社区空间环境"，[②] 并制定《上海市街道空间设计导则》，注重街道设计、建设与管理的"人性化"转型。本文将地方感作为文化空间营造的核心，意味着在文化空间营造的过程中，要注重空间与人的情感依附与连结。从实践层面而言，主要有以下三个途径的建议：

一是增加文化空间的开放性。在创意产业发展的背景下，文化空间常常专指文化艺术空间，如美术馆和音乐厅等，然而标榜文化艺术的专业性也建立了一种"品牌权威"阶级。[③] 有研究发现，对于具备经济条件和文化背景却依然不会参观美术馆或只参观一次就不会再有参观意愿的人员而言，美术馆的收藏定位和展览服务均不符合观众预期的要求。[④] 以全球化的审美为基准，在地文化资源被歪曲解释，在地文化承载者也无法参与文化空间营造的过程中。当今文化空间营造者必须考虑空间所在地的文化纹理，思考文化空间在提供当地文化服务时可以扮演的角色。文化展览策划者去除阶级

---

① ［美］沙朗·佐京. 城市文化［M］. 张延佺，杨东霞，谈瀛洲，译. 上海：上海教育出版社，2006.

② 上海启动"行走上海2016——社区空间微更新计划". ［OL］［2016 - 06 - 15］http：//www. shanghai. gov. cn/nw2/nw2314/nw2315/nw4411/u21aw1128103. html.

③ 郑衍伟. 文化空间的公共性是什么？——小探美国AS220［J］. 台湾建筑，2015（2）.

④ 王弋. 美术馆观众的参观意向分析——为什么人们选择去或不去参观美术馆？［A］//载钱伟主编. 文化产业观察（第一辑）. 知识产权出版社，2014：43～54.

感，针对广义的使用者做规划，将自身文化专业者的角色转变为一种从旁协助大众表现的身份，作为一个"策展人"出现，或许可以去除文化艺术空间的阶级感，并重新分配文化资源，增加文化空间的开放性。

二是将文化空间视为提供文化生产的平台。被统称为"文化空间"的场所，有的具备独特的社会与历史价值，非常适合作为培养地方感的基地，但却常常被当作均质性的空间出租获利，成为资本逐利的工具，或者单纯是消费平台，使用者扮演观者或消费者的角色。文化空间不仅应该成为出租/供应文化工作者使用的场地，而更应该提供软硬体的生产工具，让使用者想象空间进而参与空间的生产成为可能。通过改变公共空间建造以及使用上的关联性，降低接触文化的门槛，让使用者在日常生活的参与中促进文化空间的形成。比如：不是先将文化空间的功能都设定好，再找人管理，而是先搭好20%的硬体设施，剩余的80%用作充实软体设施，给予文化工作者自由发挥的空间。

三是举办在地化活动建立主动参与使用的环境。传统文化空间提供的服务大多是单向呈现，为了吸引眼球，常常举办国际热门展览，却磨灭在地文化的发声机会。空间营造要善于从粉丝培养的路径中寻找建议。日本山琦亮的"社区设计"理念认为，空间营造的关键不在于"空间设计"本身，而在于将使用者转化为积极的"社群"，在进行空间营造之前，试着去聆听未来使用者的心声，这样不仅可以深入了解地方的优势和问题，还可以与使用者构筑信赖关系，从而为日后他们"参与空间规划、经营管理、活动设计甚至地方产业活化、永续发展"等提供基础。① 在地化活动面向社区，如展览、市集以及与艺术团体合作项目等，通过建立民众主动参与使用的环境，发现并满足参与者需求，进而培养人们对于文化空间的

---

① ［日］山琦亮. 社区设计：重新思考"社区"定义，不只设计空间，更要设计"人与人之间的联结"［M］. 庄雅琇，译. 台北：城邦文化事业股份有限公司，2015：前言25.

依附与认同，产生自己稳定的使用社群，建立使用者与文化空间的情感纽带。

四、结　语

本篇论文尝试探讨的是如下矛盾存在的原因及解决路径：一方面，在当下城市都市空间更新的背景下，文化空间建设被当作发展的有力工具，各地兴起大量文化空间，举办各类文化活动；另一方面，普通民众面对重复的工作，迫切需要一个远离生活、工作的"第三空间"却发现没有合适的选择。为了研究这个问题，笔者引入了地理学中的"地方感"概念，认为地方感的消解与全球化时代兴起的文化空间建设浪潮息息相关。基于经济效益的文化空间营造，消除了人与空间的联系，忽略了人与空间的情感纽带需求。进而通过分析文化空间的内涵，说明人在物理空间内的交流实践是文化空间形成的重要因素，因此要想营造吸引人的文化空间，必须增强人的参与性，并且提出了三条可行途径：一是增强文化空间开放性，去除审美权威；二是将文化空间视为提供文化生产而非经济产出的平台；三是举办在地化活动建立主动参与使用的环境。

参考文献：

［1］用文化空间提升城市的魅力和品质［N］. 文汇报 . 2015 - 11 - 09（5）.

［2］邵建伟 . 文化创意空间中的公共领域——香港中环公共空间、服务支持与日常实践个案研究［J］. 装饰，2010（6）：22～27.

［3］方坤 . 重塑文化空间：公共文化服务建设的空间转向［J］. 云南行政学院学报，2015（6）：26～31.

［4］［美］蒂姆·克瑞兹威尔 . 地方：记忆、想象与认同

［M］. 王志弘，徐苔玲，译. 台北：台湾群学出版有限公司，2006.

［5］朱竑，刘博. 地方感、地方依恋与地方认同等概念的辨析与研究启示［J］. 华南师范大学学报（自然科学版），2011（1）：1～8.

［6］向云驹. 论"文化空间"［J］. 中央民族大学学报（哲学社会科学版），2008（3）：81～86.

［7］What is Culture Space? In The TC Neighborhood Project. At https：//thetcneighborhoodproject. wordpress. com/2012/05/24/what － is － cultural － space/［EB/OL］. 2016 － 06 － 13.

［8］Adam. R. Globalisation and Architecture：The Challenges of Globalisation Are Relentlessly Shaping Architecture's Relationship with Society and Culture. The Architectural Review，http：//www. thefreelibrary. com/ Globalisation ＋ and ＋ architecture％ 3a ＋ the ＋ challenges ＋ of ＋ globalisation ＋ are... － a0176090683.［EB/OL］. 2008 － 02 － 01.

［9］Vigne Quentin. Foreign Architects in China：Innovation at the Cost of Culture？http：//www. echinacities. com/expat － corner/foreign － architects － in － china － innovation － at － the － cost － of. html［EB/OL］. 2011 － 05 － 19.

［10］朱竑，钱俊希，陈晓亮. 地方与认同：欧美人文地理学对地方的再认识［J］. 人文地理，2010（6）：1～6.

［11］碧山计划引哈佛博士周韵与策展人欧宁笔战. 观察网：http：//www. guancha. cn/culture/2014_ 07_ 06_ 244166_ s. shtml，［EB/OL］. 2014 － 12 － 20.

［12］郭恩慈. 东亚城市空间生产：探索东京、上海、香港的城市文化［M］. 台北：田园城市文化. 2011.

［13］［美］沙朗·佐京. 城市文化［M］. 张延佺，杨东霞，谈瀛洲，译. 上海：上海教育出版社，2006.

［14］上海启动"行走上海2016——社区空间微更新计划".

http：//www. shanghai. gov. cn/nw2/nw2314/nw2315/nw4411/u21aw
1128103. html［EB/OL］. 2016 – 6 – 15.

［15］郑衍伟. 文化空间的公共性是什么？——小探美国
AS220［J］. 台湾建筑，2015（2）.

［16］王弋. 美术馆观众的参观意向分析——为什么人们选择
去或不去参观美术馆？［A］//钱伟. 文化产业观察（第一辑）. 北
京：知识产权出版社，2014：43～54.

［17］［日］山琦亮. 社区设计：重新思考"社区"定义，不
只设计空间，更要设计"人与人之间的联结"［M］. 庄雅琇，译.
台北：城邦文化事业股份有限公司，2015.

上海街头艺术与创意城市的构建

张议丹①

摘要： 伴随着完善公共文化服务和城市规划的热潮，地方政府对街头艺人展开引导和管制，本文从此社会现象出发，试图探讨街头艺术如何通过作用于社会对城市创新发展产生影响。在阐述街头艺术的概念流变基础上，本文把研究对象——街头艺术纳入公共艺术的范畴分析其赋有功能，并引入"创意城市理论"，同时结合上海具体实践，分别从理论和实证角度探究街头艺术与创意城市之间的互动关系。通过活化公共空间、重塑公众观念、培育多元创新，街头艺术在经济、政治和文化三个层面对城市创造力的构建发挥着重要作用。

关键字： 街头艺术；创意城市；上海

一、引　言

近几年在城市的规划及建设过程中，部分地方政府纷纷通过多种形式对街头艺人活动进行介入、扶持和管制。2008 年 4 月，上海市罗怀臻等 12 位市人大代表提出的议案——"关于制定上海城市

---

① 张议丹，华东政法大学文化产业管理专业 2015 级研究生。

街头艺人管理条例"在上海市十三届人大常委会第三次会议上被相当一部分代表认可；2011 年 7 月，厦门市思明区文化局公开招募街头艺人，8 月中山路街头艺人正式持证上岗；2014 年 10 月，上海市静安区文化部门试水为 8 名街头艺人发放了演出许可证；2015 年，深圳福田区着手推行"社会组织参与、街头艺人自治、限位派号管理"模式促进街头艺术发展；2016 年成都城市音乐厅片区形成 7 个街头艺人表演点；长沙市黄兴南路步行商业街街头艺人征选正于 2016 年 9 月至 11 月进行……目前，由政府牵头和引导的街头艺术实践多集中于国内一线或"新一线城市"①的街头、公园或商圈等公共区域，且规模不断扩大，数量不断增多。

对于街头艺人的理解和探讨，从起初由于影响公共环境不被大众接受、不被政府许可到现今作为城市文化景观的一部分被提出和重视，这已是一个重大的转折和改变。一方面，使街头艺人存在合理化、表演正规化、管理常态化是各级政府响应国家创建及完善公共文化服务体系号召的举措；另一方面，也是出于在当今全球化城市化步伐加速、竞争与合作并存的格局下，满足城市更高层次发展和市民更多样化需求的考虑。城市在如今多变的环境里寻找路向和定位，"并不能单靠维持经济增长、创造就业，或发展某类产业（包括文化创意产业）为发展目标，或以追求经济体积不断扩张等手段来满足市民多样化的需要"②，需关注城市文化的生产价值，重视构成城市创造力的各种力量，鼓励各个阶层参与、动员不同领域协作，这样才能为城市发展提供新的发展空间。而对街头艺术的引导，正是通过营造市民文化、汲取民间创造力以推动城市发展的体现。那么街头艺术如何通过作用于社会，并对城市发展产生什么样

———————

① 依据《第一财经周刊》2016 年中国城市分级榜单，按照商业资源集聚度、城市枢纽性、城市人活跃度、生活多样性和未来可塑性 5 个维度的平均加权计算，除北京、上海、广州、深圳 4 个一线城市外，包括成都、厦门、长沙等在内的 15 个城市被划为"新一线城市"。

② 任明. 创意城市与城市创造力——"城市文化交流会议"2013 香港年会综述 [J]. 上海文化，2014（2）.

的影响？这就需要探究街头艺人与城市发展之间的互动关系，本文以具有代表性的城市——上海为例试图探讨解决以上问题。

二、街头艺术概述

（一）街头艺术的溯源、界定、特征

街头艺术（Street Art）是指"未经授权创作于公共场所的视觉艺术"，[1] 其历史渊源可追溯到一句"吉佬儿到此一游"（Kilroy was here）的美国俚语。这个曾于"二战"时期一度流行的文字与图像相结合形成的涂鸦——一个长有大鼻子的光头双手攀墙、向前窥探——成为与1940年代美国部队文化相关联的标识。[2] 随着19世纪80年代以哈林和巴斯奎特等天才为代表的艺术家使街头涂鸦昙花一现，街头艺术获得了更多的受众。如今，不仅包括传统的涂鸦艺术，街头艺术还融合了其他媒介和技术，涵盖拼贴艺术、马赛克镶嵌、影像投影、街头装置、行为艺术、艺术表演、快闪活动等多种艺术形式的独立创作。依据街头艺术家各不相同的创作动机与创作方法，展现出的街头艺术形式多样，内容各异，寓意丰富。

起源于纽约布朗克斯区的涂鸦，曾经是反叛堕落、发泄情绪和控诉社会的代名词，但伴随着"文明的规训"，这种艺术形式曾经蕴含着的愤怒在资本的力量和政府的监管下所剩无几。一方面表现在商业产品追逐文化创新点的环境下，涂鸦文化蕴含的巨大经济价值使大批街头艺术家和创作作品涌入成熟的艺术品市场；另一方面则体现在政府对街头艺人的"收编"，这源于"发展城市公共艺术以提升城市品位和内涵"的理念下各地政府对街头艺术积极效应的

---

① 维基百科：street art，https：//en.wikipedia.org/wiki/Street_art［2016-9-20］.
② 周丝远. 广义的"街头艺术"及其起源［J］. 远木，游正宇，译. 东方艺术，2014（17）.

重视和实践。随着公众文化权利的上升和艺术公共化的发展趋势，公共艺术逐渐走进大众视野，广义上的公共艺术（Public Art）包含设立于公共空间中的一切艺术形式，但和概念意义上未经授权的街头艺术不同，其通常受到政府的委托和保护，然而在当代城市规划发展的社会语境下，实际接受政府管制的街头艺术已经走向公共艺术。本文把研究对象街头艺术纳入广义上的公共艺术范畴，因而其具有公共艺术立足根本与核心内容的"公共性"，这里的"公共性"，"基于一定市民社会的形成和公共领域的建立"，① 不仅指相对于私人空间概念的公共空间的公众拥有，也包含政治意义上的民主权利和社会意义上的共享精神，体现在共同性、公众参与性以及设置场域开放性等多方面，并在历史性建构过程中发展变化。街头艺术使公共空间的艺术与社会公众产生相互影响，从而不断更新着艺术、环境与公众的文化关系。

在公共艺术范畴下，"省思检视公众对放置于户外空间中的公共艺术作品的回应"是重要的研究议题，本文为了突出作品呈现和公众回应的直接性和有效性，强调城市文化空间内主体行为间交流互动的即时性和灵活性，且结合上海现有的街头艺术实践，研究范围主要侧重于具有表演性质的街头艺术活动和街头艺人。

（二）街头艺术的功能

街头艺术对于城市发展的作用，基于其自身赋有功能的辐射和外溢，下面将针对街头艺术的功能，分别在主体、空间和社会三个层面进行具体阐述。

1. 满足精神需求

对街头艺术的关注显示出社会对公共空间民主化进程的需求和对公共艺术权利的重新审视，同时也体现出在"千城一面"的城市

---

① 何小青. 公共艺术发展路径的向度分析［D］，上海大学美术学院，2011（3）.

化进程中对地域文化和人文环境的重新建构，这都说明在城市的更新发展中，盲目的经济扩张逐渐转向为对人本身的重视和关怀。社会经济的快速发展使人们在满足了基本的物质生活需求之外开始寻求更高层次的精神文化需求，但不同于设置准入门槛的美术馆、展览会和演唱会等艺术服务机构，街头艺术能够真正"保证接纳属于不同社会阶层的公众共同参与公共艺术建设的操作过程中来……"①其开放和接纳的姿态一方面满足了普通大众欣赏艺术、休闲放松的精神和情感需求；另一方面对于街头艺人来说，广泛和积极的公众参与所带来的精神慰藉（驻足观看、鼓掌喝彩）和物质支持（观众支付相应财物），能够促进其身份认同和自我提升。通过观众与艺人的沟通互动，视觉、触觉和心觉的交相辉映，公众产生"美好感觉"并愿意重复感受、回忆、宣传这种体验。街头艺术通过把艺术作品带入日常生活，不仅为社会主体提供直接面向艺术、参与文化活动、实现精神满足的机会和平台，还使艺术作品与环境对话，引发人们对公共空间的重新认识与思考。

2. 营造文化空间

从空间角度分析，首先，定位和讨论街头在社会和文化语境下的作用意义重大，作为城市公共空间的重要部分，街头不仅仅是移动的通道，还是公共领域的物理空间表现，其支持和提供各种文化、经济、政治和社会活动，并在这个过程中引发不断变化和交互，社会由此变得更加复杂、多元和富有；②其次，街头艺术通过把艺术作品和文化实践活动引入公共物理空间，从而为街道增添了文化因素所蕴含的触摸不到的关系和成分，营造出富有特色的文化空间，由此原本静止单调的空间被赋予多元价值内涵，同时也承载了更多社会功能；再次，不同的地域文化孕育着不同的人文艺术，

---

① 时向东. 北京公共艺术研究 [M]. 北京：北京学苑出版社，2006：73 ~ 74.

② Vikas Mehta. The Street：A Quintessential Social Public Space. By Routledge2 Park Square，Milton Park，Abingdon，Oxon，OX14 4RN，2013：11 – 22.

由街头艺术营造的文化空间形成当地独特的城市景观，许多欧美城市包括巴黎、伦敦、罗马、纽约、巴塞罗纳等，街头艺术已成为市内一角亮丽的风景线和旅游资源的重要组成部分，对于构建城市文化、识别城市个性、塑造城市形象、提高城市品位具有积极作用。

3. 促进社会交流

在社会学领域中，汉娜·阿伦特首先对"公共性"的概念进行了阐述，她提出其是从存在的层面上建立的人与人自由、平等交往对话的精神原则和心理向度。"就像一张桌子放在那些坐在它周围的人群之中一样"①，"公共"作为某种纽带，具有将每个个体联系起来的同时又不抹杀其差异的特性;② 尤尔根·哈贝马斯认为的"公共性"是人们在超越私人利益的社会交往中进行舆论批判和自我理性反思的标准，是一种交流的共识平台与平等依据。③ 理查德·桑内特则将"公共性"概念人类学化和历史学化，认为"公共性"是社会交往行为和人们"公共"观念认识演变中体现出的具体内涵。尽管三者对公共性的理解不尽相同，但都囊括了社会交往的重要向度。街头艺术不仅吸引人们聚集，为公众产生关系、建立连结提供可能，而且"以艺术的方式与公众进行互动，公众可以围绕作品展开平等自由的交流和讨论"④。这时的街头艺术作为人与人、人与自然及人文环境之间密切互动的重要媒介，能够使每个人投入到以作品为中介的双向交流过程中来，而且这里的交流大多属于精神文化层面的直接性交流，进一步影响和形塑公众心理和行为。通

---

① ［美］汉娜·阿伦特. 人的条件［M］. 竺乾威等，译. 上海：上海人民出版社，1999：38.

② 何小青. 公共艺术发展路径的向度分析［D］. 上海大学，2011（3）.

③ Jeff Weintraub. The Theory and Politics or the Public Private Distinction［G］//Jeff Weintraub and Kishan Kumar. Public and Private in Thought and Practice: Perspectives on a Grand Dichotomy. Chicago: University of Chicago Press, 1999: 2.

④ 翁剑青. 城市公共艺术：一种与公众社会互动的艺术及其文化的阐释［M］. 南京：东南大学出版社，2004：46～53.

过提供文化交流和社会交往的情境支持，其对于社会参与、社会凝聚和社区营造具有重要意义。

三、街头艺术与创意城市的关系

（一）创意城市理论概述

对创意城市的探讨伴随着世界范围内持续发展的城市化进程和不断蔓延的全球化趋势。2009 年城市人口开始占据世界总人口的大多数，这不仅成为人类群居史上的重要分界点，而且使"人们如何在城市中富有创造力地生活"凸显为全球重要议题，对城市生活的关注也促发了创意产业的兴盛，因为其对于提高生活质量至关重要；自 1980 年以来国际化现象已逐渐将空间扩散活动予以全球性整合，[①] 阿尔君·阿帕杜莱构建了全球文化分析的五个维度——人种图景（ethnoscape）、科技图景（technoscape）、金融图景（financescape）、媒体图景（mediascape）、意识形态图景（ideoscape），这些领域的生产和协调在国界逐渐消失的全球化趋势下更受到城市的引导和作用，城市由此成为现代经济发展的重要动力。这使学术上对世界级城市（纽约、伦敦、巴黎、洛杉矶、日本）的讨论愈加热烈，同时也推动了全球城市排名依据的综合指数体系的构建。

对于创意城市的理论建构，不同学者分别从不同路径进行探究，Scott 致力于历史分析、Montgomery 侧重于城市规划、Landry 和 Florida 则关注于地方竞争力的管理和提高。对创意城市的研究涉及城市研究、城市规划、建筑学、设计、媒介传播、文化地理学、经济地理学等多重学科，这与从广阔视角分析"城市发展史"和"文

---

① 林兆群，潘海啸. 创意城市经营战略之研究——以欧洲三城市为例 [J]. 人文地理，2010（1）.

明中的城市"的学术传统相关，而其遵循的另外一个传统则是针对概念在特定条件下的明确界定，承接和辨析熊彼特的"经济创新"、弗里曼的"国家创新体系"和库克的"区域创新系统"理论，文化地理学家 David Throsby 于 2010 年对创意城市的定义作出如下阐述：创意城市的概念描述了在一个城市综合体中，不同形式的文化活动构成了城市经济和社会功能的必要组成部分，因为已经建立了完备的艺术和文化设施，这些城市更趋向于依靠强大的社会和文化服务、高比率的创造性就业和吸引外来投资推动城市发展。Throsby 的定义是在假定生产和消费平衡的条件下进行考察，然而其仍没有打破学界聚焦于"创意城市的成长和发展动力主要基于生产还是消费"的持续争论，Richard Florida 颠覆了无数城市管理者接受和实践的经济生产策略，他坚持城市发展依托于"建立一个对于创意阶层具有吸引力的社区和环境"，提供尽可能多的需求空间和场所。Charles Landry 和 Montgomery 进一步发展了这一学说，其最终导向于政府的政策创新和设施建设。而持生产中心论的学者批判落实于文化设施的理论无法解决地区生产活动和劳动力市场等基本问题，他们认为现代城市发展最重要的动力来源于经济生产，并阐释了在竞争与合作的全球化格局下城市的创意生产如何日益重要。虽然生产中心学派目前在学术领域占主导地位，但消费中心论对于非大都市的创新成长发挥关键作用；此外也已有通过把生产和消费因素都纳入评估系统来调和两者分歧的新尝试，① 创意城市理论在动态有机发展中不断演进深化，同时依据此理论城市管理者热衷于借助更新战略政策、项目规划来提升国际竞争力。上海作为国际化的大都市，在面对外界激烈竞争的同时要引领中国经济实现可持续发展，必须重视创意显示出的强大生命力与生产力，以创意为核心推动构建创意城市。

---

① J Hartley, J Potts, S Cunningham, T Flew, M Keane, J Banks. Key Concepts in Creative Industries. SAGE Publications Ltd 1 Oliver's Yard 55 City RoadLondon EC1Y 1SP, 2013：43 ~ 47.

（二）街头艺术与创意城市关系框架构建

创意城市作为城市发展的新范式，包含多种文化面向，具有多样性内涵，本文基于 Laundry 对创意的解释——对一件事情作出正确的判断，然后在给定的情况下寻找一种合适的解决方法①，倾向于将创意城市理解为动员各领域的创造力协作解决城市所面临的各种问题，并且更强调推动城市发展因素中艺术的作用和效力。本文选取根植于社会、由民众创造，为公众服务的街头艺术，探究其与创意城市的互动关系，下面将从创意城市的构成要素角度构建两者的关系理论框架。

众多学者组织分别根据自身需求对创意城市的构成要素提出了各种观点，Richard Florida 提出了"3T"理论——技术（Technology）、人才（Talent）和宽容（Tolerance），② 但 Glaeser 认为，3T 说实际上是传统的人力资本理论，他坚持真正有效的"3S"理论——技能（Skills）、阳光（Sun）和城市蔓延（Sprawl），③ Hospers 认为集中性（concentration）、多样性（diversity）和非稳定状态（instability）三个要素能增加城市创意形成的机会，④ Landry 则提出城市创新的关键在于城市的创意基础、创意环境和文化因素；除此之外，美国硅谷地区以文化生态为理论基础构建的创意社区指数框架涵盖了创意效果（Outcomes）、艺术与文化参与（Participation）、创意资本（Assets）及创意杠杆（Cultural Levers）五个方面，新加坡 ASAT 创意指标体系从创意生态系统动力角度整

① ［英］查尔斯·兰德利. 创意城市——如何打造都市创意生活圈［M］. 杨佑兰，译. 北京：清华大学出版社，2009：57～62.

② Richard Florida. The Rise of Creative Class［M］. New York：Basic，2002：13.

③ Edward L. G. Review of Richard Florida's The Rise of the Creative Class［J/OL］. http：//www. creativeclass. org. 2004：（12）.

④ Gert - Jan Hospers. Creative Cities：Breeding Places in the Knowledge Economy. Knowledge，Technology，& Policy / Fall 2003.

合了资源可用性、可持续性、对改变的适应性以及持久性四个维度。① 尽管上述构成要素不尽相同，但经过整合多数学者观点并联系创意实践，本文选取聚集性、多样性及宽容度作为创意城市发展机会的因素条件，并结合街头艺术具体展开论述。

城市的创造力，起初是由在特定地区一些人们的出现所激发出来，在拥有足够的人群互动与交流下，聚集性将形成关键的多数群众，从而积累人群的创造力与知识发展，成为城市的创意力度。然而城市居民数量无法来定义"聚集性"，② 聚集性代表的不是人口总数的多寡而是彼此互动频率的密度，街头艺术能够带来人们信息交流和社会交互所必须的集聚效应，其不仅吸引人们驻足，使个体形成群体，而且能够以作品为中介产生互动，从而产生新观念和新事物；"多样性是城市创造力的肥沃土壤"，③ 其对于激发城市创意至关重要，街头艺术的多样性首先体现在艺术形式的多样性上，只要是存在于公共场所的视觉艺术，都可被纳入街头艺术的范围。其次则体现在参与主体的多样性，其不仅代表着公众主体的多元化，还意味着主体所承载的知识技能活动的多元化，通过将身份年龄职业不同的具有差异性的人联结，街头艺术由此包含了多样化的技能与需求，公众在这个文化空间彼此交换知识与观念，表达、学习、交流认识世界的新视角和新方法，并为城市带来动能进而创造繁华的城市生活；关于宽容度，Florida 曾就"3T"因素如何协同工作以推动经济增长进行了大量统计研究，数据显示，那些在同性恋、波西米亚人和其他多样性基础指标上获得高分的地区成为了吸引创意人才的圣地和创意产业蓬勃发展的沃土。这说明较低的准入门槛使地区吸纳外部人力资源更为容易，④ 相对开放和宽容度高的地区促

---

① 谭娜. 创意指数体系构建机制探析——基于创意、创新及竞争力指数体系比较研究［J］. 东岳论丛，2013（11）.

② AnderssonA. Creativity And Regional - Development［J］. Papers Of The Regional Science Association，1985（56）：5~20.

③ Jacobs, J. The economy of cities［M］. New York：Random House，1969：98~112.

④ 尹宏. 现代城市创意经济发展研究［M］. 北京：中国人民出版社，2009：46~52.

进城市经济社会文化的包容性增长和创新性发展，街头艺术中对于艺人的态度从拒绝排斥到接受认可本身就体现出蕴含的宽容度，低门槛保证了每一个自由平等的公民都可参与街头艺术的活动中，在这个过程中，人们与多元化的陌生人分享空间，面对分歧，理解差异，由此变得宽容。作为吸引创意人才、激励创新和促进经济增长的必要充分条件，三者并不是孤立存在的，而是相互融合彼此呼应，街头艺术体现出的文化多元化和社会包容度对城市成长带来动力，能够促进创意城市的构建和发展。

四、街头艺术推动创意城市的构建——以上海为例

基于上述理论分析，可以得知街头艺术作为城市文化的一部分与创意城市高度相关，并有助于城市的创新发展，而其对创意城市产生的具体影响则需要联系实际进行探讨，本部分从实证角度，结合上海的街头艺术实践，分别从政治、经济、文化层面探讨街头艺术对于社会带来的影响。

（一）经济——空间活化

当提及创意城市，创意产业及其涉及的出版、演出、影视、动漫等行业对城市经济增长尤为重要，设计与资本对接的新商业形式往往是探讨的焦点和重点，但持续的经济生产力与创造力所依托的创新环境却常被忽略。首先公共空间是个位于创意环境核心的多层面概念，由于它能让人超越自身家庭、职业、社会关系的小圈圈，因此有助于发展创意。① 其次在如今新的时代条件下，文化已成为

---

① ［英］查尔斯·兰德利. 创意城市——如何打造都市创意生活圈 [M]. 杨佑兰，译. 北京：清华大学出版社，2009：182～184.

行就消费空间的主要手段之一，所以蕴含文化因素的公共空间内的街头艺术对于创意城市的经济发展具有一定效用。2015年9月，在上海首批街头艺人持证上岗一周年之际，街头艺人活动范围已从静安区扩大至长宁区，但不同于静安区将艺人活动设置于公园街头，长宁区的南丰城和兆丰广场两大商圈入选为指定地点，"文商结合"的道路显示出街头艺人在刺激经济的作用上扮演重要角色。对于激发创意的公共空间来说，商圈内广场、电影院、夜店、餐厅、商店、剧院、图书馆等更具社会多元性的环境是关键地点，因其更具刺激性和挑战性，而街头艺术的入驻充满朝气与活力，使这个空间内未知、多元、不稳定的成分不断扩大，这对于交换意见、激发灵感意义重大；对于商家来说，艺术活动吸引公众在此停留，而停留时间越长，消费或潜在消费的可能性就越大；对于艺人来说，商圈内相对较高的购买水平和人文素养使其通过艺术展示和艺术表演获得的回报趋于更高，这样看来，持续性的实施对拉动区域内需、提高商家利润、增加艺人收入都能够发挥作用。不过，我们不应只把它视为简单的消费场域，而更应该把它当作创意的生产平台，通过不同元素机能的激活、交融和混合，使之成为创造力与创新的孕育场所。

（二）政治——观念重塑

公共艺术建立在民主政治制度的基础之上，区别于高高在上的纯艺术，街头艺术的生活化和平民化使"那些被束缚于社会职业分工而难以直接参与艺术活动的社会大众，享有学习艺术、欣赏艺术、参与艺术的权利和途径"[①]，然而更重要的是，这促使参与公共艺术活动成为公众的自我意识和自觉行为，德国著名艺术家波依斯曾强调，我们社会中的每个人都有发掘和培养其创造性能力的必要性，并提倡通过艺术的方式"对社会机体进行改造"，从而建立起

---

① 王旻. 公共艺术介入城市文化建设的形式 [D]. 江南大学，2013 (6).

一个"高效的、智慧的和民主的社会",① 这种改造关键在于观念上的改造，使公民对文化多样性及基本文化权利有所认知并主动寻求艺术参与，在这个过程中培养主体意识和发掘更多潜能。自上海首批 8 名持证街头艺人成为全国焦点后，去年 10 月又招收了第 4 批街头艺人，至此持证街头艺人增至 46 人，在众多街头艺人中李雄刚凭借手工做易拉罐工艺品的绝活，吸引了人们的目光和驻足。经过 17 年的手工艺生涯，使其从城隍庙的固定摊位回归街头的最大原因就是公共空间"来来往往的人群"②。每次出摊，李师傅都会带上几幅展示性作品和几把凳子供观众欣赏和互相交流，路过街头的人们出于好奇会驻足观看，感兴趣时会停留询问，而觉得喜欢时就会长时间沟通，并对作品给予意见、经过考虑购买甚至多次前往，加上同行的技艺切磋和顾客的个性定制，李师傅每次都会从中汲取创意和启发，为创作打开思路。在这个过程中，公众其实也是在行使作品遴选、作品设置及对作品的评价等权利，虽然可能不自知但是街头艺术这一实践为公众的自觉提供了经验和条件。总之，街头艺术使艺术、连同艺术的方式和民主的精神成为广大民众生活和工作的一部分，从而启迪公众参与催生创意的文化建设中去。

（三）文化——多元众创

多样性作为创意城市构成要件的组成部分，是文化创新的重要基础。当社会和文化多元性促进了解与学习，而非导致恐外症（xenophobia）时，社会和人口状况就可能影响城市的创造力。生机蓬勃的民间社会不仅增进活力，也将使用、参与、执行、互动等程度提供到让活动得以展开的门坎。③ 作为立足于民众生产生活的多

① 章晴芳. 公共艺术设计 [M]. 上海：人民美术出版社，2007：23 ~ 36.
② 周凤婷. 在上海，他们是持证上岗的街头艺人. http：//news. inewsweek. cn/detail - 1913. html. 2016 - 09 - 24.
③ [英] 查尔斯·兰德利. 创意城市——如何打造都市创意生活圈 [M]. 杨佑兰，译. 北京：清华大学出版社，2009：173.

元民间文化的代表，街头艺术本身具有的多元性是政府引导整合后开展街头艺术活动的基础。上海的街头艺术涵盖表演艺术、视觉艺术和创意工艺三大类，至去年10月第4批18位街头艺人获得上岗证，艺术种类也得到拓展，除了覃新宇的大环特技及太空漫步表演、刘飞虎的小丑气球表演、陆昕一的水晶球演出、邢振华的吉他弹奏外，还有口琴、排箫、二胡、陶笛、冬不拉弹唱、铝箔剪纸、人体雕塑、街头合唱、街头漫画、草编艺术、串珠编织等艺术形式，种类多样、风格迥异的街头艺术实践使多元文化得到传播和保护，其具有的多元性也促进自身持续健康发展，同时也使不同的技能、才华与文化价值观交流，促成崭新的创意与机会。2005年从瑞士留学毕业回国的陆昕一，受到国外街头文化和艺术氛围的影响，一直学习并从事自己喜欢的魔术表演，2008年接触到水晶球后，就把两者相结合形成了自己的表演特色，作为上海第一批街头艺人候补成员，在马亚西亚街头的表演经历为他提供了丰富经验，而国内倍感熟悉和亲切的环境使陆昕一自己与他人的互动更加顺畅深入，在观看其他街头艺人的表演和不断交流中，陆昕一萌生了水晶球表演搭配现场音乐演奏的主意，经与吉他演奏的同行艺人沟通后他们马上投入练习，最终为观众带来了一场广受好评的视听盛宴，这个过程伴随着创意的生发和实践，不仅是艺人之间、艺人与扮演和承担社会不同角色和功能的观众之间同样易于催生新文化与新事物。街头艺术的文化多元化和创作自主性为公众提供了新联想和新洞见，通过异质文化碰撞、民间活力汲取、公众创意激发，推动着创意城市的构建和发展。

五、结　语

由政府引导的街头艺术实践在城市中不断发展，本文从社会现象出发，分析街头艺术如何作用于社会并对城市创新发展产生影响，在介绍街头艺术基本概念的基础上，为了构建其与城市发展之间的理论框架，本文引入"创意城市"理论证明两者的相关关系，又从实证角度结合上海街头艺术的具体实践展开论述，通过活化公共空间、重塑公众观念、培育多元创新，街头艺术在经济、政治和文化三个层面对城市创造力的构建发挥着重要作用；政府开展街头艺术活动有利于创意的激发和催生，但现阶段仍存在公民认知薄弱、管理模式僵化、供需矛盾紧张等诸多问题，创意城市导向下的街头艺术实践启示城市管理者扩大公民参与、放宽艺人限制、更新传统观念推动其持续发展；进一步延伸，"都市公众与文化的多元性、权力的运作以及专业的空间营建者与非专业的都市居民间的关系与其扮演的角色"① 等议题还需深入探讨。

参考文献：

［1］Vikas Mehta. The Street：A Quintessential Social Public Space［M］. Routledge2 Park Square，Milton Park，Abingdon，Oxon，OX14 4RN，2013：11～22.

［2］J Hartley，J Potts，S Cunningham，T Flew，M Keane，J Banks. Key Concepts in Creative Industries［M］. SAGE Publications Ltd 1 Oliver's Yard55 City RoadLondon EC1Y 1SP，2013：43～47.

［3］Edward L. G. Review of Richard Florida's：The Rise of the Creative Class［J/OL］. http：//www. creativeclass. org. 2004（12）.

［4］Andersson A. Creativity and Regional－Development［J］. Papers of the Regional Science Association，1985（56）：5～20.

［5］Jacobs，J. The economy of cities［M］. New York：Random House，1969：98～112.

---

① ［美］麦肯·迈尔斯. 艺术·空间·城市：公共艺术与都市远景［M］. 简逸姗，译. 台北：创兴出版社有限公司，2000：11.

[6] ［英］查尔斯·兰德利.创意城市——如何打造都市创意生活圈［M］.杨佑兰，译.北京：清华大学出版社，2009.

[7] ［美］汉娜·阿伦特.人的条件［M］.竺乾威，等，译.上海：上海人民出版社，1999.

[8] ［美］麦肯·迈尔斯.艺术·空间·城市：公共艺术与都市远景［M］.简逸姗，译.台北：创兴出版社有限公司，2000.

[9] 时向东.北京公共艺术研究［M］.北京：北京学苑出版社，2006.

[10] 翁剑青.城市公共艺术：一种与公众社会互动的艺术及其文化的阐释［M］.南京：东南大学出版社，2004.

[11] 章晴芳.公共艺术设计［M］.上海：人民美术出版社，2007.

[12] 尹宏.现代城市创意经济发展研究［M］.北京：中国人民出版社，2009.

[13] 王旻.公共艺术介入城市文化建设的形式［D］.江南大学，2013（6）.

[14] 何小青.公共艺术发展路径的向度分析［D］，上海大学美术学院，2011（3）.

[15] 林兆群，潘海啸.创意城市经营战略之研究——以欧洲三城市为例［J］.人文地理，2010（1）：18～21.

[16] 谭娜.创意指数体系构建机制探析——基于创意、创新及竞争力指数体系比较研究［J］.东岳论丛，2013，（11）：68～74.

[17] 周丝远.广义的"街头艺术"及其起源［J］.远木，游正宇，译.东方艺术，2014（17）：96～99.

唐墓桥露德圣母堂：
从教堂到公共文化空间的转型探索

顾海英[①]

摘要： 在全面建设公共文化服务体系的背景下，文化遗产因其所拥有的公共性和文化性而在公共文化服务供给功能的开发上具有天然的优势。本文以唐墓桥露德圣母堂为研究对象，探讨教堂作为一种重要的文化遗产如何通过转型为"公共文化空间"，对健全公共文化服务体系及促进社会和谐产生重要的作用。本文首先从唐镇和唐墓桥露德圣母堂的历史入手，阐述在历史上该教堂与当地居民生活之间产生的联系以及为城镇发展所作出的贡献。其次，从教堂的保存及维护、管理及活动、与社区沟通联系三个方面出发对唐墓桥露德圣母堂的现状进行了详细的阐述。为了让作为文化遗产的唐墓桥露德圣母堂能够在现代社会发挥更为积极的作用，笔者提出将唐墓桥露德圣母堂转型为公共文化空间的建议，并从理论基础、现实需求和政策推动这三个角度论述了转型的可行性和必要性。最后，本文从三个方面为转型提供较为切实可行的方法：一是，将保留教堂的原真性作为转型的首要原则；二是，引入 NGO 形成"三方共建"的管理模式为转型提供制度保障；三是，通过打造独具特色的文化活动和创意衍生品以丰富公众的文化体验。

关键词： 唐墓桥露德圣母堂；文化遗产；公共文化空间；功能转型

---

① 顾海英，上海师范大学人文与传播学院都市文化学 2016 级研究生。

一、唐墓桥露德圣母堂历史沿革

（一）唐镇：醇厚古韵 源远流长

北宋靖康年间金兵进犯，中原百姓为避战祸，大举南迁，形成了历史上一次大规模的移民潮。元末明初的战火纷乱又形成了另一次较大规模的移民。在这两次移民中就有大批先民来到唐镇这块土地。于是，这片地处东海之滨的热土，开始抒写起自己的历史。

唐镇，旧称"唐墓桥镇"。北宋年间曹姓一族为避战祸南迁，曹竹轩一支恰好迁至此处，因农耕之需遂开挖沟渠，其中一条纵向的沟渠被命名为"曹家沟"，但因当时此处的河道皆为横向，遂导致河道淤塞，时有水旱之患。幸逢都御史崔恭巡抚江南，下令拓宽曹家沟，后曹家沟便更名为"都台浦"。从"曹家沟"到"都台浦"，河道虽被拓宽，却使两岸陆上交往变得不易。后有唐氏族人唐望于"都台浦"之上建起一座石桥，取名为"唐望桥"，这才解决了两岸交往的问题。唐氏族人因祖坟被安置在"唐望桥"桥西一侧，遂将"唐望桥"改名为"唐墓桥"，沿用至今。后文明四海的"露德圣母堂"落成于"唐墓桥"桥东，使得此处商贾云集，水陆交通繁盛，最终形成了"唐墓桥镇"。

在唐镇成陆的一千多年历史中，几经境域变迁，在这片土地上生活过的先祖们，为后人留下了无数的"宝藏"，而在众多"宝藏"中有一颗名叫"唐墓桥露德圣母堂"的明珠熠熠生辉。

（二）唐墓桥露德圣母堂：昔日"远东第一堂"

明朝虽然实行较为严格的海禁，但由于私人海上贸易的兴起，外国传教士仍能入华传教。后又有利玛窦南京开教成功、徐光启入教、徐光启延请郭居静上海开教等重要事件的推动，明末清初时期，天主教在江南一带传播广泛。

受天主教在江南地区传播的带动，唐墓桥地区传教开始的时间也较早。清朝时虽然禁止传教，但是唐墓桥地区的传教活动并没有完全消失，通过口耳相传和家族代代信仰，唐墓桥地区教徒众多。根据《川沙乡土志》中记载："十里周围有教徒四、五千人，小教堂有三十余所。"由此可见，当时在唐墓桥地区教徒人数之众。虽然小教堂的数量众多但是规模有限，故而建造一个大教堂的事项就被提上日程。①

19世纪末20世纪初，负责唐墓桥堂区的法国神甫鄂劳德受命兴建唐墓桥大教堂。光绪二十一年三月十二日（1895年4月6日），在王充姑贞女所献的土地上正式动工，花费两年多时间竣工。教堂建成后，由倪怀伦主教亲自主持开堂典礼，并被定为奉、南、川三县总铎，一时声名远播，教徒云集，成为浦东地区的传教中心。

这座大教堂被命名为"露德圣母堂"，教堂之名来源于发生在法国小镇卢尔德（亦译作露德）的一个传说。相传圣母马利亚曾在伯尔纳德面前显现18次，在第13次的显现中，圣母告知伯尔纳德让神甫们在其显现之所建一座教堂，后来圣母显现的马萨比耶山洞和建于其上的教堂成为著名的朝圣之地。唐墓桥露德圣母堂因仿照法国露德圣母堂所建，亦奉露德圣母为主保，故而被命名为"露德圣母堂"。②

唐墓桥露德圣母堂的建筑风格为哥特式，建制恢宏。根据《唐镇志》中记载："东西长61米，南北最宽处43米，高近30米，正厅8间，总面积2500平方米。钟楼高47.5米。"如此建制使得唐

---

① 朱鸿伯，顾炳权，等. 川沙乡士志［M］. 上海：川沙县县志编修委员会，1986：139.

② 袁一锋，郑石平，马立群，编. 中国宗教名胜事典［M］. 上海：上海三联书店，2009：134~135.

墓桥露德圣母堂成为浦东地区体量最大的天主教教堂，曾被誉为"远东第一堂"。从外表来看，这是一座石结构的建筑。除了外墙和外墙的券、柱由砖头砌成之外，包括屋架、柱头、拱顶等全是由木头建成。这种以石仿木的建造方式也是哥特式教堂在传入中国后"本土化"的体现。除了"以石仿木"外，唐墓桥露德圣母堂另外一个特点就是对于圣母元素的运用。教堂整体为白色，大殿入口的拱门上刻有圣母名字缩写的浮雕，两侧高侧窗上镶嵌的圆形玻璃，圣坛上方描绘圣母七苦的彩色花窗玻璃，建筑外部的柱墩顶部上的百合花雕塑、教堂南侧搭建的圣母山……这些细节都可以看出对于圣母的信仰。

（三）达义公学：引西学 开新风

清朝早期，唐墓桥地区的教育主要是以上私塾和请老师在家教书两种方式为主，后随着天主教传入该地区，根据天主教的传统，教徒子女需要在教会学校读书。所以，早在1868年，鄂劳德神甫就在机口陈家宅创立了浦东第一所教会学校：陈家公学。1894年，鄂劳德神甫开始在露德圣母堂教堂的东侧兴建新的校舍，于1898年建成，将陈家公学迁入其中，改校名为"达义公学"。

唐墓桥露德圣母堂在建成后被定为川、南、奉三地的总督座堂，来自这三个地区的教徒家庭都将子女送入达义公学接受教育。公学分为男校和女校，分别由修士和修女进行教导，学习和讲经并行，寄宿制管理，在校学生常年保持在500人，成为当时浦东地区最有影响力的教会学校。

作为浦东传教中心的唐墓桥堂区，教徒众多，达义公学的存在不仅解决教徒子女的教育问题，同样也为建立世代稳定的信教传统打下基础。虽然教会学校的主要任务仍旧是传教，但却在客观程度上补充了清末民初唐墓桥地区的教育资源。另外，在达义公学的日常教学中，读书和讲经是并行的。在一定程度上引入了"西学"，开创了唐墓桥地区的"新学风"。可以说，当时的达义公学不单纯是传教的场所，它还承担起了城镇的配套功能，更引领了清末民国初在唐墓桥地区办"新式"学堂的风潮。

图1　达义公学师生合影

二、唐墓桥露德圣母堂现状

（一）教堂的保存及维护情况

唐墓桥露德圣母堂的保存及维护情况大致分为建筑本体的保存和周边环境的维护两个方面。教堂建筑本体及其周边环境作为本文所探讨的"转型"的物质基础，故而有必要对两者进行详细地阐述和分析。

1. 建筑本体保存情况良好

"文革"期间唐墓桥露德圣母堂的宗教活动曾一度停止，教堂也被充作工厂之用。后宗教政策落实，教堂也重新归还于天主教上海教区。20世纪80年代末90年代初，在金鲁贤主教的呼吁下，社会各界捐资重新修建了唐墓桥露德圣母堂。在修建的过程中，修建人员通过查阅相关文字资料和比对历史存照，尽可能做到"复原"唐墓桥露德圣母堂在建成之初的样貌。

从图2和图3的对比中可以看出，90年代初对于唐墓桥露德圣母堂的修建可以说基本达到了恢复原貌的效果，修复成功的唐墓桥露德圣母堂还被评为"上海市优秀历史建筑"。21世纪初，教堂又进行了一次内外整体粉刷和老旧部分的修复。现今呈现在人们面前的唐墓桥露德圣母堂通体洁白耀目，钟楼高耸入云，给人以簇新之感。

图2　重修之前的唐墓桥露德圣母堂

图3　90年代初修建完成的唐墓桥露德圣母堂

图4　唐墓桥露德圣母堂今貌

（笔者拍摄于2016.2）

2. 周边环境有效改善

为了能够改善教堂周边的环境，唐镇镇政府曾在教堂第一次修

153

建完成后的5年内对教堂周边的环境进行了一番修整。首先，政府出资重修了教堂的围墙，这一举措一方面是为了美化教堂的整体面貌，另一方面也是起到保护教堂的作用。其次，通过兴建欧式的街心花园、将周边工厂的办公大楼翻修成欧式风格的建筑、迁建唐墓桥等方式来美化和完善教堂周边的环境，使周边环境能够和教堂的整体风格达到协调和统一。

(二) 教堂管理及活动情况

唐墓桥露德圣母堂现属于天主教上海教区辖下，教会对教堂内进行的相关事务有直接管理权，当地政府主要对其保有属地管理的职责。目前，该教堂较为隆重的活动为每年5月举办的"圣母月"活动，参与人数可达上千。

1. 教会拥有较高的自主管理权

唐墓桥露德圣母堂现属于天主教上海教区辖下。天主教上海教区的管理制度分为三个等级，层级从上至下分别是："总铎区，本堂区和堂口。唐墓桥露德圣母堂现为浦东总铎座堂，下辖：六磐、圣心堂、领报堂、东丁、西丁、孙家、西施家、西李家等9个堂口"。

堂内现有神父3人，修女3位，总本堂为宋建立神父。堂内常规活动以及唐镇地区天主教教徒的出生、受洗、婚配、死亡和领圣事的档案皆由上述神职人员进行管理。教会本身保有很高的自主管理权力，本堂神父可以直接决定教堂内所进行的一切活动，唐镇镇政府则对露德圣母堂留有安全、交通、卫生等属地管理职责。

2. 宗教活动有序开展

1903年，在教堂落成后不久，教皇庇护十世就对慕名前来的教徒颁赐"全大赦"，凡是来此朝圣、祈祷的人们都能得到赦罪。至此，该堂成为天主教上海教区认定的朝圣地。每年5月，近至江浙沪，远至港澳台，上千教徒齐聚此处朝圣。

圣母月主要由"圣母游行礼""圣母月弥撒"和"唱圣歌"三个板块构成。在高举着十字架的礼仪组的带领下，四位成年女性教徒抬着圣母像走在队伍中间，头戴花环的两位女童手提花篮列于圣母像两侧，一边随队伍前行一边向空中抛撒花瓣，神父们跟随其后，整支游行队伍在来自各个堂区的教徒们的注视下，围绕大殿行走一圈后，进入大殿，就完成了"圣母游行礼"。

"圣母月弥撒"会在大殿和圣母山前的广场上各举行一场。大殿中举行的弥撒会在"圣母游行礼"完成后开始，由总本堂神父主祭，来自其他堂区的数十位神父共祭，参与人数众多，庄严隆重。圣母山前举行的弥撒，则由十字架礼仪组簇拥下的总本堂神父主持。神父在讲道环节会对照着圣母山上的两尊塑像讲述圣母于法国露德显现于伯尔纳德的传说，并勉励前来朝圣的人们学习圣母的德行。

"唱圣歌"的活动也是在圣母山前的广场上举行，前来朝圣的人们可以领到教堂提供的乐谱。在进行"唱圣歌"之前还会由修女为到场的人们讲述圣经中有关圣母的记载，每讲完一部分内容就咏唱一首歌颂圣母的赞歌，在"圣爱女子乐队"领唱和伴奏下，全场数千位朝圣者一起唱诵赞歌，场面十分壮观。

除了"圣母月"的活动，每年暑假，唐墓桥露德圣母堂还开办教理班。授课的老师是堂内的修士、修女以及自愿加入教理班成为授课老师的教徒们，每年暑假大约会有 50 人报名参加教理班，报名的人主要是周边中小学的学生，培训的内容包括圣经、礼仪、唱经、教理。除了"圣母月"和"教理班"这两个主要的活动外，在圣诞节、复活节等重要宗教节日时，唐墓桥露德圣母堂也会举行节日弥撒，前来参加的教徒数量可以达到 1500～2000 人。

（三）教堂与社区沟通交流情况

唐墓桥露德圣母堂虽因建造历史悠久且是教会认定的朝圣地而

在教徒中颇有声誉。但是，随着时代的变迁，其信众的人数相较于历史数据来说也有较大程度的下降。1965 年唐镇地区教徒的数量达到 3260 人，占全镇人口的 1/4。通过采访神父，笔者了解到唐镇地区现有教徒 2000~3000 人，约占全镇总人口的 1/20，仅有不到 10% 的教徒为新教徒。唐镇堂区教徒的总体数量及新教徒占总体教徒数量的比例可以从侧面反映出唐墓桥露德圣母堂目前与社区的联系已远不如过去紧密。

1. 地缘上相对隔离

以曹家沟为界限，东岸是唐镇老街，唐墓桥露德圣母堂就位于老街 40 号。从 20 世纪八九十年代起，唐镇开始开发曹家沟以西的土地，现在西岸这边集中了学校、住宅区、政府办公大楼、邮局、商铺、银行，唐镇居民生活的中心主要在西岸。唐镇老街因为建设年月较早，相对老旧，而且唐镇中学（原为达义公学）也从教堂旁搬迁至新的校区，目前唐镇老街仅剩下空置的厂房和待拆迁的民居。唐镇地区 20 多年来的发展，使得城镇发展中心逐渐从东岸迁至西岸，从地缘上使得教堂远离了人们的生活，这在一定程度上导致了唐墓桥露德圣母堂"少人问津"的现状。

2. 生活中互不关联

唐墓桥露德圣母堂除了在地理位置上"偏居一隅"，在日常生活中也甚少与社区居民产生交集，导致目前该堂在唐镇居民，特别是在非教徒中的认知度很低。通常情况下该教堂内的神职人员并不会主动参与社区内举行的活动，与非教徒产生交集的机会极少。一方面，宗教"避世"的传统促使神职人员并不会主动与社区产生联系；另一方面，由于该教堂神职人员的非本土化选择与频繁更替，在现实上使得他们不论从对本地情况的了解，还是与本地居民的沟通都存在一定的障碍。教堂一方不主动与社区产生联系仅仅是形成教堂与社区居民生活互不关联现状的因素之一。另外一个因素是占到全镇总人口绝大多数的年轻人，特别是来沪工作定居的"新唐镇人"，他们对唐墓桥露德圣母堂的忽视或者低认知也是造成这一现状的重要原因。很多"新唐镇人"未曾实地参观过唐墓桥露德圣母堂，该教堂对于他们来说也只是唐镇地区一个历史建筑，很难从内心和情感上对其产生"认同"，进而萌生了解该教堂的历史和文化的意愿。

三、唐墓桥露德圣母堂转型的可行性和必要性论述

首先，通过对"公共文化空间"这个核心概念的梳理，可以发现唐墓桥露德圣母堂转型为公共文化空间在理论层面上存在可行性。其次，该教堂的"转型"也是为顺应唐镇地区正在推进的新市镇文化发展事业。最后，基于目前国家政策对于完善公共文化服务体系建设的关注和重视，该教堂的"转型"也将产生更为重大和良好的社会效益。

（一）理论溯源：借鉴"公共文化空间"的视角

通过对于"公共文化空间"这个核心概念的梳理，有助于对唐墓桥露德圣母堂进行更为精确的"定性"，从而为转型模式的探讨和分析提供理论上的支持和指导。

公共文化空间这一概念如今时常见诸于人们的日常生活中，追根溯源，"公共空间"最早出现在社会学和政治学领域的研究中，阿伦特（H. Arendt）和哈贝马斯（J. Habermas）为"公共空间"的研究奠定了基础。阿伦特认为人的活动状态可以分为三类：劳动、工作、行动。劳动和工作是"自然环境中采取的模式"，属于私人

领域；而行动则是"人与人之间的互动关系"，属于公共领域①。哈贝马斯认为公民需要一个独立于国家和政治体制干涉之外的"公共领域"，在这个"领域"中公民们能够自由地表达自己的观点，处理普遍利益的事宜，形成"公共舆论"。而这个领域既可以在沙龙、咖啡馆、博物馆之类的公共空间产生，也可以借由报纸、广播等大众媒介诞生②。综合两位学者的观点，在当时语境下的"公共空间"相当于大量个体汇聚到一起所形成的公众，在公开的场合（这个场合可以是实际存在的物理空间也可以是某种大众媒介），产生互动和联系（交流、发表个人意见、讨论社会现象），从而形成某种独立于国家权力之外的一个"公共领域"，这样的"空间"或者"领域"的存在有助于推动资产阶级民主政治的良性发展。

以阿伦特（H. Arendt）和哈贝马斯（J. Habermas）的研究为基础，学者们也对"公共文化空间"提出了自己的理解。王玲认为公共文化空间是文化空间在不断提升自身公共性内涵后所形成的新的空间和内容。刘涛认为公共文化空间是以促进公平公正和文化多样性为前提和目的，在固定的场所内举行文化活动来推动多元文化交流和融合，最终实现一种和谐繁荣的人文社会环境。综合上述观点，"公共文化空间"由三大要素构成：一是空间的客观存在性，即客观存在的物理空间；二是空间的公共性，即不存在"歧视性门槛"，每一个人都能够使用；三是空间的文化性，即该空间本身所具有的意义和价值以及空间内周期性举办的文化交流活动。从"公共文化空间"的视角来看，唐墓桥露德圣母堂的现实情况基本满足这三个特性。该教堂悠久的历史、独特的建筑形态和艺术以及作为宗教活动场所具备的促进多元文化交流的潜力都为将其转型为"公共文化空间"这一设想增添更多实践的可行性。

---

① 汉娜·阿伦特. 人的条件 [M]. 竺乾威，译. 上海：上海人民出版社，1999：17.
② 尤根·哈贝马斯. 公共领域 [A] //汪晖，陈燕谷，译. 文化与公共性 [C]. 北京：生活·读书·新知三联书店，1998：125~128.

（二）现实需求：顺应新市镇文化建设的趋势

唐镇作为浦东新区四大新市镇之一，将以"东郊国际社区"为定位，打造集文化、居住、商业、办公为一体多功能复合宜居城镇。在未来5年的建设中，文化和商业将作为唐镇发展的重心。

目前，唐墓桥露德圣母堂作为唐镇地标性建筑已经被纳入露德市民广场和唐陆路文化街区两个项目的建设。露德市民广场是以唐墓桥露德圣母堂为中心，在其周边集聚休闲、娱乐、购物板块，整个市民广场将在未来成为社区居民文化休闲的集中区域。唐陆路文化街区项目将串联绿地公园、文化创意中心、唐墓桥露德圣母堂、南新沟基地、国庆寺禅意园林打造一条包容并蓄的文化线路。从上述两个项目可以发现，唐墓桥露德圣母堂在唐镇新市镇文化建设中承担着促进城镇和谐繁荣发展的重要功能。

基于唐镇新市镇文化建设中对唐墓桥露德圣母堂的定位，该教堂的转型也是顺应了城镇文化建设的需求和趋势。转型后的教堂，将化身为承载着历史和记忆、定期举办公共文化活动和能够促进人与人交流和联系的空间。在这里不论是老唐镇人还是新唐镇人，不论是中国人还是外国人，不论是信教还是不信教，都可以在这个开放的空间中找到自己与这片土地，与这片土地上人们的联系。正因为拥有这样的联系，生活在这里的人们才能拥有共同的认知、记忆和情感，才会由衷地产生"归属感"，从而促进整个社区形成和谐的人文氛围。转型后更加开放、更具活力的唐墓桥露德圣母堂也将更好地融入整个社区，从而促进唐镇新市镇文化建设的良性发展。

（三）政策推动：满足公共文化服务体系建设的需求

在2015年1月出台的《关于加快构建现代公共文化服务体系的意见》中提及要健全公共文化设施网络和推动公共文化服务的均衡发展。《十三五规划纲要》中更是将完善公共文化服务体系建设的内容进行了扩充和升级。《十三五规划纲要》中指出要通过完善公共文化设施网络；推进公共文化服务标准化、均等化；加强文化产品、惠民服务与群众文化需求对接等方式来构建现代化公共文化服务体系。完善公共文化服务体系建设最主要的任务和途径就是增加可使用的公共文化设施。值得注意的是，现有的城市空间很大一部分为交通和住宅用地所占，土地开发接近饱和，预留给政府作为公共文化设施建设之用的土地并不多。那么，是否有一种两全其美的方法，能够在不额外增加城市文化用地同时，实现公共文化设施数量的增长呢？

两全其美的方法是存在的。与其大兴土木建设新的文化设施，不如对既存的建筑进行改造，赋予其提供公共文化服务的新功能，不仅可以为公共文化服务提供新的物质载体，还可以实现盘活城市空间的好处。值得一提的是，在全面建设和完善公共文化服务体系的背景下，文化遗产因其所拥有的公共性和文化性而在公共文化服务供给功能的开发上具有着天然的优势。

对于唐墓桥露德圣母堂转型的构想也正是基于这样的背景和现实。唐镇地区现有的文化硬件设施主要有三个文化广场、一个体育公园、一个文化中心、一个文创中心，提供图书阅览、电影放映、体育健身等服务。现有的基础设施对于全镇近 13 万人的文化需求来说远远不够。如果能为唐墓桥露德圣母堂赋予"公共文化空间"这一功能，不仅能为全镇居民提供新的文化设施，也将为唐镇地区公共文化服务体系的建设增添一大助力。

四、唐墓桥露德圣母堂转型路径探索

在前文从理论基础、现实需求和政策推动这三个角度充分论述了转型的可行性和必要性的基础之上，本文从三个方面为转型提供较为切实可行的方法：一是将保留教堂的原真性作为转型的首要原则；二是引入 NGO 形成"三方共建"的管理模式为转型提供制度保障；三是通过打造独具特色的文化活动和创意衍生品以丰富公众的文化体验。

(一)指导思想:保留教堂的"原真性"

在对唐墓桥露德圣母堂进行改造的过程中，有一个原则是必须遵守的：保留及维护其"原真性"。"原真性"这一概念一直是文化遗产保护领域最为关注的内容，也是在文化遗产实际保护和开发的实践中必须遵守的要义，主要体现为对文化遗产的实物遗存及由其所承载的历史、文化、社会价值的有效保护。

针对唐墓桥露德圣母堂来说，保留其"原真性"主要体现为以下三条准则：一是对教堂本身的建制、布局、结构、艺术风格等不进行任何后期人为的变动，在教堂内进行的任何活动都是基于教堂本身所有的基础设施开展，而不另做人为的添加和改动。二是教堂内开展的公共文化活动的形式和内容需要与教堂本身的空间特色和氛围相融合。三是公共文化活动的进行和举办不能影响到教堂原有宗教仪式和活动的开展，保证教徒和神职人员在维持原有宗教相关事宜顺利开展的同时能享受到丰富多彩的公共文化活动。虽然唐墓桥露德圣母堂转型为公共文化空间后，其建筑使用的功能上将会发生较为明显的变化，但是通过在转型过程中严格遵守上述三条原则，对于教堂"原真性"的保护将起到良好的作用。

唐墓桥露德圣母堂作为记录着唐镇地区先民社会生活和实践的载体，对于唐镇本地居民了解城镇发展史有着重要的参考作用，也因其无法再生、无法循环的特点而显得弥足珍贵。事实上，对于文化遗产的保护和可持续开发两者之间并不存在无可跨越的鸿沟，通过功能置换的方式让承载着重要历史和文化价值的唐墓桥露德圣母堂以一种恰如其分的方式在现代生活中找到自己的位置，融入社区居民的生活，为城镇的文化建设添砖加瓦，焕发出新的活力和光彩。

（二）制度保障：引入 NGO 形成"三方共建"

在实施将唐墓桥露德圣母堂转型为"公共文化空间"这一过程中，牵涉到一个重要的问题，那就是对管理体系的构建。

首先，该教堂的转型其实涉及到对教堂原有资源的占用，从教区自身的利益出发，"转型"就可能只是流于表面。另外，即使教区愿意将该教堂作为"公共文化空间"，教区所能提供的活动和服务也可能只适合于教徒参与，这就在无形中设立了一个门槛，将大多数非教徒"拒之门外"。加之宗教信仰等诸多原因，最后的结果可能是"无疾而终"。所以，若是由教区单一构成的管理系统对于该教堂的转型来说意义不大。

其次，一般情况下，公共文化服务的特殊性质使得其必须由公共权力的执行主体政府来提供和管理。那么，作为公共文化空间的"唐墓桥露德圣母堂"是否就应该由政府来全权负责场地的管理和文化活动的提供呢？在介绍该教堂的现状中曾提及唐墓桥露德圣母堂目前为天主教上海教区所有，镇政府对该堂负有属地管理的责任和权力。政府很难越过教区对该教堂的管理权限，借由该教堂为公众提供公共文化服务。由此可见，政府作为单一的管理主体显然是很难实现的。另外，随着社会的进步和人们生活水平的提高，由政府单一主体所提供的文化服务和产品已经很难满足人们的文化需求。

NGO 与政府合作共同参与公共服务供给从中华人民共和国成立后就开始了，经过多年发展，两方的合作模式日渐成熟。NGO 区别于政府机构所特有的包括非营利性、非政府性、志愿公益性等特点，使得 NGO 在供给公共文化服务这项事业中有着先天的优势。在 2016 年出台的《十三五规划纲要》中，着重提到了要"推动供给方式多元化，鼓励社会力量参与公共文化服务"。所以，笔者认为最佳的管理模式应该是在教区和政府之间引入第三方组织，构建一个政府、教区、NGO 共同合作的管理体系。通过政府拨款，由

NGO 策划和提供各类文化活动，通过文化活动和产品所获取的收益以及公众自愿捐助的款项，一方面作为后续活动的储备金，另一方面用于教堂修缮和维护。对于教堂内所举办的各类活动将由 NGO 实际执行，政府和教区公共监督和指导。处在中立的 NGO 在教区和政府之间可以搭建一条沟通的桥梁，更好地综合来自两方的意见和建议，提供更为专业、更贴合公众文化需求的服务和产品。

（三）具体实施：打造独具特色的文化活动及产品

"公共文化空间"最主要的功能就是通过定期举办各类文化活动来促进交流和互动。文化活动的内容、形式、质量、规模等因素将直接影响公众的体验。能否向公众提供独具特色的文化活动的关键因素有三点：一是文化活动的形式和内容要与活动举办的"空间"相契合；二是活动的形式和内容能够契合公众的需求和偏好；三是公众能够有机会真正"融入"整个活动，而非仅仅是一个"看客"。除了丰富多彩独具特色的文化活动，基于唐墓桥露德圣母堂本身所具有的历史、文化、艺术资源，运用"创意 +"理念，所设计出的符合现代审美趣味的衍生品不仅能够为前来参与和体验文化活动的公众留下美好的纪念而且也有助于教堂打响自身"文化品牌"同时促进其可持续发展。

1. 展览及艺术表演陶冶公众文化情操

唐墓桥露德圣母堂作为一个宗教历史建筑，有以下三个优势：巨大的空间、神圣的氛围、浓厚的艺术气息。对于展览和演出来说，教堂所拥有的独特氛围，将会是一大助力。对于公众来说，到教堂内观看演出也将是一种独特的体验。现今，我们可以看到诸如"爱丁堡艺术节"等具有国际影响力的艺术节日，教堂也作为独特的演出和观演场地而受到欢迎。另外，考虑到唐镇人口构成年轻化这一特点，诸如艺术展览、音乐会、合唱等形式的文化活动更能契合年轻人的需求，同时陶冶公众的文化情操。除了引入优秀的艺术作品外，通过对于该教堂历史和文化资源的挖掘，也能够创作出别具一格的表演作品。唐墓桥露德圣母堂最早就是作为"圣母朝圣地"而广为人知，通过对"露德圣母"传说的详细解读，提取可实践的部分，以排演话剧、情景剧等方式再现"圣母十八次显身于伯尔纳德"的情景，公众通过一种较为生动和形象的方式就能对该教堂的历史和文化有一个全面的了解。值得关注的是，唐镇居民自发组织的文艺社团、学校的学生社团、富有才艺的个人都可以成为公共文化服务的提供者。这种群众参与建设公共文化服务体系的举措，能够提高居民参与的热情和创造力，促进"公共文化空间"的可持续发展。

2. 宗教主题节庆活动打造独特节日体验

唐墓桥露德圣母堂除了较为隆重的"圣母月"活动，每年也会在圣诞节、复活节等西方传统宗教节日举行庆祝活动。参与的人数虽多，但主要是教徒和神职人员。如何让非教徒也能和教徒一样获得"原汁原味"的节日体验呢？可以通过有效利用和挖掘宗教节日的历史和文化资源，并吸收当下较为流行和新颖的过节习惯，从而设计出教徒和非教徒都能够参与活动形式。以圣诞节为例，可以开展以下主题活动：邀请神父为社区居民讲述圣诞节的历史和礼仪、请居民为教堂设计富有圣诞特色的装饰品、共同制作节日食品、举行圣诞义卖、举行圣诞文艺演出、互赠圣诞卡片和礼物等。通过举行多种多样的主题活动，让社区内的居民都参与整个节庆中，不仅能够获得纯正的节日体验，而且能够有效增进教徒和非教徒之间的沟通，从而促进和谐社区的建设。

3. 教学活动传播人文艺术知识

培训活动大致可以分为两个大类：一是历史教学活动。唐墓桥露德圣母堂建成至今已有上百年的历史。在建成后的100年间，该教堂经历了从建成时的恢宏壮丽到"文化大革命"时期的损毁再到重现昔日荣光，成为"上海市优秀历史建筑"的曲折历程。从宏观的角度来说，唐墓桥露德圣母堂自身就是中国近现代史的一个缩影；从微观的角度来说，唐墓桥露德圣母堂记录和见证了城镇经济和文化发展的重要阶段。通过展示和陈列历史老照片、文字记载、影像资料，再配以专人讲解，这所教堂便可以化身城镇历史的"讲述者"。二是艺术教学活动。对于艺术教学活动的开发是基于对该教堂建筑样态以及这种建筑样态所承载的宗教文化的有效利用。教堂可以作为周边学校美术、艺术、建筑设计专业的实践课的授课地点，相较于从书本上获知信息，这种通过与"参照实体"面对面的讲授方式，能达到更显著的效果。

4. 创意衍生品打响文化品牌

打造因地制宜、丰富多彩的文化活动是整个转型最为重要的手段和方式，但是对于唐墓桥露德圣母堂衍生产品的开发也是不可忽视的，兼顾文化、历史和创意的衍生品对于公众来说不仅能够为一次参观体验画下完美的句点，还将在活动结束后再次唤醒当时美好的记忆。同时，这些兼具文化、创意和实用性的衍生品也能够为人们的生活增添更多的乐趣。以在衍生品开发上较为成功的两大故宫为例，北京故宫设计的"朝珠耳机""顶戴花翎官帽防晒伞"；台北故宫设计的"朕知道了纸胶带""肉形石耳塞"等产品就是通过对自身文化和历史的充分挖掘，通过富有创意的设计方式，最终诞生了令人眼前一亮的文创产品。而这些独具特色的文创产品也为两大故宫塑造文化形象和打响品牌知名度贡献了重要力量。

借鉴两大故宫的成功案例，针对唐墓桥露德圣母堂衍生品的开发也应该对教堂自有文化和历史资源进行深度地挖掘，找出独特之处，形成明确而清晰的定位，同时结合现代人们生活方式和审美意趣。另外，还可以针对教徒和非教徒不同的需求设计产品。相信独具特色的创意衍生品将成为塑造唐墓桥露德圣母堂形象的重要工具以及传递其文化内涵的有效媒介，衍生品的售卖也将为教堂带来持续而稳定的收益，而这一切都将有助于教堂在"公共文化空间"的道路上走得更稳、更远。

转型后唐墓桥露德圣母堂将会以全新的面貌融入人们的生活，通过举办丰富多彩的公共文化活动为公众提供互动交流的良好平台，从而带动新市镇文化建设、健全公共文化服务体系和促进社会和谐发展。现今，全国各地如同唐墓桥露德圣母堂一样拥有丰富的历史文化和社会价值的文化遗产其实不胜枚举，各地对于文化遗产的保护和开发也一直在进行，其中尤以将文化遗产作为观光旅游资源开发的现象最为普遍，但是一些政府急功近利的做法让文化遗产非但没有得到有效良性的活用反而因为过度商业化而使其原真性受损。针对目前文化遗产保护和开发存在的问题，2016 年 4 月 12 日的全国文物工作会议上传达了习近平主席和李克强总理的指导精神，要求在严格保护文物的基础之上，推动文物适度的利用和融入现代社会发展，充分发挥文物的公共文化服务功能和社会教育功能。因此，本文提出的"文化遗产"转型为"公共文化空间"的构想恰好应和了今后国家政策层面和社会层面对于文化遗产开发和保护的趋势。笔者希冀能够探索出一条在保留文化遗产原真性的同时又使其融入现代生活并产生广泛社会效益的途径，为文化遗产的可持续开发和利用以及公共文化服务体系的健全提供新的思路和见解。

参考文献 ：

［1］朱玉芳．唐镇史韵［M］．北京：中国戏剧出版社，2009.

［2］陶玲．明清时期君主对天主教的态度及其影响［D］．东北师范大学，2006（12）.

［3］汤开建，赵殿红．明末清初天主教在江南的传播与发展［J］．社会科学，2006（12）：133～134.

［4］朱鸿伯，顾炳权，等．川沙乡土志［M］．上海：川沙县县志编修委员会，1986.

［5］《唐镇志》编纂委员会．唐镇志［M］．北京：方志出版社，2006.

［6］袁一锋，郑石平，马立群．中国宗教名胜事典［M］．上海：上海三联书店，2009.

［7］孙金富，《上海宗教志》编纂委员会．上海宗教志［M］．上海：上海社会科学院出版，2001.

［8］汉娜·阿伦特．人的条件［M］．竺乾威，译．上海：上海人民出版社，1999.

［9］尤根·哈贝马斯．公共领域［A］//汪晖，陈燕谷，译．文化与公共性［C］．北京：生活·读书·新知三联书店，1998.

［10］王玲．基于公共文化空间视角的上海市博物馆旅游发展研究［D］．复旦大学，2010（12）．

［11］刘涛．另一种公共文化空间——宗教活动场所与公共文化服务［J］．上海文化，2013（12）：60～67.

［12］阮仪三，林林．文化遗产保护的原真性原则［J］．同济大学学报（社会科学版），2003（02）：1～5.

［13］车峰．我国公共服务领域政府与NGO合作机制研究［D］．中央民族大学，2012（11）．

城市公共空间视角下的上海地铁文化的发展

陈玉玲①

摘要：公共空间是城市中最珍贵的公共资源之一，对城市的发展的作用不言而喻。本文基于城市公共空间视角下，对地铁公共空间的作用、特点进行分析。地铁的功能是服务公众以满足不同出行目的多种需求，同时也是承担扮演传播城市文化的角色。简析上海城市地铁文化的发展状况，地铁公共空间多样性、短暂性和重复性的特点，城市为人而设计，城市未来是人的未来，地铁这个公共空间应该为人服务。引入公共艺术来发展地铁文化，文化气息通过公共艺术来表现，公共艺术丰富了公共空间的内容，给公共空间带来了一个新的亮点，处处展示城市文化，促进本地公共文化的发展，同时形成视觉盛宴来提升城市的满意度。最后笔者基于上海地铁文化发展状况提出建设性意见。

关键词：城市公共空间　地铁文化　公共艺术

一、城市公共空间

日新月异的 21 世纪，城市的建设不断地变化，城市的公共空

---

① 陈玉玲，华东政法大学文化产业管理专业 2016 级研究生。

间扮演的角色也越来越重要，其一般具有如下的功能：首先，城市公共空间是一个多层次、多含义、多功能的共生系统，其是集节庆、交往、休息、观演、购物、游乐、健身、餐饮、文化、教育等功能于一体的公共空间，其可以改变人们在城市中的生活，可以改变人们对城市的感受，也是权衡人们在城市之间的选择因素之一。城市公共空间不止是具有物理属性的空间，其社会属性愈来愈得到关注。公共空间内涵丰富，在不同语境中具有不同特征。公共空间是一个社会空间，强调人与人之间发生的关系。哈贝马斯提出的"公共领域"理论完善了公共空间的概念，强调公共性的市民属性。列斐伏尔将其定义为抽象空间（abstract space），这个抽象空间主要是围绕空间实践、空间表象与表现空间这三个要素展开；其中，空间实践是基于社会空间的被感知的维度，即被感知的空间，它承担的是社会构成物的生产和再生产的职能，且包含作为任何社会构成物之特征的特定地点（locations）与空间位置（sets）；被构想的社会空间则为空间表象，其属于生产关系与其秩序层面，与维护统治阶级利益的各种知识、意识形态和权力关系相联系；而表现空间则为一种直接经历（lived）的空间。[1]

城市的发展多数依赖公共空间的发展，随着空间愈来愈发挥着重要性作用，空间营造已然成为城市建设中炙手可热的主题。比尔·希列尔于 1970 年提出空间句法（space syntax），认为空间不是人们活动的背景，而是人们活动的本质。它是关于空间与社会的一系列理论和技术，其核心观点为空间不是社会经济活动的背景，而是社会经济活动开展的一部分；其指的是一种以关注空间通达性与关联性和描述，以拓扑关系为代表的一种关系的空间，主要思想为空间是由元素组成，按照一定规划自行排列，可以划分和网络分析，最终以地图和图形呈现。城市空间形态虽然以整体的方式体现出来，但是它的建造单位是个体，众多决策由个体作出，作为个体单位的人之认知会影响空

---

[1] 大卫·哈维. 空间是个关键词［A］//新自由主义化的空间. 台北：群学出版社，2008：113～143.

间形态的营造与演变，反之亦然。① 基于认知将空间分为大尺度空间与小尺度空间。任一城市系统均由物质空间与自由空间组成，通过对城市空间分割提取出城市形态之基本特征，当城市系统内建筑或者建筑群比较密集时，采用轴线方法分割，当城市自由空间呈现非线性布局时，采用凸多边形或者视区分割法。②

同时，公共空间亦作为一个视觉消费空间，艺术必定介入公共空间，公共艺术作品装饰空间，让公共空间更加具有辨识度与独特性，最主要的目的是提升地铁这个公共空间的品质。这基于人们对公共空间的要求越来越高，不再满足追求空间物理品质，更加关注其艺术品质，即空间是否具有美感。公共艺术的融入以优化公共空间，艺术作为传达信息的载体。公共空间也是一个分享性的空间，最终的受益者是人们，公共艺术体现于人们对公共空间的认同，以及在公共空间带来的互动性。古希腊城邦国家将公共空间定义为：公共空间是一个让人相遇、相互聆听、含有视觉听觉的空间。依据环境条件与生活方式，创造出分享与互动的共享空间，是不同人进行交流的场所。艺术的介入为人们在空间中相遇、相视、相谈创造了可能性。公共艺术之艺术旨在强调设计作品的韵味，公共艺术之公共意指设计作品所处的环境与具有的共识的群体。

二、地铁作为公共空间的功能

城市地铁是政府投资的规模较大的公共基础设施，其服务的是

---

① 中国生态城市研究专业委员会. 空间营造：基于空间句法的城市设计. https：// mp. weixin. qq. com/s？＿＿biz＝MjM5MTI5Mzg3NA＝＝&mid＝209156355&idx＝2&sn＝ 679fcb3cc831cd8231d884370ada1d7a&mpshare＝1&scene＝1&srcid＝0406FJHbb2dESoRxE69 LJvak&pass＿ticket＝zFu9WLBzjGyqpADGY0am7A4JZRbFSkqOBxwfdwj1DLJMAUyWszJJYDX8 Ye4hjXAN#rd［2017－01－02］.

② 搜狐百科. 空间句法. http：//baike. m. sogou. com/baike/fullLemma. jsp？ch＝ wx. item&lid＝46815235&src＝wechat&from＝singlemessage&isappinstalled＝0［2016－12－02］.

公众。作为出行必不可少的交通工具，地铁与人们的生活息息相关。其为城市公共空间的一部分，由站台空间、车厢内部空间、步行通道组成。作为公共空间的地铁具有如下几点作用。

（一）城市交通工具

城市公共空间的类型为自然环境和人工环境。地铁作为人工环境，作为城市不可忽视的交通工具，是一种便利快捷的出行方式，作为一个城市现代化的标志，作为交通工具是用来运载市内的乘客，满足人们多样化的出行需求。其运输量大，用以解决交通堵塞问题。其运行速度快，可以节省人们的出行时间，增加自由支配时间。

（二）优化城市布局

由于地铁线路与其他运输路线不重合，可以减少干扰，减少用地，减少空间。地铁的集聚效应体现在汇聚大量人流，增强站点内、地面地下建筑、街道以及其他公共交通之间的衔接，将办公、居住、餐饮、商业和娱乐等多样化场所组织在一起，形成节点－路径－区域的公共空间网络。将城市中心区和其他区域进行紧密联系，对节约城市空间资源具有作用，从而达到优化城市布局的作用。

（三）传播文化

城市交通设施是城市的硬形象，作为交通设施之一的地铁应该承担的是一个塑造城市形象的角色。伊利尔·沙里宁在《城市——它的发展、衰败与未来》中提到："让我看看你的城市，我就能说出城市居民在文化上追求的是什么。"优秀的城市公共空间与文化有着千丝万缕的联系。地铁之于城市而言，不仅是改善了城市的交通环境，也是提升城市的生活品质，塑造了城市形象，推动城市文化发展的创新手段。地铁既封闭又具有流动性，拥有大量的人流，为城市文化的传承提供了条件。城市利用轨道交通站点的集聚效应，围绕轨道交通站点布置城市公共资源，地铁内出现的文化形式越来越丰富，展览、演出，还有极富艺术魅力的建筑物，向川流不息的人群传递城市文化，为冰冷的交通设备增添文化气息。

三、地铁公共空间的特点

城市公共空间有不同的组成部分，每个部分都有自己独特的特点，地铁愈发得到城市重视，其公共空间的特点具有不同的表现形式。城市是人的城市，地铁是人的地铁。地铁最终服务的对象是人，乘坐地铁的是人，在地铁里进行走动的是人，观看地铁公共空间的艺术作品与广告的也是人。所以，对于公共空间而言，人发挥着至关重要的作用。因为动态的和多样性的人赋予了公共空间活力，所以引入人这个变量对地铁这个公共空间的地铁进行分析。再者，时间与空间息息相关，故亦引入时间变量辅之以分析。具体而言，地铁公共空间的特点主要呈现以下特点。

（一）多样性

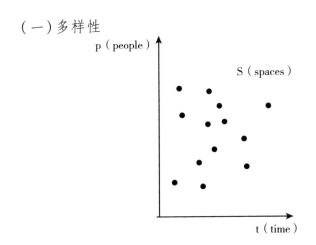

图1 地铁公共空间多样性示意图

地铁公共空间由多个部分组成，每个地铁站点作为一个节点，将各个节点相连，构成了一幅地铁线路图。从起点到换乘点，最后到终点。不同点之间连接就构成了不同的网络，不同的网络即为不同的空间。将作为单位的个人作为一个移动的点引入，这个网络将更加复杂多样化。地铁作为城市的公共空间，是城市枢纽点，作为人与人交汇的处所，地铁具有巨大的人流量，各色各样的人中有经常性乘地铁的，对地铁路线十分熟悉，有偶尔乘地铁的，对地铁路线不熟悉。各行各业的人，不管是老人和小孩，还是本地居民，或是外来游客，或是本国市民，或是国际友人都会乘坐地铁。通勤、上学、娱乐、旅游、购物、会友都会选择乘坐地铁。那么，不同的人作为移动的点、不同站名之固定点、地铁站内之点就构成了不同的公共空间。地铁有众多出入口，不同的出入口与人之间构成了不同的公共空间。不同的公共空间即需要多样化的公共艺术来装饰以满足不同群体的需求。

（二）短暂性

地铁是单调、繁忙的环境，人们匆匆而来，匆匆而去。地铁改变了时间的观念，"距离不是距离，时间才是距离。"地理距离变成了准确的时间距离。地铁3分钟一站，过去人们3分钟的路程将以1站地铁的距离来描述。空间时间化，用空间来替代时间带给人们的感觉。一般而言，人们是因为地铁快速且准时而选择乘坐，从而更快地到达目的地，人们逗留地铁的时间是短暂的。人们只是短暂性地在地铁相遇。于是在地铁这个公共空间中汇聚的人构成了短暂性的人际关系，即这个物理公共空间的使用者，公共空间附加的公共艺术的欣赏者。短暂的不同人群的汇集，短暂的停留时间，构成了短暂的公共空间。在等地铁的人们、他们关注地铁空间里的点与即将到站的地铁构成了一个虚拟的公共空间，人们的目的是相同的，在等相同的地铁时将注意力集中于同一点上。

（三）重复性

地铁作为出行工具，乘坐地铁的人，分为经常性乘坐地铁的市民与偶尔乘坐性的外来游客。对于前者，人们是重复性地乘坐地铁，有出程就会有返程。这个是他们日常生活中最经常接触的公共空间。于他们而言，这是一个重复性的公共空间。于列车本身而言，轨道列车会准点出现在固定的地点，然后开往固定的终点，而中间的站点也是固定的，简而言之，地铁的路线是固定的。列车日复一日地重复这个路线，而形成的公共空间也是重复的。地铁的各个站点是不移动的，人们经过这个空间是不断地日复一日地经过，于其而言也是一个重复的空间。日复一日地乘坐地铁，人们对地铁的环境会产生视觉疲劳，人们对所处的公共环境满意度会下降，对公共空间的设计不认可，影响了对城市的归属感，幸福感和边际新鲜感。人们在相同的公共空间待着就会产生新的需求，所以说需求是动态的，不同的人会产生新的不同的需求，新的需求衍生出新的社会交往方式，公共空间就需要以新的形式和内容来满足人们的需求，以提高人们对城市公共空间的认可度与满意度。

四、上海城市地铁的发展状况

上海作为国际化大都市，拥有国内最发达的轨道交通系统，且地铁设施的不断完善，目前拥有着 19 条轨交线路（其中，15 号线已经通车以及 17 号线将于年内通车、在建的线路还有 14、15、18 号线）。上海地铁被誉为最现代化的地铁，刚开始修建地铁，也只是为了缓解交通压力，只是作为交通工具使用，而现在人们已经不满足于地铁的工具性价值，更倾向于其文化价值。对比上海修建较早的地铁与近年来新修建的地铁的站点内的公共空间，不难发现：早修建的地铁站点内走道、换乘路线的墙壁、展厅内的石柱等都是没有被利用或者是只是利用了部分公共空间。而新修建的 12 号线则在换乘路线的走道的墙壁上都有艺术作品呈现，而且，列车轨道的两旁的墙壁也是经过精心装饰的，人们在等车时，处于优美的公共空间中，视觉得到了享受，内心是愉悦的。上海地铁公共空间的建设在逐步完善，但是也存在一些不足之处，具体有如下几点表现。

（一）上海地铁公共空间商业化较为严重

上海作为一个著名的经济金融中心，整个城市呈现的是一个现代化的形态。几乎所有的地铁中广告类的信息的不会缺席，有着各种或大或小的海报，广告内容或经常更新或相对固定，总之，广告永远都会占地铁公共空间一席之地。在人流量相对较多的站点，这个特征表现得更加明显。如陆家嘴、淮海中路、南京西路、新天地等地铁站中都设置了很多金融类、消费品类、培训类、活动类、房地产类等的商业广告。标题和画面的创新程度层出不穷，加上 LED 灯、巨型海报所投射出的广告的内容和流行时尚元素给视觉带来了巨大的冲击力，这些内容与人们的生活息息相关，这样势必会影响到对公共艺术的欣赏，分散人们对公共艺术品的注意力。

（二）地铁公共空间创新性不足

上海大部分地铁公共空间的建设雷同，不知道哪一站是自己的目的站，需要时刻听广播才知晓目的地站，因为经常在城市出行尤其通勤上学的人们来说，在工作之后处于一个疲惫状态，难免会漏听车上的广播，因为人群的拥挤无法看到车上显示到站名，加上每个固定站点的装饰几乎是一样的，没有自己专有的特色标志，人们经常下错站。上海地铁公共空间的建设方面已经作出了努力，然而，依旧缺乏自己的特色。2015 年上海爱尔兰诗人叶芝朗诵会出现在人民广场地铁站的音乐角；2016 年春天，上海开始启动 "2016

年中外诗歌进地铁"活动。引进诗歌是一个很好传达文化的方式，但是在这短暂的公共空间里，人们急急忙忙行走，又是人流较多且较拥挤的公共空间，人们是否会把注意力集中于诗歌中仍是未知数。

上海的城市形象为国际化的时尚之都，目标盯着巴黎、纽约和伦敦等国际化的城市。莫斯科的地铁被誉为世界上最美的艺术宫殿，地面多由大理石、花岗岩铺就，墙壁装饰着大型壁画，大厅摆放着各种各样的浮雕，宛如一座富丽堂皇的地下艺术殿堂。上海采取的措施主要依据《上海地铁公共文化建设（2013—2015 年）三年行动计划》①，上海地铁将在 100 座车站实施 120 个公共文化建设项目。上海地铁将在原有 52 个车站装饰 60 幅大型浮雕壁画的基础上，在新建的 11 号线、12 号线、13 号线的上海游泳馆站、自然博物馆站等 18 个车站，布置各类大型浮雕壁画，从而形成 70 座车站近 100 幅大型浮雕油画的地铁文化艺术氛围。上海越来越重视注重地铁文化的建设，但是尝试停留在传统的浮雕和壁画。浮雕和壁画是静态的，这是一个固态的形式，而深圳的地铁文化在借鉴外来经验时，形成自己的特点即设流动的艺术展，把平常美术馆的展览从专业空间转到公共空间，流动艺术展可以不定期组织展览呈现新的精彩内容，使地铁这个公共空间更加丰富多彩，同时让大众耳目一新，对城市的印象更加深刻。

（三）地铁公共空间利用不充分

把地铁作为公共艺术的展示平台，就要充分利用天花板、墙壁、脊柱、候车座椅、换乘的走廊和楼道等公共空间。对国内外地铁站公共空间的利用情况进行对比，如下表：

---

① 120 个文化项目进 100 座地铁站 上海地铁开启"文化篇"［N/OL］. 文汇报，2013－01－02［2016－11－18］. http：//huadong. artron. net/20130102/n296204. html.

表1 地铁公共空间利用情况表①

地点	特色	利用的空间
杭州	各站点画着风景名胜的美景石凳	乘客座位
重庆	国内最大"涂鸦"面积地铁	楼道
台湾	几米"地下铁"进驻捷运南港城	换乘路线墙壁、运行轨道两旁
莫斯科	以爱国主义为主题的艺术宫殿	天花板、墙壁
蒙特利尔	地下艺术馆	天花板、墙壁
上海	马戏城站《海之娱》壁画	换乘路线墙壁
	延长路站《海之流》	换乘路线墙壁
	陕西南路站《天都云瀑布》	换乘路线墙壁
	世纪公园站《自然家园》	换乘路线墙壁
	上海1号线	列车车身——主体地铁
	大部分地铁	车厢内拉环

通过表格，可以显而易见地发现：上海主要是利用了换乘路线的墙壁来展示画作，当然部分地铁站也会利用脊柱等来展示画作或播放广告，也会在利用轨道隧道两边墙壁，2号率先利用车厢外部做主题地铁，典型的是以动漫为主题。在上海没有看到对乘客座位或是楼道进行涂鸦的现象，韩国的地铁对车厢内部设计可谓是独特新颖，对车厢内部进行艺术绘画，通过颜色的构图，进入地铁就好像进入海洋，在夏天出行时在视觉上也感觉一丝凉意的袭来。上海地铁暂时还没有出现这样的地铁。上海城市地铁站点的设计与装饰相近，②"广告相似，公共物品几乎相同的情况比比皆是，造成熟悉的使用者也难以对其进行区分。公共物品、色彩、材质、灯光、装饰这些本来可以有效导向的资源在上海地铁空间中大量被浪费"。上海不能充分利用地铁这个公共空间来展示公共艺术，地铁站内的颜色风格多为明度较高，彩度较低的冷色调为主，这样使得地铁这个公共空间环境单调，可识别性差。

---

① 雅昌艺术专稿国内外地铁公共艺术纵览. http：//news. artron. net/20130104/ n296728. html［2016 – 11 – 30］.
② 屈黎黎. 容易记忆的城市空间［J］. 艺术与设计（理论），2009（9）.

五、引入公共艺术促进地铁文化的发展

公共艺术服务的对象是公众,为满足公众的精神和物质需求而进行的创新活动,它在墙体、柱体、地铁出入站、地铁车厢内部、楼道上表达出来。城市的地铁依赖于人,服务于人。威廉·怀特在《小城市空间的社会生活》中提到:"一个宜居的城市最核心的是'人性化'。只有布局让人产生舒适感、满足人们需求,居民在其中才会诞生出幸福感。"基于地铁公共空间多样性、短暂性、重复性的特点,地铁公共空间的设计就需要多元化以满足多样化需求,需要设计新颖从而在短时间内吸引人的眼球,人流的重复性使得文化传播得到多次接受。现代生活方式和价值观的改变,对城市有了新的认识,对舒适的城市生活空间提出了新的需求,对城市公共空间环境以及城市公共艺术提出了新的要求,这也为城市公共空间与公共艺术的发展提供了契机。

对地铁出入通道、乘客候车墙等人员流动集聚区域进行设计,公共艺术通过色彩、体裁、材质等方面优化地下空间带来的压抑感,使得出行变得愉快且有趣。"地铁空间中的公共艺术可以帮助人们消除负面的想象和紧张的情绪,有利于增加每个地铁站点的识别性,打破视觉上的单一性和重复性,帮助乘客更好地识别不同的地铁站点。"将功能地铁转化为文化地铁,将公共艺术融入地铁中,用公共艺术作品来弥补地铁公共空间的环境缺陷,缓解乘客心理与生理上快节奏生活的紧张感。地铁公共艺术可以形成一道道流动的风景线,视觉上使地铁成为城市文化无声的讲解员。在满足人们视觉需要的同时,也潜移默化地对精神文化施以引导,达到看得到作品、感受得到文化氛围和学得到知识的文化愿景,从而推动城市文化的发展。上海地铁文化建设需要引入公共艺术进行发展,针对其存在的不足,提出如下几点相应建议。

（一）弹性化地铁公共空间的商业化

上海这座城市给人的印象就是一个商业化的城市，商业化更多地意味着经济发达，一个城市需要发达的经济，更需要城市文化，历久弥新的文化也是城市发展应该坚持守候的东西。经济的发展都会经历高峰与低谷，仅追求经济，这座城市的繁华很快被遗忘，而具有深厚文化历史的城市才会在历史的长河中被铭记。六朝古都南京，曾经是风光无限的繁华大都市，但是其文化也得到了发展，当人们提起南京，人们赞不绝口与称羡的是其悠久的文化历史。一座城市经济得到了发展，文化的发展就理所应当地得到重视，因为文化与众不同与独一无二所带来的影响会带来经济效益。城市文化已经成为城市综合竞争的软实力，所以上海发展规划应该更加重视文化的发展。而地铁作为城市形象的窗口，不应该一味地重视商业的发展。上海的许多站点设立了传达城市文化的宣传广告，尤其体现在新修建的地铁路线的地铁公共空间中。但是在较早修建的地铁与人流较多的站点中广告类商业信息依旧盛行。

上海市委的《上海市城市总体规划（2016—2040）》中，将上海的城市愿景确立为"卓越的全球城市，令人向往的创新之城、人文之城、生态之城"。作为国际性的金融中心的上海要成为真正的世界城市，不止体现在经济上，文化是城市发展的核心竞争力，必须予以重视。上海地铁公共空间设计与布置权衡调整商业广告与公共艺术的比例，这个比例应该是弹性的，要设置长期发展商业广告语公共艺术的固定点，用以充分发挥各自的优势。而当经济形势良好时，着重发展经济，那么商业广告信息增多；若开展文化活动时，则多增加宣传的力度。商业广告与公共艺术并重，商业广告带动公共艺术的发展，提升公共艺术表达的质量与形式，以满足人们的需要，更好地服务于人们，更好地发展城市文化。

（二）传统文化融入城市性格

城市如同一个人，人因为美丽或气质而具有魅力，而人的性格才是真正吸引人的最大优势。同样地，作为城市性格的城市传统文化才是其真正美丽所在。上海的传统文化即为海派文化，一种融合东西方文化的独特的文化，一种无法完全言传但可意会的文化。一个人的性格可以有多种表达方式，城市的性格更是如此。或是以建筑之宏伟壮观的表达，或是娓娓道来的城市故事，或是承载历史象征的小说，或是居住或经过这座城市的名人。一座城市的文化，总会有它独一无二的表达。上海有众多老品牌，老品牌的发展不能仅靠怀旧情怀让大众消费，而是应与时俱进，更新品牌产品。携手新品牌，王者归来般重塑品牌经典，如六神花露水的起死回生。日本的一只可爱卖萌的熊本熊带动了日本一个县的发展，让名不经传的小城市成为一个旅游经典。这个方法上海也可以借鉴，比如上海老品牌之"大白兔"糖，可以作为一个卡通形象出现，作为一个导游，为游客介绍上海的风景区、上海的历史、上海的美食。总之，要将文化的表达形式更加新颖，牢牢地吸引人们的注意力。

有人形容英国伦敦是红色的，因为英国伦敦的建筑风格以砖红闻名。而上海的海派文化是彩色的多元文化，五彩缤纷的文化，这个彩色文化如何体现自己的特色？将地铁文化分为七种：上海历史遗迹文化、城市标志性人物与事件、城市建筑地标文化、城市化特色人文活动、国际性大型活动、城市科技金融文化和城市外来的品牌文化，依次为赤、橙、黄、绿、青、蓝、紫七种颜色。不同的地铁站以不同的颜色来区分，通过地铁站点所体现的公共文化特色来确定颜色，确定颜色之后，对地铁公共空间的设计就以这个颜色为主色调，其他颜色为辅色调。这样，地铁就形成了一个彩色的文化带，人们可以轻而易举地识别城市文化。地铁文化与城市文化相呼应，如法国巴黎地铁有滑铁卢站，其具有历史价值的同时也具有文化价值，象征着胜利的字眼会出现于地铁里，代表历史与我们日常生活中的情感，上海的地铁站可以象征化，融入上海的历史与文化特色。

（三）空间尽其用，创造新价值

城市的文化一定要融入城市的公共空间，城市公共空间的受众是人，城市公共空间的设计从实用性和视觉上都要符合人的需求。地铁作为现代科技产物，本来是冷冰冰的交通工具。不管是天花板、墙壁、脊柱、候车座椅、换乘的走廊和楼道等公共空间，只要是可以利用的就应该合理利用起来，为冷冰冰的地铁公共空间注入新鲜的内容。在楼道上可以进行涂鸦；对天花板上的灯进行装饰，变成或复古，或时尚的灯；在桌椅上进行涂鸦或者融入老上海特色的元素。总之，让人们的通勤之行变成艺术之旅。要复合式利用地铁公共空间，不能单一利用换乘路线墙壁，或是候车走廊的墙壁，或是隧道两边的墙壁。将出入口、换乘路线、车厢外部、车厢内部充分利用起来，使地铁公共艺术具有连贯性，形成一个整体的文化氛围。如画家主题地铁，从出入口开始设计与画家有关的公共艺术，从楼梯开始布置设计画作中场景，墙壁为画家的优秀作品，再到车厢外部是画家形象，而地铁内部可以布置成画作中一个个比较幽默和有趣的场景。当然，主题地铁在满足本土文化的同时要适当与流行时尚元素进行融合，用浅显易懂的话语来表达画作的寓意，达到有画可看，看得懂画作的文化愿景。以历史人物为核心、以文化名人名事为核心、以国际性活动为核心、以艺术音乐为核心的不同的主题，都应该从整体对主题进行诠释。通过在地铁公共空间移动的过程可以较全面了解主题地铁所传达的文化寓意。民众从一无所知到知之甚少，从知之甚少到能说能评，潜移默化地对人们精神追求施以引导。

六、结　语

本文基于城市公共空间视角下对上海地铁文化发展进行分析，上海已经重视地铁文化的建设，但是其存在地铁公共空间商业化、缺乏创新能力、公共空间利用不充分的不足，针对上述问题，笔者提出自己的建议：弹性化地铁公共空间的商业化、传统文化融入城市性格、空间尽其用，创造新价值。通过地铁文化的建设，不仅是展示城市形象，发展城市文化，最重要的是提高人们对城市公共空间的认可度，提高人们的满意度、幸福度。

参考文献：

[1]［英］彼得·霍尔.文明中的城市［M］.王志章，译.北京：商务印书馆，2016.

[2]［英］大卫·哈维.新自由主义化的空间：迈向不均地理发展理论［M］.王志弘，译.台北：群学出版社，2008.

[3]［英］大卫·哈维.后现代的状况：对文化变迁之缘起的研究［M］.阎嘉，译.北京：商务印书馆，2013.

[4]陈小茹.发展文化产业，为城市文化发展增添活力［J］.北京城市学院学报（城市科学论集），2006（1）.

[5]陈柳钦.城市文化：城市发展的内驱力［J］.西华大学学报（哲学社会科学版），2011（1）.

[6]吴齐.城市文化定位和塑造城市形象的思考［J］.沈阳农业大学学报（社会科学版），2009（1）.

[7]范红，张皓.城市文化空间：传承与创意的映射［J］.城市管理与科技，2016（5）.

[8]杨震，徐苗.西方视角的中国城市公共空间研究［J］.国际城市规划，2008（4）.

[9]来洁.如何建设以人为本的公共空间［J］.公共艺术，2015（5）.

[10]刘广武.地铁文化概念探讨［J］.城市轨道交通研究，2011（3）.

[11]刘晓静.地铁广告中公益文化的传播［J］.新闻传播，2013（9）.

[12]杨成凤，焦华富，杨修志.中国城市地铁建设影响因素的空间差异分析——以京、津、沪、穗、深、宁六市为例［J］.世界地理

研究，2010（1）.

[13] 柯扬. 公共空间的音乐传播现象研究——评坦娜鲍姆的《地下的和谐：纽约地铁中的音乐和政治》[J]. 南京艺术学院学报：音乐与表演，2016（1）.

[14] 成寒. 地铁公共艺术初探 [J]. 工程建设与设计，2016（3）.

[15] Zebracki，Martin. Cultural Geographies [J]. 2016，Vol. 23 Issue 4，739－744. 6p. DOI：10. 1177/1474474016647366.

[16] Tibbalds F. Making People－friendly Towns：Improving the Public Environment in Towns and Cities [M]. Harlow，Essex：Longman，1992.

[17] [美] 凯文·林奇. 城市意象 [M]. 方益萍，何晓军，译. 北京：华夏出版社，2001.

[18] [美] 理查德·佛罗里达. 创意阶层的崛起 [M]. 司徒爱勤，译. 北京：中信出版社，2010.

历史文化街区保护与开发中的价值博弈研究

刘铭秋①

摘要： 目前，中国正在经历高速的城市化，历史文化街区在保护与开发过程中越来越多地被商业化和私有化，导致其居住功能逐步弱化，商业、文化创意、休闲等多种功能互相交融。其文化价值、社会价值和经济价值等多重价值不断进行博弈，要想创造双赢的"赛局"，必须经历"价值发现"到"价值博弈"再到"价值重塑"的过程，以当地居民作为主体，政府协助平衡开发商、原住民和街区规划者的关系，达到各方利益平衡的"共赢局面"，形成历史文化街区保护与再生的可持续力量。

关键词： 历史文化街区；保护与开发；价值博弈；价值重塑

历史文化街区是在中国文物保护权威的法律《中华人民共和国文物保护法》中被法定保护的区域，我国 2008 年颁布的《历史文化名城名镇名村保护条例》中规定，历史文化街区是指经省、自治区、直辖市人民政府核定公布的保存文物特别丰富、历史建筑集中成片、能够较完整和真实地体现传统格局和历史风貌，并具有一定规模的区域。历史文化街区在保护与开发过程中空间功能的演变，体现了其文化价值、社会价值以及经济价值之间的博弈过程，是政府、开发商、规划者、居民等多方利益群体产生分歧并相互协调的

---

① 刘铭秋，华东政法大学文化产业管理专业 2015 级研究生。

过程。在整个博弈过程中，任何一方的失衡都可能成为历史文化街区保护与开发的制约条件。从价值博弈视角来分析历史文化街区的保护与开发，有助于我们正确认识与评估街区的多重价值，并为后续采取有效措施促进其价值的发挥奠定基础。

一、国内历史文化街区的保护及研究现状

目前，我国的历史文化街区的保护形成了一些基本保护理念，如动态保护、整体性保护、注意保护的真实性、小规模渐进式的改造等。① 对于历史文化街区的保护内容目前形成了比较完整的框架，主要包括以下内容：一是历史空间格局和景观风貌，包括街巷肌理、空间形态、与城市自然环境及城市结构的关系和景观画面等；二是建筑遗存，街区内各级文物、历史建筑和其他具有历史价值与地域特色的传统建筑及遗址；三是其他构筑物与环境设施遗存，包括小桥、溪流、驳岸、古树、古井等。此外，目前国内历史街区的保护与研究呈现出一个明显的趋势，就是保护的内容与理论从历史建筑物、街道等有形层面转向包括街区中的人、社会生活、文化传统在内的无形文化层面。政府和学者越来越意识到具有前瞻性的保护工作必须把保护的层次提到保护生活方式与文化内涵的高度上来。②

历史文化街区的保护与开发，一直是文化遗产研究的中心问题之一。随着城市面貌的迅速改变、城市更新的速度加快，激发了学界的研究热情，有关研究也层出不穷。单霁翔、阮仪三、吴云等学

① 姚迪，戴德胜. 从"空间改造"到"价值重塑"——历史街区保护策略转向研究 [J].建筑学报，2011（5）.
② 我国2005年公布的《历史文化名城保护规划规范》中特别规定了历史文化街区保护规划应包括改善居民生活环境、保持街区活力的内容。

者在多年的研究中成绩斐然，涌现出不少历史街区保护与开发的成功案例。然而，研究中对于保护与开发中的博弈分析似乎略显单薄，从而对进一步深入探索历史街区再生带来了些许障碍。故而，本研究将基于价值博弈的视角，从历史文化街区的"价值发现"到"价值博弈"再到"价值重塑"，探讨平衡政府、开发商、当地民等利益相关者利益的"共赢"策略，形成城市历史街区保护与再生的可持续力量。

二、历史文化街区的价值发现

（一）历史文化街区的社会价值

长期以来，文化遗产的价值界定始终沿用传统的认识，即"历史价值""艺术价值"和"科学价值"。《中国文物古迹保护准则（2015）》（以下简称《准则》）则将文物古迹的价值认知予以拓展，增加了"社会价值"和"文化价值"[①]，历史文化街区亦是如此。

其中，"社会价值是指文物古迹在知识的记录和传播、文化精神的传承、社会凝聚力的产生等方面所具有的社会效益和价值"[②]。历史文化街区具有公共性，作为社会共有的财富，社会同样具有参与保护、分享利益的责任、义务和权力。19 世纪 60 年代初，简·雅各布斯在《美国大城市的死与生》[③] 中抨击了当下功能主义至上的城市规划和重建理论，她反对"城市功用分离的原则"，认为具有充满活力、多样化和用途集中的城市比勒·柯布西耶等人规划的"花园城市"更有价值。她认为，历史街区是一个城市保持多样性

---

① 《中国文物古迹保护准则》修订版，第三条。
② 《中国文物古迹保护准则》修订版阐释部分，第三条。
③ ［加］简·雅各布斯. 美国大城市的死与生［M］. 金衡山，译. 南京：江苏译林出版社，2005：207.

的必需成分，失去它们，街道和地区会失去活力。现阶段大规模城市重建和空间扩张对原有城市建筑的社会文化肌理造成破坏，她提倡在历史街区开发过程中必须注重其社会价值，以此来重塑传统城市街区中的人际交往以及和谐的城市生活。

（二）历史文化街区的文化价值

《准则》中提到的文化价值则主要指以下三个方面的价值：

"1. 文物古迹因其体现民族文化、地区文化、宗教文化的多样性特征所具有的价值；2. 文物古迹的自然、景观、环境等要素因被赋予了文化内涵所具有的价值；3. 与文物古迹相关的非物质文化遗产所具有的价值"[①]。

以上海石库门里弄为例，它作为上海著名历史文化街区，是具有历史积淀的物质载体，不仅是一种建筑遗产，也曾经是绝大部分上海市民的生活空间和社会空间，承载着上海的历史文化。石库门里弄是基于传统的江南民居，继承了传统中国式建筑以中轴线为对称布局的特点，同时吸收了西方人称为"联排房屋"的建筑形式，是上海近代史上中国传统建筑装饰和西方的建筑细部融合而成的独特的时代产物。石库门自兴建至上海解放之前，共经历了早期老式石库门、后期老式石库门和新式石库门三个历史时期，其间还产生了简易的广式石库门。20世纪90年代以来，石库门在上海城市改造中逐步被拆除。从建筑的角度看，石库门是特定历史时期的产物，走过近百年的历史，是上海独有的"建筑艺术品"，具有重要的历史文化价值。

（三）历史文化街区的经济价值

"目前国际上对遗产经济价值的研究主要面向有形的文化遗产，

---

① 《中国文物古迹保护准则》修订版阐释部分，第三条。

如古建筑和艺术品等。"① 而本文的研究对象主要是历史文化街区这类城市建筑遗产。对建筑文物的经济学研究是在 20 世纪 70 年代被 Alan Peacock 介绍进入文化经济学的。② 一些学者将遗产的文化价值涵盖在经济价值里，他们认为，遗产的消费价值在于：美学价值、精神价值、历史价值、文化人类学与社会价值、科学价值、"原创性"价值、符号价值等。③ 但是笔者赞同戴维·思罗斯比等人的观点，"在经济或社会中对文化商品与文化服务进行评估的时候，需要将它们分开考虑"④。历史文化街区的经济价值依赖于它独特而巨大的文化价值，文化价值在历史街区的保护与利用中处于首要位置，而经济价值则是第二位的、派生的，换句话说，没有文化价值，就不存在其经济价值。因此，笔者认为，历史街区的保护与开发应当始终坚持"文化价值导向"的原则。

戴维·思罗斯比将建筑遗产的经济价值分为了"使用价值""非使用价值"以及"外部性"⑤ 三部分。其中，"外部性"是街区开发过程中市场失灵的来源。⑥ 外部经济主要表现为对街区所在地或社区经济明显的带动作用、对遗产所赋予的历史文化和自然知识的有效传播等；外部经济主要表现为旅游开发对生态、环境、资源的破坏及对地方文化的侵扰和旅游犯罪的增加等，其中最为突出的是对生态、环境、资源的破坏。

---

① 陈凌云. 发展中的"遗产经济学"[N]. 中国文物报 2005 - 02 - 18（5）.

② 沈全芳，范汉熙. 文化经济学研究新进展 [J]. 经济学动态，2010（6）.

③ 徐嵩龄主编. 文化遗产的保护与经营——中国实践与理论进展 [M]. 北京：社会科学文献出版社，2003：211.

④ 戴维·思罗斯比. 经济学与文化 [M]. 王志标等，译. 北京：中国人民大学出版社，2011：33.

⑤ 同上书：85.

⑥ Ruth Towse ed. A handbook of Cultural Economics，Second Edition [M]. Cheltenham：Edward Elgar，2011.

三、历史文化街区开发中的多重价值博弈

(一)经济价值与文化价值的博弈及其问题

1. 过度商业化

在大规模的旧城改造中,许多居住性历史文化街区因具有区位优势而成为房地产商争夺的"黄金地段",自然将居住性历史文化街区置于经济效益的框架下,当作用之不竭的旅游资源来开发。近年来,历史街区带来的旅游收益愈发可观,保护已经成为旅游开发的一种手段。"这从理论说是本末倒置,在实践上也会带来许多错误的做法"。① 许多有文化价值的历史街区沦落成为"假古董",以保护之名,行拆旧建新之实,如开封的"宋街"、沛县的"汉街"等。历史街区的文化内涵在商业经营中被篡改。这类开发模式虽然在短时间内可以取得一定的经济效益,但是从长远角度来看,这种形式的开发建设与文化遗产保护的"原真性"原则相矛盾。

上海特色的历史文化街区——石库门里弄就因其占据优良的城市区位而无可避免地卷入房地产开发的浪潮中,面临着地区经济发展与历史街区的文化价值保护之间的博弈。新天地即可算是这一现象的典型说明:开发商为了弥补由于新天地和人工湖的建设所造成的开发量逆差,大量具有特色的石库门建筑被成片拆除,用以开发高收益的房产。新天地的商铺主要分为餐饮、服饰、生活、文化和服务五类,其中以餐饮服务和服饰类商铺为主,占全部商家的80%;而文化类和服务类商铺仅占总数的8%(图1)。由此可见,

---

① 阮仪三,孙萌. 我国历史街区保护与规划的若干问题研究 [J]. 城市规划,2001 (5).

新天地挖掘出了历史文化街区的经济价值，创造了巨大的经济效益，但是，这种全新的商业化开发模式所形成的文化空间被简化成了一个置于仿古建筑外壳中、集各项功能于一体的国际化休闲场所，"其文化符号不仅被剥离掉了历史空间特质，也忽视了地方消费水平与消费文化的影响，而再次被异化为一种单纯而简陋的消费空间符号"①。

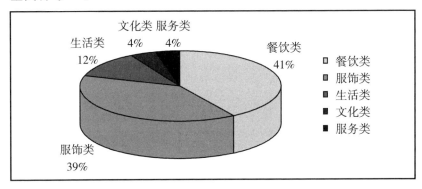

图1　新天地商铺构成图

（资料来源：根据现场收集和新天地官方网站整理）

2. 文化价值异化

"文化的异化方向通常取决于开发商在资本投入过程中的个人喜好，而其在经济理性的驱使下必然会迎合中产阶层的消费需求，以获取更高的经济收益，从而使得历史街区的空间消费只能满足一部分群体的社会需求，导致社会分化的产生。"② 地方政府有时会为了获得更多的税收收益而加入空间生产之中，以推动地区经济在短时间内的快速发展，从而加剧了社会的分异，社会利益往往会为少数人利益"让步"。文化异化的市场化运作在很大

① 吴晓庆，张京祥. 从新天地到老门东——城市更新中历史文化价值的异化与回归［J］.现代城市研究，2015（3）.

② 同上。

程度上还破坏了地方文化的根植性，在这个由高文化资本、低经济资本向低文化资本、高经济资本不断转化的过程中，历史街区的文化价值逐渐被异化与同质，最终导致地方文化的去本土化和认同危机。[①]

丽江作为第一批接受国家资助的历史街区，游客数量逐年攀升，"截至2015年12月底，丽江接待海内外游客3053万人次，比去年同期增长14.6%，旅游业总收入443.2亿元人民币"[②]。依托古城，丽江文化旅游产业长足发展，丽江成为不少历史文化街区学习的榜样，也引发了长盛不衰的申遗热潮，但是随着丽江古城原住民的不断减少，外来经商者的大幅增加，纳西族的特色文化也逐渐被弱化。丽江的本土文化不断被商业化蚕食，"情都""艳遇之都"等标签都是商业营销噱头化、标签化的结果。

（二）居住价值与经济价值的博弈及其问题

1. 居民与商家矛盾加剧

当地居民是历史街区文化传承的真正载体，邻里关系是居住性历史文化街区得以延续的生命。长期居住生活在历史街区的原住民，他们的行为、习惯、风俗、相互关系等形成了街区居住历史文化的实体，真正体现该街区的历史文化风貌与人文风情。但是，我国近年来却出现"存表去里"的开发方式，留存建筑外在形象，置换内部居住功能，仅保留建筑外观和外部环境，而对内部进行全面更新，把原来的居住功能重置为商业、文化、娱乐的场所，类似于

---

① 王婷婷，张京祥. 文化导向的城市复兴：一个批判性的视角 [J]. 城市发展研究，2009 (16).

② 新华网. 丽江2015年游客接待人次突破3000万. http：//www. yn. xinhuanet. com/newscenter/2016 – 01/07/c_ 134986256. htm [2016 – 09 – 23].

欧洲的"立面主义"手法①。

田子坊作为上海历史文化街区的代表，在开发初期可以免于拆迁的命运，正是其居住价值和经济价值博弈的结果，是政府、开发商、艺术家、居民等多方利益群体的分歧与协调。政府由最初的反对转向支持，再到对基础设施大力投入，形成了"自下而上"的自发改造与"自上而下"的统一规划的博弈。②

但是在发展过程中，田子坊的居民与商家的矛盾也逐渐加剧。简·雅各布斯认为城市街区具有外向性特质，对于居民而言，他们的日常行动和生活要很大程度上依赖他们所在的街区。③ 如果过度开发历史文化街区，导致其外部不经济，原住民的利益很可能会遭到破坏，街区也会面临诸多不稳定的因素。"居改非"的合法化让田子坊里的原住民实际成了经营的房东，可以无须承担任何经营性收入，直接享受热门市场的租金红利，但是在巨大的经济利益的诱惑下，出现不少炒房客，有二房东，甚至三房东、四房东、五房东。由此出现的问题是，持续高涨的租金使一些文化创意商铺难以为继，原先以文化创意产业为发展目标的田子坊，如今因为过度商业化而缺失本该为市民提供的公共文化服务的功能。"坊内业态格局快速更替，艺术家们无奈搬离"④；原本集体创业的居民成为了"食利者"与投机者，田子坊一楼的 24 平方米的住房租金在 15 年内翻倍增长（图 2）。

---

① 立面主义（Facadism）：在保护历史街区中，为了或只能保留沿街建筑的历史风貌和信息，保留历史建筑原有的立面，而在其背后建造全新且体量更高大建筑的表皮式处理手法，被国际文化遗产保护界嘲讽为皮相、脸谱式的保护，大多流行于 20 世纪 90 年代。

② 复旦文化遗产课堂. 文化遗产价值的判断与辨析——以上海田子坊为例［J］. 东南文化，2015（5）.

③ ［加］简·雅各布斯. 美国大城市的死与生［M］. 金衡山，译. 南京：译林出版社，2005：116.

④ 孙施文，周宇. 上海田子坊地区更新机制研究［J］. 城市规划学刊，2015（1）.

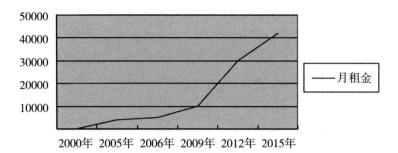

图2　田子坊某20平方米一楼住房2000～2015年租金变化情况

资料来源：根据调研自绘

2. 邻里关系被破坏

伴随着历史街区实物遗存的大量破坏和原住民的外迁，街区承载的各种信息几乎全部丢失，逐渐被现代社区所取代，老街区里的居民生活与现实生活世界出现了明显的隔阂。在历史街区的开发过程中，由于大部分居住空间被侵占，邻里之间对私人空间的争夺加剧。若不能平衡居住价值与经济价值的博弈，就会严重危害到邻里关系，使院落内的公共关系被破坏。由于私人空间与公共空间之间视线和声音的通透，也使得意见主体收敛言论，无法进行真实的对话，空间的规训机制发挥作用，公共活动的层级下降。

此外，"绅士化"现象也是导致街区公共关系被破坏的一个重要原因。"绅士化是20世纪60年代末，西方发达国家城市中心区更新中出现的一种社会空间现象，其特征是城市中产阶级以上阶层取代低收入阶级重新由郊区返回内城（城市中心区）。"① 伴随着我国90年代后旧城危房修整的过程，北京旧城在社会结构上也出现了西方社会中的"绅士化"现象。即随着整改过程中的迁入与迁出，原有居民难以承担回迁的费用留在城外，而买得起新休整的房屋的富裕阶层则替代他们进入历史街区居住，街区里的原有居民逐

① 朱喜钢. 城市绅士化与城市更新——以南京为例 [J]. 城市发展研究, 2004（4）.

步被教育程度较高、有一定收入、喜爱旧城的高阶层人士所替代，使得历史街区改造计划得以运行。"绅士化"破坏了原来居于旧城的老街坊之间的社会联系，冲击了原本和睦的邻里关系，私人空间中享有公共生活的权益受到侵犯，进一步导致社会中的阶层隔离。

四、价值重塑

为解决以上问题，首要任务是要重塑价值观。在开发历史文化街区的过程中，我们必须认识到文化传承才是引导街区可持续发展的依托。其次，在三种价值的博弈中，应当平衡好各利益相关者的关系，以当地居民即使用者们作为主体，政府协助平衡开发商、社区居民和街区规划者的关系，用制度化方式有机地结合起来，唤起民众参与老街社区营造的热情，才能形成历史街区保存与再生的可持续强大力量。（图3）

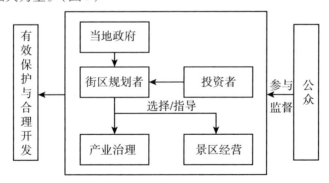

图3　平衡利益相关者的保护开发模式

（一）坚持"整体性保护"

1969年，罗马建筑师柴菲拉提（R LCervellati）制定的博洛尼亚（Bologna）中心区保护规划中提出了"整体性保护"的思想，宣示了可能实践"老建筑物和居住在其中的人同时保护"、维护和完善原有的城市功能、维护和继承原有的城市生活、有历史有文化的历史街区发展新途径。① 我国的居住性历史文化街区具有的与别国不同的文化价值，应当成为地域居住文化认同的重要内容和当地城市生活的组成部分，在保护与开发中面临的困难也远远大于博洛尼亚。因此，这决定了我国的历史文化街区保护要有自己的特点。但不管如何，只有减少各种功能重置现象，坚持正确的保护原则与方法，尤其是坚持人和物质空间环境及精神生活整体保护的原则，坚持生活真实性的全面延续，探索合适的操作模式，居住性历史文化街区才能真正获得重生。

在文化遗产保护方法的讨论中，一些学者提出"文物古迹包括两个对象：一是文物建筑，二是历史街区。两个对象本质不同，前者主要是历史纪念物，不必和现代生活发生直接关系；后者主要是人居住生活场所，必须和现代生活紧密结合。前者要以物为本，后者要以人为本"②。他们关注到了在针对特定对象的保护中，必须关注人的生活，必须注意到这种生活体现出的价值。在国际文化遗产保护领域相关的讨论中把后者称为"活态遗产"。如果说作为纪念物类型的遗产已经完成了其遗产价值形成的过程，而所谓"活态遗产"却仍然处在遗产价值形成的过程当中，社会生活的各个方面仍然在塑造着它们的价值，仍然延续着的文化传统也正在不断增加和丰富它们的价值内涵。只有坚持"整体性保护"原则，才能达到历史街区中"生活的真实性"③ 的自然延续。

---

① 张松. 历史城市保护学导论——文化遗产和历史环境保护的一种整体性方法 [M]. 上海：同济大学出版社，2008：97.

② 王世仁. 文物保护的价值取向原则 [M]. 天津：天津古籍出版社，2004：25.

③ 夏健，王勇. 从重置到重生：居住性历史文化街区生活真实性的保护 [J]. 城市发展研究，2010（2）.

（二）政府主导

联合国教育、科学及文化组织在 1976 年起草的《内罗毕建议》中曾明确强调了城市遗产在城市生活中的公共利益与实用价值；法国在其著名的"1913 年法"（历史古迹法）中明确规定了历史建筑作为"公共利益"受到保护①。以上海石库门里弄、苏州平江路为代表的历史文化街区具有公共性，为社会全体成员提供公共服务。私有化经常以限制公共支出被提出作为开发历史文化街区的一种方法，但是面对经济效益与文化价值之间的矛盾，政府理应承担相应的公共责任，还需要对服务承包商的业绩和行为负责。历史文化街区开发中公共性缺失的重要原因就是政府在商业化趋势下让渡了本属于自己的监管职能。

面对经济效益与文化价值、社会价值之间的博弈，政府除了应该承担相应的公共责任，还需要对街区开发的投资者和承包商的行为和业绩负责。为确保历史街区的文化价值和社会价值在开发中不被弱化，地方政府必须精心构建历史街区开发的评估指标体系与问责机制，对其经营管理提出明确的标准和具体要求。同时，还要积极引入历史街区保护与经营的问责制度，以期防范和控制政府官员的渎职及腐败行为。此外，政府还应该协调好开发商与当地居民的关系，充分保护原住民的权益：一是让居民仍保有原有空间的所有权及产业经营权；二是提高街区的公共服务水平，改善老化的公共设施。以台湾三峡老街的保存与活化经验为例，相关部门编列维修经费并订定完备补偿办法，规划团队在当地成立工作站并召开公听会，与居民充分沟通，协助居民争取公权部门释放权益，逐渐获得地方意见领袖的支持②，政府在示范户的初期整修成果中赢得了居

① 薇冉，王眉. 法国文化遗产保护的立法之路 [N]. 中国文化报，2013 - 12 - 26 (10).
② 吕斌，耿萌萌. 基于"价值重塑"看历史街区保护与活化的博弈关系——以台湾三峡老街为例 [J]. 城市发展研究，2013 (7).

民对政府的信心。

（三）公众参与

随着社会的发展，社会各界、各阶层对历史文化街区的保护都表现出越来越大的热情，因此，鼓励社会公众的广泛参与、充分发挥社会力量才是历史街区保护事业发展的方向。"作为社会的共同财富，通过文化遗产保护而获得的利益也应当由全社会共享，社会对文物古迹保护的广泛参与是《准则》修订版特别强调的内容。"[1]社会参与可以在保护工作的各个环节发挥作用，包括保护对象的认定、价值的研究、价值的阐述、宣传、日常管理、监督、保护状况的监测、保护对象的合理利用。

当地居民在历史街区的保护与开发中具有重要力量。街区的规划设计者需要创造规则与机制让单一的个体居具有参与感，让他们透过参与而贡献价值。对于当地居民而言，台湾学者林正雄以北台湾历史文化街区为例，探究了居民参与"博弈赛局"的选择方案，一是签署"合作同意书"，并说服不在此经营或使用的土地所有权持有者，配合保存奖励及管制政策；二是选择"对抗策略"期待赛局规则改变，与投资方结盟以争取更多利益，但为免开发商洞悉愿意合作的底限与抵抗的意图，多半居民会采取多方提出与政策相关或不相关的批评策略，再观察赛局规则的改变，以总结是否获得最大利益而选择是否继续抵抗或与相关部门合作[2]。

除了让街区中的居民参与到保护与开发中外，还需要"第三者"参与其中，即广泛的非政府组织和全社会的支持、参与和舆论监督。比如民间团体和学术研究机构（如上海石库门里弄文化研究中心）的介入，社区和个人力量（如上海阮仪三城市遗产保护基金

---

① 吕舟．《中国文物古迹保护准则》的修订与中国文化遗产保护的发展［J］．中国文化遗产，2015（2）．

② 林正雄．从博弈观点论北台湾历史街区保护中参与者的反身性［J］．城市建筑，2011（2）．

会）的支持等历史街区保护行为。城市建筑遗产保护与开发的主体，是国家政府，而绝非某私人企业或某个自然人，从遗产保护中受益的不仅是城市中的居民，还包括城市里的各个政府管理人员，甚至外地游客，所以应该通过"公私融合"使不同利益主体的"多重博弈"在一定的政策与时空内达到平衡。

参考文献：

[1] 姚迪，戴德胜．从"空间改造"到"价值重塑"——历史街区保护策略转向研究 [J]．建筑学报，2011（5）：36～39.

[2] 沈全芳，范汉熙．文化经济学研究新进展 [J]．经济学动态，2010（6）：140～144.

[3] 阮仪三，孙萌．我国历史街区保护与规划的若干问题研究 [J]．城市规划，2001（5）：25～32.

[4] 吴晓庆，张京祥．从新天地到老门东——城市更新中历史文化价值的异化与回归 [J]．现代城市研究，2015（3）：86～92.

[5] 王婷婷，张京祥．文化导向的城市复兴：一个批判性的视角 [J]．城市发展研究，2009（16）：113～118.

[6] 复旦文化遗产课堂．文化遗产价值的判断与辨析——以上海田子坊为例 [J]．东南文化，2015（5）：127～128.

[7] 孙施文，周宇．上海田子坊地区更新机制研究 [J]．城市规划学刊，2015（1）：39～45.

[8] 朱喜钢．城市绅士化与城市更新——以南京为例 [J]．城市发展研究，2004（4）：33～37.

[9] 夏健，王勇．从重置到重生：居住性历史文化街区生活真实性的保护 [J]．城市发展研究，2010（2）：134～139.

[10] 吕斌，耿萌萌．基于"价值重塑"看历史街区保护与活化的博弈关系——以台湾三峡老街为例 [J]．城市发展研究，2013（7）：24～27.

[11] 吕舟．《中国文物古迹保护准则》的修订与中国文化遗

产保护的发展［J］. 中国文化遗产，2015（2）：4~24.

［12］林正雄. 从博弈观点论北台湾历史街区保护中参与者的反身性［J］. 城市建筑，2011（2）：18~21.

［13］薇冉，王眉. 法国文化遗产保护的立法之路［N］. 中国文化报，2013-12-26（10）.

［14］陈凌云. 发展中的"遗产经济学"［N］. 中国文物报，2005-2-18（5）.

［15］［美］简·雅各布斯. 美国大城市的死与生［M］. 金衡山，译. 南京：译林出版社，2005.

［16］徐嵩龄. 文化遗产的保护与经营——中国实践与理论进展［M］. 北京：社会科学文献出版社，2003.

［17］［澳］戴维·思罗斯比. 经济学与文化［M］. 王志标，译. 北京：中国人民大学出版社，2011.

［18］Ruth Towse ed. , A handbook of Cultural Economics, Second Edition［M］. Edward Elgar, 2011.

［19］张松. 历史城市保护学导论——文化遗产和历史环境保护的一种整体性方法［M］. 上海：同济大学出版社，2008.

［20］王世仁. 文物保护的价值取向原则［M］. 天津：天津古籍出版社，2004.

居民态度与文化创意产业园区发展思路探讨

——以东郊记忆为例

周　凤①

摘要： 在我国文化产业蓬勃发展之际，文化创意产业园区作为一股新的创意力量相继在全国各大城市兴起并发展。学者们对文化创意产业园区之发展现状、问题、模式及特点等领域已经做了大量研究，但甚少涉猎"居民态度与文化创意产业园区发展思路"的相关问题。大量理论与实证研究表明，无论是文化创意产业还是文化创意产业园区的研究都离不开"人"这一核心要素，从居民态度这一角度切入研究文化创意园区，即是探讨受众之于文化创意产业园区发展的影响。本论文以成都居民对于东郊记忆态度为例进行研究，采用问卷调查研究方法，在对 200 份有效问卷进行分析的基础上，讨论了影响居民关于文化创意产业园区态度的 6 项因素，并延伸讨论了园区定位发展问题，最终提出了相关建议。

关键词： 文化创意产业园区；居民；态度；东郊记忆

---

①　周凤，上海交通大学媒体与设计学院文化产业管理专业 2016 级研究生。

一、导　论

（一）研究缘由与问题提出

自 20 世纪以来，我国为了顺应国际产业升级趋势以及预防步入西方后工业时代的困境而大力发展文化产业。文化产业与文化创意产业园区紧密相连。在文化产业发展的不同阶段，文化创意产业园区起着不同的作用。

创新对于文化创意产业园区发展至关重要。首先，创新不仅需要竞争机制，同样也需要鼓励机制。创新是以脑力劳动为主而进行的一项创造性活动。在这项活动中，"人才"这一主要因素起着举足轻重的作用。其次，文化创意产业园区具有明显的在地化特色。文化创意产业园区是一个城市形象的体现，是居民文明程度和生活精神状态的重要展示，因此在地居民参与度也是增强区域产业园区创新能力的重要指标。最后，充分发掘居民创造性必须以掌握居民实际对创意产业园区的感知度和综合态度为基础，才能从而"因材施教"切实开发居民创新能力。

（二）研究目的

本论文以成都居民对东郊记忆态度研究为例，旨在（1）掌握居民对文化创意产业园区整体态度状况；（2）分析不同背景（年龄、职业、收入、文化程度等）的居民对文化创意产业园区态度的差异性；（3）分析居民对文化创意产业园区态度的不同维度（感知、情感、行为）差异之间的相关性；（4）探讨居民对文化创意产业园区态度与创意产业园区发展的关联性。

（三）研究思路与方法

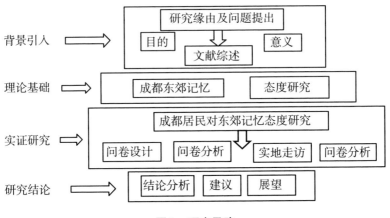

图1　研究思路

二、实例研究

（一）东郊记忆简介

1. 东郊记忆概况

东郊记忆是成都文化旅游新地标，中国最具特色的创意园区之一。东郊记忆原名成都东区音乐公园，定位为"音乐产业"和"音乐消费"双主业互动式发展模式的音乐主题产业集聚区。东郊记忆是继锦里、宽窄巷子后成都这座城市改造（尤指空间改造与产业升级）又一力作。东郊记忆集最华丽的玩乐空间，最古老的唱片店，最文艺的书吧、咖啡馆、音乐酒吧，最地道的成都美食盛宴于一体。毋庸置疑，东郊记忆的成立与运营对于成都城市形象的提升和成都居民文化生活的丰富起着重要作用。

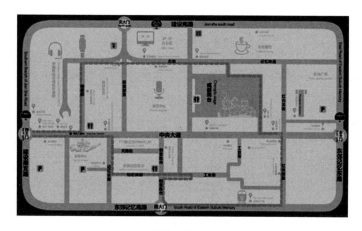

图 2　东郊记忆园区规划

2. 东郊记忆发展问题

数据统计表明，东郊记忆正式开园第一周人流量达到 120 万次，并以成都在地居民为主。直至现在，东郊记忆的人流量日益高涨，在节假日该趋势尤其显著。人流量增加的事实，一方面反映东郊记忆越来越被知晓；另一方面也暴露了其发展定位问题：音乐产业被忽视，反而被冠以休闲娱乐免费开放公园之名。

（二）问卷与样本

1. 问卷设计

问卷分为两个部分，第一部分是被调查者基本情况，即影响居民态度的变量因子，主要包括八方面内容：性别、年龄、文化程度、职业、月收入、婚姻状况、居住时间及居住区域；第二部分是关于居民对东郊记忆态度研究，采用李克特量表方法。在问卷设计中，采用 5 种等级来表达并依次累计计分。

2. 问卷实施

表 1　调查问卷发放与回收情况

调查地点	发放量（份）	回收量（份）	回收率（%）	有效问卷（份）	有效率（%）
东郊记忆	52	52	100	52	100
省图书馆	52	52	100	52	100
四川大学	52	51	98	51	98
大面镇市集	52	50	96	50	96
时代天街龙湖	52	50	96	50	100

3. 问卷分析

笔者运用社会问卷调查基本分析方法对回收的有效问卷进行分析。具体包括描述性分析，即关于基本变量及居民态度三个维度状况进行描述性分析，关联性分析，即分析感知、情感和行为意向三者之间的关联性以及各自作用大小；因子分析，即影响成都居民对东郊记忆态度的因素以及每个因子起作用比例；延伸问题分析，即通过居民对东郊记忆态度整体把握探讨相关问题，如园区音乐产业及音乐消费是否落实或者融入居民文化生活。

三、结论分析

（一）描述性分析

1. 调查对象基本特征描述性分析

本问卷共涉及 8 项调查对象基本变量，即性别、年龄、文化程度、职业、月收入、婚姻状况、居住时间以及居住区域。从有效回收的 200 份问卷统计结果来看，（1）性别：男女刚好各占一半；（2）年龄：以中青年人群（18~49岁）为主；（3）文化程度：以大（专）学学历人群为主，比例高达60%；（4）职业：各行各业皆有，分布较为平均，但缺乏第一产业从业人员调查样本；（5）月收入：以中等收入（2000~6000元）为主，比例高达60%；（6）婚姻状况：已婚人群比例占60%；（7）居住时间：常年居住人群（21年以上）为主，比例达44%；（8）居住区域：抽样调查人数主要以老城区（原成都行政范围）为主，比例高达74%。

2. 调查对象态度描述性分析

首先，200份有效问卷数据分析结果显示，成都居民对东郊记忆整体态度得分为3.28（满分5分）。其次，本问卷从感知、情感、行为意向这三个维度测量成都居民对东郊记忆的态度。

（1）感知层面：平均分为2.86，表明居民对东郊记忆整体感知度还有较大上升空间。感知层面测量指标分为三个层次。第一层次是关于居民对东郊记忆基本情况测量，涉及其开园时间、更名时间、地理位置等基本信息；其中，居民对于东郊记忆位置了解程度较高，得分3.5。第二层次是关于居民对东郊记忆前身及荣誉感知度测量，居民对于东郊记忆作为原红光电子管厂认知度较高，得分3.0；但对于东郊记忆所获得荣誉了解程度偏低，得分2.45。第三层次是关于居民对东郊记忆内容感知测量，得分3.18；表明居民对东郊记忆内容及产品仅有初步了解。

（2）情感层面：平均分为3.69，表明居民对东郊记忆整体情感较为积极乐观。情感层面测量同样具体分为三个层次：第一层次是关于居民对东郊记忆成立与运行本身意义情感测量，平均分为3.91。第二层次是关于居民对东郊记忆基础设施及服务满意度测量，这一层次居民对东郊记忆外观认可度较高，平均分为3.80，但对东郊记忆举办活动及工作人员服务满意度略偏低，得分分别为3.38、3.34。第三层次是从居民自身认知及行为角度来测量其对东郊记忆情感倾向，得分为3.55，其中居民对维护园区内部秩序这一测量主观情感较高，得分为3.92，表明居民对东郊记忆整体上情感倾向良好，并且能够产生自觉责任意识。

（3）行为倾向层面：平均分为3.29，表明居民对东郊记忆态度之行为倾向较为积极，并且仍有提升空间。居民对于东郊记忆态度之行为倾向测量主要分为两个方面：第一方面是关于居民对东郊记忆信息关注、传播行为测量，其中"愿意主动提起与东郊记忆相关话题""愿意将东郊记忆举办活动的信息推荐给身边的人"这两项内容得分分别为 3.26 与 3.28，表明东郊记忆能够渗入居民日常生活，并能够作为"文化生活谈资"丰富居民日常交际。第二方面是关于居民对东郊记忆实际行为测量，其中"愿意保护其内部设施和环境"与"愿意将东郊记忆作为旅行、聚会地点"这两项内容得分高达 3.82；但"愿意购买纪念品"和"愿意做自愿者"这两项内容得分较低，得分分别为 2.84、3.04。从以上两方面测量指标中可以看出居民对于东郊记忆行为倾向正处于良好上升期，同时也亟待鼓励与转变。

3. 态度不同维度间差异分析

从上述感知、情感及行为倾向三个维度总体情况分析来看，成都居民对于东郊记忆情感层面最为正向，其次是行为倾向，最次为感知层面。理论上来说态度的三个维度是协调一致的，三个变量是相互影响的，在三者不一致的情况下，情感层面往往占主导地位。居民对东郊记忆感知及态度总体上是积极正向的，但之所以在态度测量的三个维度取向上表现出差异，一方面是由于居民自身条件限制，如经济能力、可支配时间等因素，导致居民在情感上认同东郊记忆的基础上，缺乏经济能力在行为层面与之相对等，缺乏实践精力在感知层面与之相平衡；另一方面则是因为东郊记忆本身在发展过程中面临的问题，即自身定位（音乐产业与音乐消费）与自身发展模式（综合休闲商业活动中心）相矛盾的现状。针对居民对文化创意产业园区态度不同维度差异之现状，本论文将在第四章提出相应建议。

（二）因子分析

1. 各项因子分析

问卷以性别、年龄、文化程度、职业、月收入、婚姻状况、居住时间及居住区域等 8 项因子作为测量居民对东郊记忆感知及态度的基本变量。以下将以此 8 项因子对居民态度（感知、情感及行为倾向）影响程度进行分析与讨论，主要采用平均值进行评判。

（1）性别。

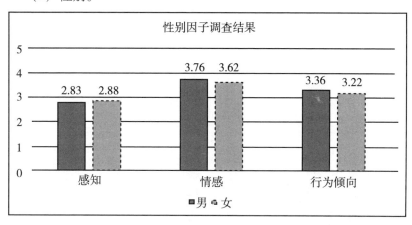

图3　性别因子调查结果

在 200 份有效回收样本中，男女各占 100 份，从上述图表中可以看出性别对于居民对东郊记忆整体态度并没有显著差异，其中在感知层面、情感情面及行为倾向层面也没有显著性差异，说明居民之性别对东郊记忆态度不具有影响。

（2）年龄。

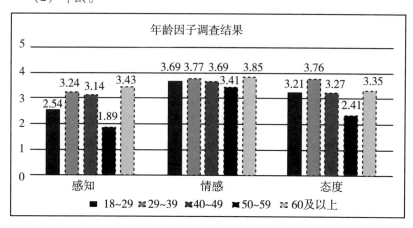

图4　年龄因子调查结果

从年龄来看，居民之年龄对东郊记忆态度有影响。具体表现为 29 至 49 岁中青年人群对东郊记忆态度比较积极正向；除此之外，60 岁以上的老年人对东郊记忆态度也较为正向，50 至 59 岁这一群体对东郊记忆态度较为消极，但在情感层面较为积极。

（3）文化程度。

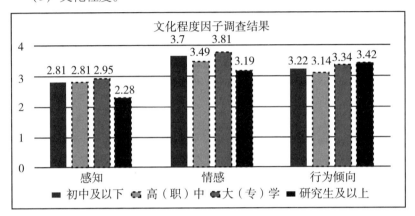

图 5　文化程度因子调查结果

从上述数据来看，居民之文化程度对东郊记忆态度影响力度不大；但实际上从有效回收的样本来看，文化程度在初中及其以下的一半样本正好是 60 岁及其以上的老年人群，因此上述数据具有一定的巧合性。无论从哪个文化程度来看，居民对东郊记忆态度之情感层面最为积极正向，其次是行为倾向层面，最后是感知层面。结合相关文献分析，居民对文化创意产业园区态度与文化程度呈正相关，根据上述不太显著的均值差异来看，该项变量调查结果是符合这一关系的。

（4）职业。

就职业因子而言，居民之职业类别对东郊记忆态度有较大影响。其中，学生群体对东郊记忆态度最为积极正向，在情感层面平均分高达 4.05，行为倾向层面平均分为 3.73。相较而言，待（无）业人群对东郊记忆态度略微消极。职业的差异造成居民对东郊记忆态度之差异，一方面是由于每一类职业本身所具有的差异性或者说被调查者的职业与东郊记忆相关性所决定的，一般来说居民职业与东郊记忆关联度越高，则其对东郊记忆态度则越为积极正向。比如，在军警公教类，在感知度较低的情况下，其仍然在情感层面和行为倾向层面持积极态度；另一方面则还受月收入的影响。

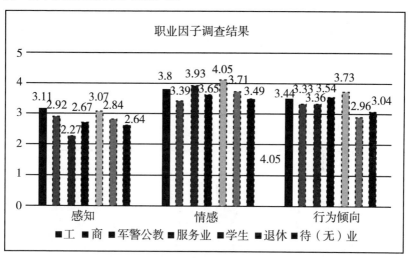

图6　职业因子调差结果

（5）月收入。

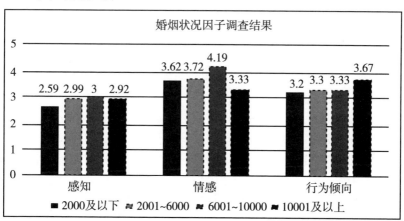

图7　月收入因子调差结果

从上述图标数据中可以看出，月收入越高的居民，其对东郊记忆态度越正向。从上述数据中也可以看出月收入对态度之感知、情感及行为倾向这三个层面的影响并不具有一致性：月收入越高的群体对东郊记忆行为倾向层面越正向积极，因此其越具有消费欲望与能力；月收入差异在居民对东郊记忆态度之感知和情感这两个层面不具有明显作用，即月收入低者反而对东郊记忆态度之感知与情感高于月收入高者。综上，月收入的确是影响居民对东郊记忆态度因子之一，但其作用明显表现在行为倾向这一维度。

（6）婚姻状况。

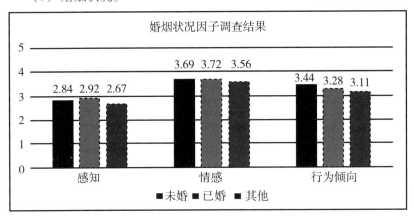

图8　婚姻状况因子调差结果

从上述分析数据得知，婚姻状况对于居民关于东郊记忆态度并没有显著影响。其中未婚人群和已婚人群对东郊记忆态度差并没有明显差异。

（7）居住时间。

从上述数据开看，居民在地居住时间对居民之东郊记忆态度有显著影响，一般来说，居民在地居住时间越长对东郊记忆感知度、好感度及行为倾向越正向，居民在地居住时间较短者，则对东郊记忆整体态度较为消极。作为社会人，社会性是人最本质的特点，除了血亲联系外，地域区位则是维持人社会性的最重要的纽带。对于长时间居住在成都的居民来说，其文化与生活习性都深深地烙上了"成都印象"，这就是地域的作用。

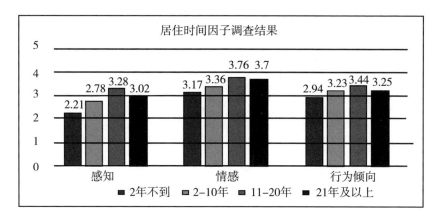

图9　居住时间因子调差结果

（8）居住区域。

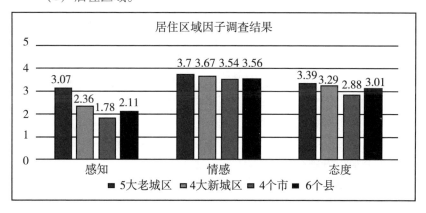

图10　居住区域因子调差结果

从上述数据中来看，居民之居住区域对其对东郊记忆态度之情感层面基本上没有影响，而在感知层面有显著影响，其次是行为倾向层面。居住在老城区（原成都市范围）的居民对于园区之感知层面和行为倾向层面较之居住在其他区域（现大成都范围）的居民更为正向积极。

2. 整合因子分析

综上所述，在笔者所假设的影响居民对东郊记忆态度的 8 项因子中，经过实际调查和走访，最终确定 6 项主要因子，即年龄、文化程度、职业、月收入、居住时间和居住区域。结合这 6 项因子之间的相关性与差异性，可以将其大致分为三类：一类是动力型因子，指消费能力因子，主要包括职业与月收入两项内容，职业差异对居民态度影响最大，而职业差异与月收入直接挂钩，加之文化程度是这二者的基础，因此在本文中也将文化程度归为这类因子；第二类是地域型因子，包括居住时间和居住区域两项内容，无论是居住时间还是居住区域都与居民在地化程度息息相关，因此将二者归为一类；第三类是特定因子，这里主要指年龄因子，每个地区文化创意产业园区都有自身的某项个性，正是这项个性造成了影响居民态度的主观个性因子。从这 6 项因子平均值差异来看，其影响居民对东郊记忆态度强度依次为经济型因子、地域性因子、特定因子。

同时，这三类因子在居民态度三个维度（感知、情感、行为倾向）影响强度各不同。经济型因子在态度之行为倾向层面影响最大，地域型因子在态度之感知层面影响最大，特定因子则视具体情况而定。

最后，从居民整体态度来说，经济型因子影响大于地域型因子，地域型因子大于特定因子。因此，居民的经济能力还是影响其对文化创意产业园区态度的首要因素，经济能力的高低不仅决定了居民可支配物质及精神消费支出比重，还决定了居民可支配的时间；而文化创意产业园区正是经济性（从产业链延伸的角度来说）和时空性文化产业类别。纵观经济、地域、主观这三大类影响因子，其中经济型因子弹性最大，可控性与可改善性最强，而经济型因子主要决定居民态度之行为层面，因此本论文将在第四章就如何提升居民对文化创意产业园区态度之行为层面提出相关建议。

（三）延伸问题分析

1. 以老年人群为例分析

正如前文中结论分析所指出的一样，居民对东郊记忆整体态度较为积极正向，但在态度之感知、情感、行为倾向三个维度有所差异，而这种差异在 60 岁及其以上的老年人群中表现尤为突出。从有效回收问卷的数据分析来看，老年人群对东郊记忆态度之情感层面最为积极，其次是感知层面，最后是行为层面。鉴于老年人群身体状况的特殊性，笔者主要采取访谈的形式完成对老年人群的调查，因此有机会了解到老年人群对于东郊记忆的真实感受并为其表现出态度各个维度之差异作出合理解释。在笔者与抽样调查到的老人交谈过程中，笔者发现老年群体对东郊记忆前身即国营红光电子管厂情感是十分强烈的。作为见证成都惊人发展历程的"老成都"，其对东郊记忆感情别具一格；在感知及情感取向十分积极正向的情况下，为何其行为倾向取向较为消极呢？究其根本原因是老年人对于东郊记忆核心定位的偏差，老年群体倾向于把东郊记忆与锦里、宽窄巷子或是人民公园之类的民生休闲娱乐场所作类比，并抱怨东郊记忆缺乏老年活动中心这一问题。

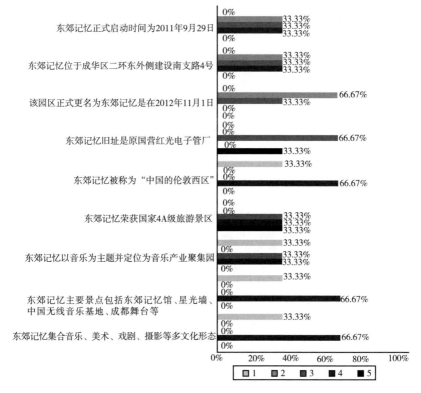

图11 老年人群对东郊记忆态度之感知状况

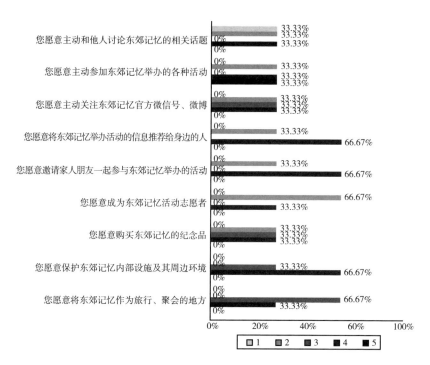

图12 老年人群对东郊记忆态度之情感状况

2. 定位偏差总体分析

东郊记忆作为成都的又一城市名片，居民对其好感度是毋庸置疑的。通过居民对东郊记忆感知及态度调查研究，笔者同时也发现居民对东郊记忆好感是存在偏差的，也就是说居民对文化创意产业园区的感知及态度测量是存在"误差"的，这种"误差"是基于居民对文化创意产业园区本身感知度的偏差。其实，仅以成都居民为例，除了特征最为明显的老年人群外，中年人甚至青年人都对东郊记忆作为文化创意产业园区感知也有很大的偏差。居民结伴而至，漫步东郊记忆一圈后，分为两种情况：一是快速拍照留念后离园，另一种则是继续消费于园区内的各个茶馆、酒吧或是餐厅。如果园区内现有 2000 为参观者，可能仅有 200 位不到从事着与音乐产业或者是音乐消费相关的事宜，剩下的 900 位不是在聚集晒太阳，就是在园区内各大休闲娱乐场所休憩。

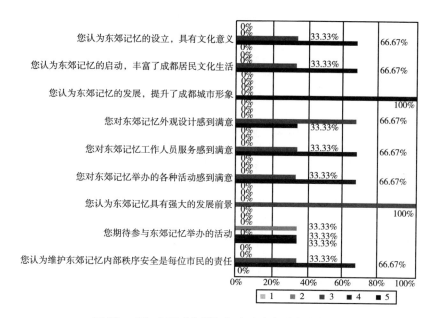

图 13　老年人群对东郊记忆态度之行为倾向状况

　　无论是以音乐产业定位的东郊记忆还是其他城市各具特色的文化创意产业园区在发展过程中都存在相似的问题。本论文仅从居民对文化创意产业园区感知及态度这一研究视角切入再次提出该问题。不言而喻，居民对文化创意产业园区正确的感知与认知是研究居民态度与文化创意产业园区的前提，因此此本论文将在第四章着重讨论如何改变居民对文化创意产业园区"印象"的相关途径与方法。

四、建议与展望

（一）概述结论

　　根据第三部分的实证结论分析，我们可以就"居民对文化创意产业园区态度"研究得出以下结论。

（1）居民对文化创意产业园区整体态度良好，且仍有上升空间；

（2）居民对文化创意产业园区态度之感知层面较为消极，亟待引导与鼓励；居民对文化创意产业园区态度之情感层面最为正向积极；居民对文化创意产业园区态度之行为倾向较为积极正向，同时也需要引导与转变；

（3）居民对文化创意产业园区整体感知存在偏差，导致态度取向存在偏差。

（二）提出建议

针对上述结论，本论文在此提出相关建议，以在提升居民对文化创意产业园区感知及态度的基础上，引导居民正确定位在地文化创意产业园区，最终实现文化创意产业园区"取之于民，用之于民"的发展初衷，推动文化创意产业园区与居民有效互动与整合。

1. 升级教育理念，初步深化认知

在"创新引领发展"的今天，越来越多的居民开始了解并接触文化产业，但是即使在文化产业逐渐渗入居民生活的现实下，居民对诸如文化创意产业园区这样新兴的概念仍然缺乏感知。从前文分析影响居民对文化创意产业园区态度的因子之文化程度来看，教育是感知形成的基本途径。教育有许多形式，就提升居民对文化创意产业园区感知来说，家庭教育、学校教育及社会教育都至关重要。首先，家庭是人与人相处、受教育的基本场所，在增加家长对文化创意产业园区感知的基础上，利用家庭教育促进其他家庭成员对其进行感知；其次，学校是表达想法和进行交流的重要场所，老师引导与学生间交流是增进学生对文园区感知的关键，从而再由学生向家庭其他成员进行介绍，由此形成家庭、学校教育良好互动来增进居民对园区感知。最后，社会教育是一个比较宽泛的概念，也是最为关键的教育场所，社会教育不仅需要文化创意产业园区自身的努力，比如进行各项宣传推广活动，更需要相关部门（政府、企事业文化单位等）以及相关产业（版权、

新闻出版、影视等）的积极配合，从而使文化创意产业园区在全社会范围内被知晓，被感知。

2. 转变消费观念，创造经济活力

随着居民生活水平的提高，文化精神生活需要的增加，居民愿意进行文化消费的取向日益浓厚，居民能够从事文化消费的各方面能力日益提升。然后，我国文化产业日益发展的现实与居民消费能力不足之间的矛盾仍然存在，而这一矛盾直接影响居民对文化创意产业园区态度之行为层面的表现。经济型因子是影响居民行为的直接因素，除了发展经济实现居民收入提高的基础性措施外，更重要的是需要转变居民消费观念。消费观的转变基础在于居民对文化创意产业园区形成感知与好感，并深化为某种认同；其次，需要通过教育引导居民形成正确的消费观。具体来说需要居民对文创商品所消耗的脑力、物力有一个大致的了解；要求居民对消费某种文创商品的行为由物质上满足的边际效用递减转变到精神补偿的边际效用不变甚至是递增；要求产业主把握居民消费动向，生产适销对路的文创商品，并在市场双方各自利益实现的基础上，大力增强居民文化创意产业园区及其衍生品的认同。

3. 渗入生活哲学，全面解决"偏差"

文化创意产业园区兴起目的之一在于对城市空间进行改造升级，而这一改造的关键则取决于在地居民的参与度与认同度。时下，居民普遍对文化创意产业园区认知存在偏差，多数居民将其视为一个综合性休闲娱乐场所。诚然，文化创意产业园区在一定程度上扮演着休闲娱乐场所的角色，但该角色只是其发展过程中的辅助，而绝不是其主体。将文化创意渗入居民生活，是减少甚至消除这类偏差的必经之路。因此，我国各区域文化创意产业园区在规划自身定位时一定要将在地居民的偏好和接受度等因素纳入考虑。以成都为例，虽然东郊记忆定位为音乐产业与音乐消费的聚集地，但是我们不能断言居民对音乐产业的需求已经符合该园区核心定位与宏观规划要求。只有切实地将文

化创意产业园区已拟定或尚在规划的产业核心融入居民文化生活中去，才能检验园区定位是否恰当，最终适时调整重新规划。

（三）结语与展望

本论文以东郊记忆为例，致力于居民对文化创意产业园区态度研究，分析了影响居民态度各项因子并对各项因子进行归类；初步比较了居民态度之不同维度间的差异；并从居民角度探讨了园区定位偏差等问题。从研究结果来看，居民态度与文化创意产业园区发展有着极为紧密的联系，居民态度之感知度的高低直接决定其能否对园区进行正确定位；居民态度之情感强弱决定了其是否能够对园区形成进一步感知及作出进一步行为倾向；居民态度之行为倾向的积极程度则直接决定其能够为园区壮大发展贡献率的大小。人，具有生产者与消费者双重担当；将居民纳入文化创意产业园区发展规划之中，正是从人的"生产－消费"双重身份去把握园区发展，切实地达到园区"取之于民，用之于民"的发展初衷。因此，从受众角度切入，探讨居民态度与文化创意产业园区发展之基本关系，有利于更好地把握园区发展方向，甚至是园区改革方向。

文化创意产业园区不仅是对一方土地的改造，一种产业的升级，更是对城市、对居民的考验。居民作为参与园区活动的主要消费者，作为享受园区成果的主要受众，对文化创意产业园区规划及发展都有重要作用；把握居民对文化创意产业园区感知及态度，不仅从"人"的视角去修补园区的不足，更是从双向互动的角度（居民与园区）去彼此适应，并使彼此变得更完善。

参考文献：

［1］Caves. Creative industries：Contracts Between Art and Commerce［M］. Boston：Harvard University Press，2004.

［2］Justin O' Connor，XinGu. Developing a Creative Cluster in a Postindustrial City：CIDS and Manchester［J］. The Information Society，

2010（26）：124～136.

　　［3］花键，等.文化产业的集聚发展——从创意集群到文化空间［M］
.上海：上海人民出版社，2011：1～22.

　　［4］肖雁飞，廖双江.创意产业区：新经济空间集群创新演技机理研究［M］.北京：中国经济出版社，2011：1～45.

　　［5］Martin B. The Efficacy of Growth Machine Theory in Explaining Resident Perceptions of Community Tourism Development［J］. Tourism Analysis，1999（4）：47～55.

　　［6］Weber，A. L. Social Psychology［M］. New York：Harper Collins Publihers，1992：1～30.

　　［7］张春兴.张氏心理辞典（修订版）［M］.台北：东华书局股份有限公司，2006.

　　［8］东郊记忆官网 http：//www. eastcd. com/.

　　［9］郑洁.成都东区音乐公园：运营的尴尬［N］.中国文化报，2013-11-30（005）.

　　［10］唐毅，田勇.文化创意与城市再生：以成都东郊记忆为例［J］.芒种论衡，2013（486）：77～78.

　　［11］谢倩.文化创意产业聚集区旅游消费者行为研究［D］.沈阳师范大学，2013.

　　［12］肖星.城市公园游憩者满意度研究：以广州为例［J］.人文地理，2011，117（1）：129～133.

　　［13］张晓佳.城市化建筑下古建筑改造的历史记忆与文化情怀［J］.江西社会科学，2015（10）：246～251.

文化产业观察
Cultural Industries Observation Vol. 3（第三辑）

产业发展
新动向

… …

产业链视角下时代出版的数字化延伸研究

——兼谈文化空间形成机制

查 卓① 张 弓②

摘要：数字化出版的浪潮随着网络科技的发展显示出强劲的生长力，虽然利润总量还无法与传统出版相抗衡，却成为新闻出版业重要的经济增长点。传统纸质出版业的数字化布局是响应国家文化与科技融合号召的重要举措，文章梳理了时代出版在大众阅读、在线教育和社交领域的三大数字及新媒体项目，总结出时代出版在内容、传播到衍生开发的数字化发展路径并以启示。

关键词：数字出版；传统出版；产业链延伸；文化科技；融合

全媒体时代下，新兴媒体利用数字技术的支撑，以灵活的资源整合优势，改变着人们的阅读消费习惯，致使传统出版的基本要素被逐渐消解，数字化转型升级十分迫切。《2015 年新闻出版产业分析报告》指出，数字出版持续保持高速增长态势，成为产业发展的主要增长极。2015 年实现营业收入 4403.9 亿元，较 2014 年增加1016.2 亿元，占全行业营业收入的 20.3%，收入增长贡献率达60.2%。③ 文化与科技融合的新形势，传统出版需发挥内容优势，

---

① 查卓，华东政法大学文化产业管理专业 2015 级研究生。
② 张弓，华东政法大学传播学院中文系副教授。
③ 2015 年新闻出版产业分析报告（摘要）[J]．中国出版，2016（16）．

结合产业链的数字化延伸，与新技术新渠道优势互补，完善资源平台开发，以更优质服务打动消费者。本文将以时代出版为例，梳理其作为传统出版集团上市后的主要数字化运营项目，从产业链延伸角度分析其带来的效益，并总结得到的启示。

一、"数字化"成为时代出版发展新契机

事实上，传统出版的产业链与数字出版在环节的构成上是几乎吻合的，其产业化的实现都是通过创意策划、内容生产、发行销售和客户终端呈现来完成。只是数字出版从内容的制作到最后的作品呈现都以电子化的形式。① 目前我国的数字化出版实质上是一种融合传统纸质出版与现代数字产品的崭新领域，是对传统纸质出版活动的一种开拓。这也成为时代出版规划数字产业链的一个突破口。

时代出版传媒股份有限公司由安徽出版集团 2008 年上市更名所来，简称"时代出版"。早在 2009 年，时代出版就在手机阅读、新媒体数字出版等领域加大投资，利用上市公司的平台打造综合性文化产业内容运营商和服务提供商。传统阅读习惯的改变使其从"内容立体开发"转变成"数字化的内容立体开发"。科技与文化的融合在产业链中的具体表现为：内容产品的数字化开发，数字教育平台的打造——时代教育在线和互动社交平台——"时光流影TIMEFACE"等；并进行发行渠道的网络建设，投资 15 200 万元建立 e 网工程——安徽数字广告媒体网络，还将募集资金投向物流体系的信息化建设，及时的信息技术运用促进产业链上下游的高效合作。

---

① 黄立雄. 数字出版产业链整合研究 [D]. 湘潭大学硕士研究生学位论文，2010.

近年时代出版积极实施数字化出版工程，随着上市经营业务的多样化，传统出版业务板块依旧占据主导，数字出版及电子商务等新业态的业绩表现令人眼前一亮，实现了与主营业务的资源互补。

表1　营业收入分行业情况

分行业	营业收入（元）	营业成本（元）	毛利率（%）	营业收入比上年增减（%）	营业成本比上年增减（%）	毛利率比上年增减（%）
新闻出版	1 568 972 050.23	1 122 843 083.16	28.43	2.61	7.65	-3.35
数字出版及电子商务	93 045 710.71	58 615 413.82	37.00	20.91	-0.40	13.48
印刷及制造	273 579 703.62	241 780 948.74	11.62	-0.68	8.95	-7.82
印刷物资及文化商品贸易	4 000 921 732.88	3905 974 024.87	2.73	16.92	18.18	-1.04
新业态	28 922 186.18	13 992 643.83	51.62	74.33	58.27	4.91
合计	5 965 441 383.62	5 343 206 114.42	10.43	12.13	15.21	-2.39

数据来源：《2015 年时代出版年报》。

从《2015 年时代出版年报》（表1）中可以分析出，作为传统出版业务的新闻出版业在营业收入比上年增长 2.61 个百分点的同时营业成本却有 7.65 个百分点的增长，毛利率却减少 3.35 个百分点。这刚好与数字出版及电子商务成相反的情况，在营业成本降低的前提下达到了营业收入 20.91% 的增长，毛利率也呈现双位数增长，在所有经营行业中居于首位，显示出数字化经营下不容忽视的盈利能力。时代出版用良好的经营成果实现了自有出版生态体系的建立，在这个生态圈中出版的数字化、行业服务的系统化、运营的资本化之间能够高效对接，促进着传统出版与数字出版产业的融合发展。

二、"时代产业链" 中的数字化延伸

当下，时代出版在大众阅读、在线教育和互动社交领域已经完成时代e博、时代漫游、时光流影社交互动平台的三大新媒体项目布局。2015年我国国民图书阅读率为58.4%；数字化阅读方式的接触率达到了64.0%，国民阅读方式在新媒介使用的影响下，用户习惯正在发生深刻变化。传统出版是以"内容为王"的行业，在新媒体项目的布局使得内容资源得到更好的优化配置。

互联网科技与文化融合让时代出版变成数据化全方位服务的提供者，从数字阅读、影音文化、创意衍生到大数据和增值服务，时代出版构建了自己的"时代产业链"。

（一）大众阅读：全媒体数字服务平台——时代e博

2010年，"时代e博"大型全媒体数字资源平台建立，这是我国传统出版企业进入数字出版领域的新尝试。并且利用"时代e博"品牌衍生，搭建了时代出版传媒在线、时代书香网、时代教育在线三大平台，与电子商务服务平台无缝连接，围绕数字资源的全面开发形成全媒体数字出版运营的运作机制。

从图1中可以我们看到时代e博平台运作中需要的各种资源投入，从原始的内容要素到数字化服务以及周边衍生产品的产出。云技术的支持促使服务平台的诞生，通过与国内外版权机构和国内多家数字运营机构的合作，为读者提供全面安全的数字资源。与此同时管理在行业规范等监督下保证着稳定的运行。

2015 年平台已经为安徽省内 2 万多所学校 20 多万个班级提供在线的社区化服务，并为 750 万师生提供在线的教学应用服务，利用移动终端为家长用户提供家校互动的服务。时代出版的网络资源服务平台已经初见成效。

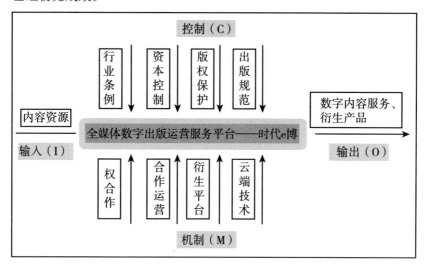

图 1　时代 e 博运营模型

（模型参考：荣霞，王江，刘建平．《基于 IDEF 模型的供应链战略联盟的构建》）

（二）在线教育：从电子书到"豚宝宝"——时代漫游

时代漫游公司作为时代出版的子公司，主业务围绕少儿教育业务的多元化开发展开，形成了在线教育资源——周边电子产品开发——线下实体教育机构的小型链条业态。

在幼教电子教材方面，已经形成由科学、语言、健康、艺术、社会五大系列教材组成的项目群，并逐步覆盖 10 省市 1000 多所幼儿园。在玩具开发方面，时代漫游与国内玩具出口最大的 10 个厂商实现战略合作，形成"豚宝宝妙趣盒"品牌，且借助玩具厂商的既有渠道实现文化产品出口与内销。① 在线下实体教育机构方面，针对幼教市场开设豚宝宝成长中心，致力于将豚宝宝电子课件与同家庭用户融合的教育资源软件、动画、玩具等系列周边延伸至更大的市场中。

时代出版的教育资源小型生态链循环与集团整体资源循环开发机制并行发展，数字化技术的运用同产业链的完善相结合，形成一个有机的整体，对传统出版的可持续发展大有裨益。

（三）网络社交平台：文化生活互动——"时光流影 TIMEFACE"

"时光流影 TIMEFACE"是以社交功能为切入点的出版内容聚合平台，侧重于出版内容的汇集和引导，进行互动阅读、数字出版，建立出版互联网大数据库。②

作为时代出版新媒体融合的重点项目，"时光流影"对出版内容的汇聚创建了网络数字出版新功能。2014 年正式上线以来，平台目前有注册用户 350 多万，手机客户端下载量 220 多万次，日活跃用户 2 万多，读者平均阅读时间超 5 分钟，日均访问量 20 万多，官方微博粉丝数 1.3 万多，微信公众号订阅量 8 000 多，总阅读量 37 万多次，转载量近 2 万次。③ 这些数据体现"时光流影"作为社交平台开发已经初具规模，并拥有了一定的用户群体和市场需求。无论是在资本市场还是用户市场，"时光流影"能够获得广泛的影响力与其内部逻辑架构"出版"与"数字化"融合的特性息息相关（图2）。④

---

① 数据来源：时代出版 2015 年年度报告.
② http：//finance.ifeng.com/a/20141225/13382859_ 0.shtml.
③ 数据来源：时代出版 2015 年年度报告.
④ 曹健敏. 传统出版的新媒体融合与创新实践研究——以时代出版"时光流影"项目为例 [J]. 编辑之友，2015（07）.

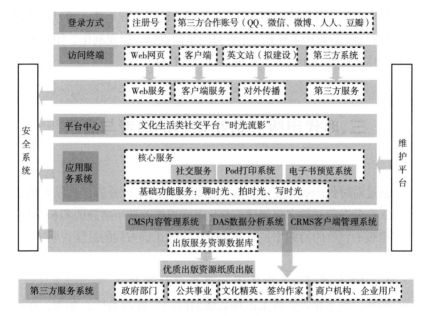

图2 时光流影的内部逻辑架构图

从图2中可以看出其基础功能与核心服务，或是资源数据库的设立均是围绕出版内容与资源的整合展开，强调了出版的内容特性。在登录方式、访问终端的多样化、集成系统和第三方服务系统的建立方面，达成了与新兴媒介全方位的轻松连接，传统出版与互联网的数字化互动更进一步。

而"POD"技术下的即时出版等核心业务实现了真正意义上的数字出版，"POD"产品融合计算机网络技术、数据库技术、印刷技术，整合了创作生产、编辑加工、自主排版、快速印刷、物流配送全产业链资源，实现了按需印刷，在国内尚属首例。有利于挖掘另一个出版潜在市场，满足大众小量、个性化的出版需求，创造新的出版经营模式和盈利增长点。①

———————

① 曹健敏 . 传统出版的新媒体融合与创新实践研究——以时代出版"时光流影"项目为例［J］. 编辑之友, 2015（07）.

目前"时光流影 TIMEFACE"3.0 版本已经上线运营，通过持续建设，"时光流影 TIMEFACE"平台将同平面媒体、影视制作、印刷发行以及实体店密切合作交流，实现再出版的目标。

三、时代出版"数字化"的思考与启示

通过对时代出版产业链在数字出版延伸的项目分析，可以看到传统出版企业在应对数字化阅读与文化消费习惯改变所实施的积极举措，数字出版的营收的持续增长是证明时代出版正确布局的最佳说明。

（一）"互联网＋"背景下加强数字技术嵌入

传统出版企业进入资本市场后依旧以内容资源为核心要素，在产业化、资本化运作过程中融入数字化技术，这种融合其实是传统纸质出版与现代数字产品的崭新领域，是对传统纸质出版活动的一种开拓。

目前我国的数字出版大多通过传统出版的延伸来实现，进而到信息服务商的蜕变，完成内容生产、网络技术、数字技术和营销渠道融为一体。这需要传统出版企业有着丰富的内容供给，为搭建数字化平台提供可能。时代出版在强大技术支持的支撑下，打造出了数字服务平台——时代 e 博，形成了从内容到服务的"一站式"出版运营模式。资源的整合与平台的搭建是传统出版重新规划发展路径必须考虑到的模块。它有助于产业链不同环节的企业优势互补，资源共享。对物流体系的信息化建设和发行渠道的网络化建设体现了时代出版对数字网络技术运用的驾轻就熟，全产业链的布局给予其他出版转型以参照。

"互联网＋"战略的提出契合传统出版转型发展的新需求，即全力推进按需印刷、知识服务、移动阅读、在线教育、跨界电子商务等新业态。互联网对产业链的全面渗透，已经从产业链初始的内容提供→出版商（传统/数字）→内容集成商→通信运营商→电子阅读器生产商的各环节，数字技术于出版来说，不再是单纯的技术支持，而是变革发展模式和推进全面升级转型的结构性力量①。

（二）利用"内容为王"实施资源双线开发

"互联网＋"的行业跟风使得各类网络销售平台、移动客户端等新兴媒介平台大量爆发，内容的重复供给导致分散化和不专业化后果。读者无重点无法产生用户黏性，出版方管理面临多头为大效率低下的困境，这是过分重视形式忽略内容的结果。文化企业的核心资源始终应围绕内容展开，新媒体的发展为服务提供优化，读者的本质需求是对知识和信息的获取。所以内容当成为出版企业在变化时代中可持续发展下去的源动力。

从时代出版在少儿教育板块的开发模式中：数字教育平台——相关电子产品——校园文化服务——教育机构的培育——衍生产品开发，我们不难发现其产业发展始终围绕本身最具优势的教育资源展开，"一条龙"为少儿教育服务打通上下链条，同时开发线下资源和潜在需求。全程数字技术的应用为其锦上添花，也是拓展产业链的不可或缺因素。线上线下双线并驾齐驱，辐射范围由省内到全国，紧密联系的上下游环节和配套的服务体系不仅为用户提供完备的体验，也激发了市场的潜在需求，刺激文化消费。

（三）优化平台设计与读者建立有效连接

当连接与服务逐渐成为传统出版行业融合数字化发展的关键所在，网络平台为服务提供了一个接口。对于前文提到的网络平台的多而不精主要集中在内容服务的单一、重复化上，本小节重点讨论网络平台的设计规划是与读者建立有效连接的重要突破口。美国学者尼尔·波兹曼认为不同的媒介符号影响受众对于意义的解读，特定内容只有搭

---

① 谢誉元，冯炜．"互联网＋"对出版行业发展的影响及对策［J］．编辑之友，2015（10）．

配多样的形式，才能引起受众的视觉关注。所以，网络平台在保证内容品质的同时需要配合新颖的用户界面设计、创新的设计策划结合富有视觉冲击力的色彩调和，才能打造出最符合用户期许的使用平台。①

"时光流影"作为时代出版倾力打造的互动社交平台，可以从终端选择、页面设计、读者互动三个方面解读它与读者建立的有效联系。首先，"时光留影"从 PC 端发展起步，到手机 APP 的上线，在 PC 端使用推广达到一定市场反馈的前提下，公司果断开发客户端 APP 适应当下用户群对移动互联的需要，二者相互补充，协同创新，给予用户最及时的体验；从使用界面的主页观察，整个界面简介大方，没有充斥过多文字的描绘，记录/整理/传承三个主题词清晰位于页面中央，做书的主功能让读者立刻发现其创意功能；主操作条的关系链接将读者延伸到相关策划、销售等平台，与读者的互动也自然延伸到线下体验等领域，显性化的表达为服务加分。

读者对出版的需要源于对信息的需求，数字媒介的使用促使传统出版作出改变。优质的服务，有效的平台，线上线下的相互呼应，创意的衍生是新环境下传统出版新的天地。

四、结　语

传统出版总量仍旧保持逐年攀升，但同比增长率却在逐年下降。新形势下，传统出版需要在原有板块中利用与数字出版的融合延伸产业链条，拓宽经营范围。同时要保持内容优势，通过审视企业核心竞争力，避免网络平台的错乱搭建，进而忽略"内容为王"的本质。

---

① 谢誉元，冯炜．"互联网＋"对出版行业发展的影响及对策［J］．编辑之友，2015（10）．

参考文献：

［1］茹家鹏．新媒体时代下传统出版单位的数字化转型探究［D］．河南大学，2013.

［2］王晓妍．时代出版传媒做"互联网＋"文化出版企业［N/OL］．中国出版传媒商报，2015－05－12（010）．

［3］王琦．探析数字出版人才培养模式——以安徽出版集团为例［J］．出版参考，2016，08：51～52.

［4］左健，孙辉．复合出版与传统出版社数字化转型［J］．中国出版，2010，08：44～48.

［5］林清发．项目带动数字出版转型发展——以时代出版传媒公司为例［J］．出版发行研究，2014，09：19～22.

［6］陈少峰．以文化和科技融合促进文化产业发展模式转型研究［J］．同济大学学报（社会科学版），2013（01）：55～61.

［7］荣霞，王江，刘建平．基于 IDEF 模型的供应链战略联盟的构建［J］．昆明理工大学学报（理工版），2006（04）：108～112.

文化产业资产证券化探究

——以电影产业为例

江　湉①

摘要： 文化产业今年一直保持快速发展，一方面离不开政策的支持，另一方面也得到了金融支持。除传统的银行贷款、股票融资等融资方式外，文化产业进行了很多金融创新。2015 年随着资产证券化注册制、备案制的实行，电影产业借助政策利好相继出现三单票房收入资产证券化产品。选取电影产业为例，通过中外电影产业中资产证券化的案例分析，找到资产证券化在文化产业应用的问题和发展前景，对文化产业运用资产证券化进行融资具有重要的现实意义。

关键词： 文化产业；资产证券化；电影产业

文化产业近年一直保持着较快的发展速度。2016 年上半年文化产业虽然受到宏观经济影响，增速降至 7.9%，但是仍然比上半年 GDP 增速快 1.2 个百分点②。2016 上半年来，面对经济下行压力，文化及相关产业 10 个行业营业收入仍然实现增长，文化服务业快速增长。文化产业的快速发展离不开金融的支持，除传统的信贷、股票等金融形式外，借助资产证券化的政策利好，文化产业进行了

---

① 江湉，华东政法大学文化产业管理专业 2014 级研究生。
② 国家统计局. http：//www. stats. gov. cn/tjsj/sjjd/201609/t20160902_ 1395871. html [OL] [2016 – 09 – 02].

资产证券化方面的探索和创新,已有一些证券化产品通过相关交易平台或者证券交易所挂牌。

一、资产证券化相关概念

资产证券化是一种结构化金融形式,是以特定资产组合或特定现金流为支持,发行可交易证券的一种融资形式。资产证券化的过程是将资产池转化为一个或者多个资产支持证券。与传统抵押借贷的融资方式不同,资产证券化的最终结果是发起人能够通过出售资产而不是借款来获得资金。资产证券化过程比较复杂,主要涉及的当事人有发起人、特定目的机构或特定目的受托人(SPV)、资金和资产存管机构、信用增级机构、信用评级机构、承销人、证券化产品投资者。

发起人,是证券化基础资产的原始所有者,如文化企业中持有票房收入应收账款的债权人。

特定目的机构或特定目的受托人(SPV),是一个专为隔离资产池信用风险和发起人信用风险而设立的特殊实体。它是接受发起人转让的资产,或受发起人委托持有资产,并以该资产为基础发行证券化产品的机构。

资金和资产存管机构是信誉良好的金融机构,主要负责保证资金和基础资产的安全,如我国的商业银行。

信用增级机构,一般是除SPV以外的第三方机构,主要提供某种形式的担保。

信用评级机构,由专门的经济、法律、财务专家组成的、对证券发行人和证券信用进行等级评定的组织。

承销人,是指负责证券设计和发行承销的投资银行。

证券化产品投资者,是购买发行后的证券化产品的持有人。

二、资产证券化的操作流程

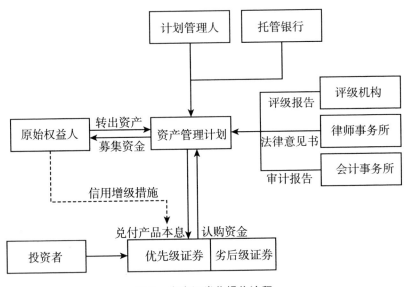

图1 资产证券化操作流程

资产证券化的具体操作流程因每个项目不同而有繁简，此处讨论一般的操作流程。

首先是选择证券化的基础资产，基础资产一般是缺乏流动性但是有预期稳定现金流的资产。目前，可用于资产证券化的基础资产有很多，如公共事业收费收益权、融资租赁合同债权、应收账款合同债权、物业租金债权等。文化产业中，除广泛存在这几类基础资产外，还有电影院票房、文化园区门票收入也是可以作为证券化的基础资产。但是由于文化产业的资产定价模式和方法尚不成熟，可能导致基础资产的现金流不稳定，就需要进行特殊的构架产品。如后文将援引的星美国际影城信托受益权资产支持计划中，就通过信托的渠道，将 23 家星美国际影城在一定时间段内的票房收益集合成一个信托计划，辅之以担保，然后将此能够产生稳定现金流的信托受益权作为证券化的基础资产。选择基础资产之后，发起人需要测算现金流，设计产品结构，同时外部的评级机构、律师事务所和会计师事务所需要实地调查该资产，并出具客观、独立的第三方专业意见。

然后是 SPV 的设立。参照各国的资产证券化实践和相关立法，SPV 的法律形态主要有信托、公司、有限合伙三种，适合我国国情的 SPV 主要是信托和公司。当 SPV 设立之后，发起人将基础资产通过"真实出售"①的方式出售给 SPV，如此 SPV 购得基础资产，就将发起人和基础资产之间实现破产隔离，以保证证券交易安全和维护投资者的利益。

之后，信用增级机构或者发起人内部进行增级，提高所发行证券的信用级别。信用等级越高，发行证券对应的资金筹集成本就越低。当增级完成，评级机构就会对证券化的产品进行评级并且公布，供投资者参考。一般来说，经过增级之后的产品评级比发起人自身评级要高，良好的评级提高了产品的吸引力。

在证券化产品信用增级和评级结果公布之后，由承销商负责向投资者销售资产支持证券，销售的方式可采用包销或代销。公开销售的证券产品可以在交易所和银行间挂牌转让和交易，如星美国际影院信托受益权资产支持专项计划就在深圳证券交易所挂牌上市。

SPV 从承销商处获取证券发行收入后，按约定的购买价格，把发行收入的大部分支付给发起人。至此，发起人的融资目的基本完成。

此外，发起人还要指定一个资产管理公司或者自己担任管理人，负责收取、记录由资产池产生的现金收入，并将这些收款全部存入托管行的收款专户。托管行按约定建立积累金，交给特设信托机构，由其对积累金进行资产管理，以便到期时对投资者还本付息。

---

① 真实出售，即出售后的资产在发起人破产时不作为其法定财产参与清算，资产地不列入清算范围。

三、资产证券化的起源与发展

资产证券化起源于 20 世纪 70 年代美国的住房抵押贷款证券化。1929 年美国经济大萧条之后，美国出现严重的住房危机，于是联邦政府介入住房领域。1937 年，联邦政府通过《美国住房法》，住房建设作为一项独立且长期的措施被通过，从而极大地增加了住房市场的供给能力。由于房价很高，一般人无法一次性付款而需要向银行贷款。为解决美国住房贷款的金融市场运作问题，美国开始设立三大住房政府资助企业（GSE）即房利美①、房地美②、吉利美③，目的是盘活银行资产的流动性，降低银行贷款期限错配的风险。"二战"之后，美国触发了婴儿潮，到 1970 年，为解决婴儿潮带来的庞大购房资金需求，由吉利美发起、联邦住宅局提供保险、退伍军人局提供保证担保的吉利美转付债券诞生。之后，房地美、房利美也先后发行住房抵押贷款资产支持债券（MBS）。

在不动产领域成功运用资产证券化技术发行债券之后，金融界将资产证券化技术扩展到其他领域中。1985 年 5 月，美国将住房贷款证券化移植到汽车贷款之上，资产证券化的标的也从信贷资产扩展到固定资产等非债权领域。之后，资产证券化标的又纳入了信用卡贷款、学生贷款、租赁租金等。

除美国之外，世界其他国家也相继发展资产证券化。20 世纪 80 年代，资产证券化由美国传入欧洲，目前欧洲已成为除美国之外

---

① 美国联邦国民抵押贷款协会（Federal National Mortgage Association，简称 Fannie Mae，即"房利美"）.

② 联邦住房贷款抵押公司（Federal Home Loan Mortgage Corporation，简称 Freddie Mac，即"房地美"）.

③ 政府国民抵押协会（Government National Mortgage Association，简称为 Ginnie Mae，即吉利美）.

的第二大资产证券化市场。亚洲资产证券化的整体发展较晚，1997年亚洲金融危机的发生真正加速了资产证券化发展。日本是亚洲资产证券化发展最早、市场规模最大的国家，有比较完善的金融结构和法律规范。

四、国外文化产业资产证券化案例

美国房地产市场成功的资产证券化让金融从业者开始在其他领域尝试证券化操作。1997年英国摇滚巨星大卫·鲍伊在美国以其现有和未来发行的专辑的许可费作为担保，发行了一笔总规模5500万美元的债券。这是世界第一笔知识产权证券化的案例，也开启了文化产业资产证券化的发展。之后，资产证券化被运用在电影、主题乐园、体育赛事门票等文化产业领域。虽然相较传统住房、汽车等市场，文化产业资产证券化的份额还占比较小，但是发展迅速，极具潜力。

（一）鲍伊债券

谈及文化产业资产证券化不得不提到鲍伊债券。大卫·鲍伊是英国著名的摇滚明星，在2000年被NME杂志获选为20世纪最具影响力的艺人。大卫·鲍伊被称为"摇滚变色龙"，他擅长顺应市场变化对音乐风格进行新的尝试和突破，音乐理念游走于民谣、迷幻、庞克、摇滚、电子乐，并结合电影、舞台剧与佛学概念、超现实主义。大卫·鲍伊除了在音乐上极高的成就之外，1997年以他25张个人专辑的版权作为担保发行的鲍伊债券更是世界上第一个将版税证券化的金融产品。

90年代，鲍伊同时遭遇了事业低潮期及与政府之间的税务纠纷问题。此时，鲍伊通过经纪人与法内斯托克公司（Fahnestock & Co.）的大卫·普尔曼（David Pullman）合作，为其融资解困。鲍伊债券最后全部被保诚人寿美国公司（Prudential Insurance Company of America）购买，由于交易为面向机构投资者的私募交易，所以具体的财务细节很少。据公开资料，鲍伊债券为 7.9% 的固定收益债券，为期十年。同期的 10 年期国库券利率为 6.37%，鲍伊债券的收益率有一定优势。鲍伊债券以大卫·鲍伊 1990 年以前录制的 25 张音乐专辑作为抵押资产，以这些唱片未来产生的销售和使用版权费、许可使用费收入作为还款来源，总规模为 5500 万美元。百代唱片公司（EMI）用 15 年的大卫·鲍伊唱片经销权作为担保。大卫·鲍伊暂时地将自己的版权转让给 SPV，以保证现金流的归集和债券的偿还，十几年后这些版权将回归大卫·鲍伊所有。鲍伊债券成功地为大卫·鲍伊解决融资问题，提前拥有的现金可以用于音乐创作或者其他领域投资。

鲍伊债券的成功主要归功于他本人对版权的保留以及发行债券的时机。大卫·鲍伊不与特定的唱片公司签约，往往是自己创作、表演，所以他对大多数作品独立地拥有版权。这些权利包括了再版自己的唱片、制作衍生作品、出售或者出租版权作品、公开表演版权作品、通过播放器公开的播放版权作品等。这些权利所产生的现金收入都构成了鲍伊债券的现金流来源。另外，债券发行的 20 世纪末恰逢华尔街对奇特产品兴趣升温之际，并且在 MP3 等数字设备以及互联网导致实体音乐唱片销量暴降之前。1997 年发行伊始，穆迪评级给鲍伊债券 A3 的较高评级，这个评级建立在被证券化的资产历史现金流、出版商或其他同等因素以及结构内部的特征①的基础上。而到了 2004 年鉴于唱片销量的下降以及担保方的评级下降，鲍伊债券的评级也被调低至 BAA3。但是仍然属于投资级债券，持有方并没有交易债券而是选择持有到期。

鲍伊债券之后，陆续又有歌手、词曲作者等音乐产业从业者加

---

① Borod R S. An Update on Intellectual Property Securitization [J]. Journal of Structured Finance, 2005, 10 (4): 65~72.

入音乐版权资产证券化之中。鲍伊债券的成功发行，将原本局限在住房按揭贷款、汽车贷款等领域的资产证券化扩展到知识产权领域，为文化产业从业者和企业开拓了一条新的融资途径。

(二)电影版权证券化

鲍伊债券发行之后，电影版权证券化产品也逐渐产生，比较著名的就是梦工厂的电影版权证券化。梦工厂由史蒂文·斯皮尔伯格、杰弗瑞·卡森伯格和大卫·格芬于 1994 年成立，美国排名前十位的一家电影洗印、制作和发行公司。为增强其卡通影片和实景影片的制作和生产能力，在 1997 年梦工厂用 14 部电影作为基础资产，发行证券进行筹资；2000 年，又在资产组合中加入 24 部制作中的电影，发行了总额约 5.56 亿美元的证券。继 1997 年和 2000 年两次发行之后，梦工厂再度于 2002 年用其旗下 36 部影视作品的版权收益权进行了第 3 次证券发行，共募集资金 10 亿美元，为七年期的浮动利率债券，用于动画片和电影制作。梦工厂选择进行资产证券化的电影有诸多卖座电影，比如《拯救大兵瑞恩》《美国丽人》和《怪物史莱克》。

梦工厂资产证券化的基础资产为很多影视作品收益权打包而成资产池，多部影视作品打包而成的资产组合可以降低资产池因其中某部电影上映之后票房成绩不佳，而导致资产支持计划整体失败的风险。此外，梦工厂对入选的影视作品也进行了单个筛选，当某部电影在美国国内上映 8 周，其赢利能力充分展现出来之后，电影版权的收益权才会被转让给 SPV[①]。

梦工厂通过成立独资公司 Dream Works Funding LLC 来设立特殊目的机构，将电影收入权利转给 SPV，梦工厂转让的收入权利虽然只包含海外市场的收入权利，但是经过标准普尔的测算，基础资

---

① 冯浩庭. 智慧财产权证券化之研究 [D]. 国立政治大学智慧财产研究所硕士学位论文，2004.

产的风险仍然完全转移给 SPV 不会受到发起人破产的影响。此外，由于梦工厂的基础资产池中纳入了未完成拍摄的电影，所以交易结构中还加入美国市政债券保险集团（Ambac①）提供的完片担保保险。完片担保主要负责监督并保证制片人按规定的时间和预算完工，对于投资人来说是一种有利的收益保障。此外加上 JP 摩根集团提供的 5 亿美元流动性贷款共同为证券化产品提供增信支持。标准普尔和穆迪都给梦工厂此次证券化发行的债券最高的"AAA"投资级别。梦工厂发行的证券由九家银行通过私募的方式购得。

梦工厂三次成功发行电影票房证券化产品给电影行业树立了标志性的典范。1996～2000 年，美国电影行业完成了近 79 亿美元的证券化业务，相关业务主要来自电影制作领域，很多著名电影厂商参与其中，如福克斯、派拉蒙、索尼、梦工厂、华纳兄弟、环球等②。

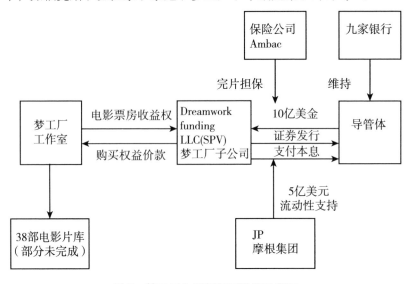

图 2　梦工厂电影版权证券化示意图

---

① 全称 American Municipal Bond Assurance Corporation.
② 刘冠德. 美国文化创意产业证券化制度研究［J］. 商业时代, 2014（12）：132～133.

五、我国文化产业资产证券化案例——以电影产业为例

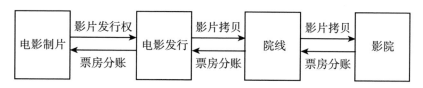

图3 电影产业链

我国从 2015 年起相继有三单以影院票房收入为抵押的资产证券化产品在证券交易所上市。与美国不同，我国的电影产业的资产证券化业务主要集中于产业下游的院线。这里以国内第一单票房收入资产证券化产品为例。

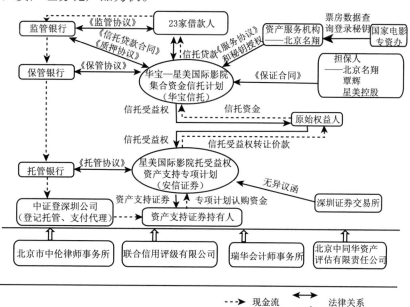

　　星美国际影城信托受益权资产支持计划是国内第一家以票房作为抵押成功发行的资产证券化产品①，并在深圳证券交易所挂牌上市。此计划的交易结构如下。首先，设立华宝－星美国际影院集合资金信托计划，原始权益人将 13.5 亿元委托给华宝信托，华宝信托将此资金通过信托贷款，借给 23 家借款人。此 23 家借款人为中国大陆各地的星美国际影院，借款用于拓展影院业务。23 家借款人的实际控制人覃辉、星美控股及北京名翔为借款人的信托贷款提供不可撤销连带责任保证。根据协议约定的不同利率，信托贷款采用一次性放款，按年计算需偿还的利息，分月支付的方式。如此，可以保证信托计划的现金流收益稳定。当原始权益人获得信托受益权之后，计划管理人安信证券设立星美国际影院信托受益权资产支持专项计划。专项计划发行的资产支持证券分为优先级资产支持证券和次级资产支持证券，募集资金分别为 1.25 亿元和 1 亿元，优先级资产支持证券又分为五个档次，其期限和利率各有不同。专项计划在深证交易所挂牌上市之后，合格投资者就可以申购。当资金募集足额，专项计划募集的 1.35 亿资金将用于购买原始权益人的信托受益权，之后原始权益人将出售受益权所得资金委托给华宝信托进行发放信托贷款。整个信托受益权资产支持计划的主体交易结构大致完成。

　　在这个信托受益权资产支持计划中，采用了三种增信措施：以质押担保、北京名翔（作为担保人）、覃辉及星美控股保证担保、信托业保障基金、优先级/次级产品结构分层机制，三种增新措施有不同的触发条件，层层递进。其中最主要、首先起作用的就是 23 家星美国际影院的未来票房收入的质押担保，涵盖了 2015 年 6 月至 2019 年 12 月五个特定期间的票房应收账款。所质押的票房收入

① 香港交易所. 自愿公告 国内第一家以票房作为抵押成功发行的资产证券化产品于深圳证券交易所上市的最新消息［2016 - 09 - 23］. http：//www. hkexnews. hk/listedco/listconews/SEHK/2015/1019/LTN20151019278_ C. pdf.

一方面进行了现金流的估算，一方面进行了还款来源的特定化。现金流的估算主要通过总座位数、平均放映场次、平均上座率、营运天数和平均票价等因素估算，根据计划说明书显示，2012 年以来，23 家借款人所有的影院平均放映场次逐年增长，平均上座率也稳步提升，平均票价稳中有升，随着纳入专项计划影院区域影响力的建立、星美控股品牌认可度的提高，影响专项计划存续期间票房收入对应现金流的主要因素仍具有一定的上升空间。此外，通过压力测试，质押财产产生的现金流对优先级资产支持证券偿付保障程度良好。票房收入的特定化是指根据原国家广电总局 2003 年颁发的《关于加强售票系统及影院管理的通知》①的规定，影院只能通过计算机售票系统出票，并依据统计的日报表再经各检票柜台员工留存票根复核后确定当日的票房收入。23 家星美国际影院使用的鼎新影院计算机售票管理系统已通过国家电影专资办的审核，数据具有权威性、真实性。

影院的未来票房收入相比单部电影的票房更加稳定且可预计，并且也是影院资产的重要组成部分和收入来源。传统的抵押贷款需要的抵押物是符合法律规定的有价值和使用价值的固定资产，如房屋和其他地上建筑物、交通运输工具、机器设备，或者可以流通、转让的物资或财产。对于影院来说，一般并非拥有影院所在地产，往往采用租赁的方式，如 2009 年的统计数据，全国票房前 10 名院线中八家为租赁地产，仅有万达院线和金逸珠江院线为自有地产。即使像万达院线这样依靠自己母公司商业地产铺开影院建设的院线，其"影院所在物业全部采取租赁方式取得"②，也即租赁万达的自有物业。地产是抵押贷款主要的抵押物之一，而影院并没有所

---

① 广影字〔2003〕第 145 号。

② 中国证券监督管理委员会网站．万达电影院线股份有限公司首次公开发行股票招股说明书．http：//www.csrc.gov.cn/pub/zjhpublic/G00306202/201404/t20140421_247443.htm．

在地产的物权，从而缺少价值高的固定资产向银行进行抵押贷款。影院的主要收入即票房收入，其价值高且相对稳定，且根据历史数据可以作出一定的预测和推算，但是银行往往会因为坏账率的考虑选择更为稳妥的抵押物进行贷款，而不选择类似票房受益权这样的权益。这次资产计划突破之处就在于成功地将未来票房收入作为质押资产，获得了足额的信托贷款以支持企业自身的发展计划。资产支持计划在建立过程中对票房收入这样的无形资产的估算、评价可以给其他同类型的文化企业提供借鉴和参考。

此外，按《信托贷款合同》约定，星美国际影院此次资产支持计划的信托贷款拟暂定年化利率为 10%。目前，我国中小企业的融资难，融资成本高的问题仍然存在，比如 2015 年 6 月，审计署抽查银行对 415 家中小企业的 268.11 亿元贷款，利率上浮幅度最高 75%。尽管人民银行一再降低了贷款基准利率，但是由于中小企业贷款的风险较高，相对应的利率也就高。如果没有适当的抵押物或者存款，中小企业很难向银行获得贷款。而如果进行民间借贷融资，成本往往在 15% 以上。以反映民间融资价格水平的"温州指数"为例，2016 年第一季度和第二季度综合利率为 18.67%、17.90%。星美国际影院此次资产支持计划中的信托贷款为期五年，平均利率只有 10%，融资利率低于市场平均水平。

星美国际影院信托受益权资产支持计划于 2015 年 6 月成立，2016 年 6 月进行了跟踪评级，优先级 1 至 5 档仍然保持 AA + 的评级。受益于中国电影市场的快速发展，加之星美国际影院自身的良好管理，23 家借款影院的直营业务收入增长较快，基础现金流表现优于预期，对优先级计划起到了很好的偿债保障作用。而有较高的评级，相应的利率就可以定的较低，企业的融资成本就能持续保持在一个较低的水平，能够将更多的累积利润投入发展业务之中。此次资产支持计划稳定的跟踪评级也给其他同类文化企业树立了一个很好的范例，具有很强的代表性和借鉴意义。

六、中国文化产业资产证券化发展展望

中国文化产产业的金融创新一直不断。2011 年以天津文交所为样板的类证券化艺术品交易在艺术品金融市场引发了一场大涨大跌的风波，后经国家叫停，各地的文交所纷纷转型整改。彼时虽然文化产业政策文件中已提到鼓励文化企业利用资产证券化进行融资，但限于国家还未出台明确资产证券化操作相关文件，还处于试点中，文化产业资产证券化一直没有实例。2012 年中央文化企业国有资产监督管理领导小组办公室发布研究报告《艺术品份额化交易为何被叫停——以天津文交所艺术品份额化交易存在问题为例》对文交所份额化交易与资产证券化之间的区别作出了解释。这份报告也为资产证券化正名，从理论上作出了区分。

2015 年，随着银监会、中国人民银行相继发布公告实施资产证券化的备案制、注册制，资产证券化的市场发行日渐常态化。文化产业中，电影产业的金融创新开始活跃起来。2015 年，在电影产业链的上游即制片和发行环节也借用资产证券化的操作手段进行了金融产品的创新和设计。以《叶问 3》为例，《叶问 3》以基金为通道，借助互联网金融 P2P 平台，吸引散户投资者来购买以票房收入为抵押的金融产品。原本的设计应当说有足够的创新性，扩大了电影金融产品的投资者范围。但是《叶问 3》的融资方却通过票房的造假，希望虚高的票房带动股价的上升在二级市场获利，违背了正常的文化市场秩序和规律，造成了不良的影响。通过前文对美国电影产业的介绍，美国电影产业资产证券化的基础资产包都会纳入数部电影，以降低整体风险，而中国电影产业往往针对一部电影设计证券化产品，风险就会高得多。

当电影产业上游资产证券化进行得不顺利时，下游的放映院线却遇到了发展良机。一方面，面对中国电影市场的快速发展，这些院线希望能够融资以支持影院建设；另一方面，院线的现金流来源多样化也更稳定，除电影放映外，电影周边、零食饮料及相关服务的售卖也占据了一定比例的收入，这些收入的历史数据也能查询并可以通过数学模型进行预测。除上文的星美国际影城之外，大地影院、今典影院相继发行了自己的资产证券化产品并在证券交易所挂牌上市。

"创意之父"约翰·霍金斯曾经说过，创意市场是比较难把握的，文化创意企业没有大的厂房、设备可以做抵押，融资很难。但是资产证券化对于文化产业，可以解决文化企业无形资产抵押难、融资难的问题。随着《文化企业无形资产评估指导意见》等政策的落实，文化产业诸如版权、票房收入权益等无形资产将能得到科学的评估，并通过资产证券化的方式为企业进行融资。

未来，中国电影产业不论上游还是下游仍然离不开金融支持。资产证券化作为一种有力的金融工具，给文化企业的融资带来了低成本的途径。并且拓宽了融资抵押物的范围，文化产业的核心资产——版权等无形资产也能通过评估定价作为抵押物进行融资。这对电影制作公司、放映院线等不占有高价值固定资产的文化企业来说大有裨益。星美国际影城等三家院线的资产证券化产品给文化企业提供了一个很好的融资样板，电影拍摄和发行环节相信经历过试错阶段，也能找到更好的产品设计和风险防范手段，能够通过资产证券化找到融资途径。

参考文献：

[1] 国家统计局 . http：//www. stats. gov. cn/tjsj/sjjd/201609/t20160902_ 1395871. html. ［OL］［2016－09－02］.

[2] 美国联邦国民抵押贷款协会（Federal National Mortgage Association，简称 Fannie Mae，即"房利美"）.

[3] 联邦住房贷款抵押公司（Federal Home Loan Mortgage

Corporation，简称 Freddie Mac，即"房地美"）.

［4］政府国民抵押协会（Government National Mortgage Association，简称为 Ginnie Mae，即吉利美）.

［5］高蓓，张明，邹晓梅. 资产证券化的国际经验［J］. 中国金融，2014（10）：50～51.

［6］Borod R S. An Update on Intellectual Property Securitization［J］. Journal of Structured Finance，2005，10（4）：65～72.

［7］冯浩庭. 智慧财产权证券化之研究［D］. 台湾政治大学智慧财产研究所硕士学位论文，2004.

［8］全称 American Municipal Bond Assurance Corporation。

［9］刘冠德. 美国文化创意产业证券化制度研究［J］. 商业时代，2014（12）：132～133.

［10］香港交易所公告文件. 自愿公告 国内第一家以票房作为抵押成功发行的资产证券化产品于深圳证券交易所上市的最新消息，http：//www. hkexnews. hk/listedco/listconews/SEHK/2015/1019/LTN20151019278_ C. pdf.

［11］广影字〔2003〕第 145 号.

［12］中国证券监督管理委员会. 万达电影院线股份有限公司首次公开发行股票招股说明书. http：//www. csrc. gov. cn/pub/zjhpublic/G00306202/201404/t20140421_ 247443. htm.

电影院线经营模式及其启示研究

——以万达电影院线为例

孟　娜[①]

摘要： 随着 2002 年院线制改革的推行，使中国电影发行从原本的"统购包销"计划经济方式，转变为自由竞争的市场化经营方式，中国的电影放映市场发生了质的变化。而成立于 2005 年的万达电影院线，如一匹黑马在院线制改革中脱颖而出，成为目前全国银幕数、票房收入、市场份额均排名第一的电影院线。万达电影院线隶属于万达集团，是名副其实的民营资本商业院线。其爆发式的发展模式不仅为电影圈注入新鲜血液，同时也为电影放映的研究提供了鲜活案例。本文将运用战略管理视角，将中国电影院线制的发展作为线索，以万达电影院线为例，着重运用案例分析和逻辑分析的方法，以小见大，归纳出万达电影院线对中国电影产业发展的启示。

关键词： 电影院线；院线制；万达电影院线；发展模式；启示

一、中国电影院线的发展历程与概述

（一）我国电影院线的发展历程

中国最早的电影院是 1908 年西班牙人雷玛斯在上海建立的虹

---

① 孟娜，华东政法大学文化产业管理专业 2015 级研究生。

口大戏院。但由于政治、经济、科技等外部和内部因素的共同影响下，中国的电影院的发展极其缓慢，且仅集中在上海、北京等经济相对发达的地区。因此，中国电影院的发展从建国后才逐渐有了质的飞跃。其主要分为四个时间阶段。

1. 中华人民共和国成立初期

1949 年至 1966 年，中国处于建国初期。全国人民工作和生产热情高涨，电影行业也不例外。从事电影工作的人数增加，同时人们创作的作品也日渐丰富。在政策的扶持下，电影放映也可以顺利进行，一度出现人们的观影热潮。但是，受计划经济的影响，电影的发行和放映也采取了计划经济的管理模式，带有浓重的行政管理的色彩。国务院于 1963 年批准的《关于改进电影发行放映管理体制试行方案》强调中国电影发行公司有权买断发行制片厂生产的影片，更加印证了这一点。[①]

2. "文革" 时期

1966 年至 1976 年，中国处于"文革"时期。"文革"十年的惨痛教训带给中国的不仅是经济的落后，更是文化发展的停滞。电影的创作严重受挫，十年中仅有几十部的电影产量。无发行、无放映、无制度的环境，使众多电影公司和电影院濒临倒闭。因此，文革十年对于电影行业的打击丝毫不亚于任何其他行业。

3. 改革开放时期

1978 年十一届三中全会恢复了电影的发行放映体制。虽然重新恢复了中影公司发行的管理地位与文革前无异，但是国家也通过颁布一系列法律法规、行政条例来改善电影发展环境，如提高各层级电影发行放映机构的利润；银行可以援建电影院；实施"二八政策"（20% 上缴财政，80% 用于发行放映基金）。[②]

1984 年电影业按照国家城市经济体制改革被规定为企业性质，

---

① 刘汉. 回望与期待：电影院线制改革十年的思考 [J]. 当代电影，2012（6）.
② 包仪华. 中国电影院线发展策略研究 [D]. 中国电影艺术研究中心，2013.

独立核算、自负盈亏、缴纳税收。1993 年出台的《关于当前深化电影行业机制改革的若干意见》和《电影行业机制改革方案实施细则》规定，制片厂生产影片后可以直接把影片销售给省及以下的电影公司，完全脱离中影公司，并与发行部门实行发行收入分成。但是尽管如此，1995 年电影产量不足 100 部；1998 年全国电影票房达到了 8 亿人民币的历史最低点，全国放映的影片 60% 都是外国电影。① 电影行业的改革已经势在必行。

4.2002 年至今

广电总局和文化部 2001 年颁发《关于改革电影发行放映机制的实施细则》，规定"院线制代替原有层级发行制"。2002 年起，全国强力推进院线制成为电影放映的主要机制。

院线制的推行，使电影行业市场化，市场自由度、透明度和竞争力逐渐提升，影院数量、银幕数量和院线数量都实现了激增（见图 1）。②

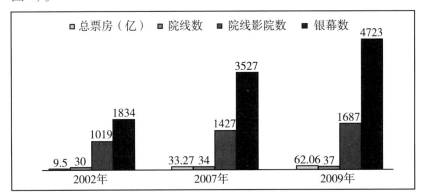

图 1　院线制改革以来中国院线发展变化

（数据来源：中国数据网）

如图 1 所示，2002 年电影市场共有 30 条院线（其中 11 条跨省院

---

① 刘汉．回望与期待：电影院线制改革十年的思考［J］．当代电影，2012（6）．
② 数据来源：中国数据网．http：//www.thebigdata.cn/．

线，19条省内院线）。2004年增长为35条院线，影院数达1188家，银幕数超过2296块。2007年电影界发生了较大的变化，总票房堪比2002年的3倍之多，银幕数也是翻一倍。2009年总票房更是高达62.06亿元，银幕数增至4723块。电影发行放映机制正在发生翻天覆地变化，院线制逐渐成熟，其带动的中国电影产业也在迅速崛起。

（二）中国电影院线现状

1. 影院数和银幕数

随着电影的发展、技术的进步和规模的整合，全国电影院数量不断增加，银幕数也在增长，院线的整体实力不断增强。据统计2014年全国影院数量超过2000家，年度票房超过200万的影院数高达730家。

如图2所示，2010～2014年，影院数和银幕数都成不断上升状，影院数增幅大于银幕数的增幅。影院数量增长率仍不断增加，但银幕增长率已经连续三年呈下降趋势。以2014年为例，新增影院1202家，累计银幕数为5785块；新增银幕4297块，平均每日新增11.7块，全国累计银幕24304块（见图2）。①

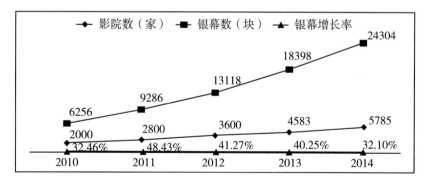

图2　2010～2014年全国影院数及银幕变化数

（数据来源：EBOT艺恩日票房智库）

① 数据来源：EBOT艺恩日票房智库. http://www.199it.com/archives/439600.html.

2. 院线排名

中国院线数量从 2002 年的 30 条已增至 2013 年 46 条，并且渐趋饱和。作为电影的放映终端环节，享有较高的票房利润分成，院线曾一度掀起投资热，大量民营资本的涌入，市场化竞争日益激烈。如今，院线发展中实力对比日渐透明化、全面化、多元化（见表 1）。①

万达院线、中影星美、上海联合院线、中影南方新干线、广州金逸珠江等院线在院线票房排行榜中群雄割据，其中万达院线更是连续 5 年位居榜首。虽然老牌院线排名高居不下，但是新兴院线也在伺机突破重围，如大地院线便在短短 5 年内厚积薄发、火速发展，于 2014 年跻身票房前三甲。

表 1　2010～2014 年院线票房 TOP5

排名	2010 年	2011 年	2012 年	2013 年	2014 年
1	万达院线	万达院线	万达院线	万达院线	万达院线
2	中影星美	中影星美	上海联合院线	上海联合院线	中影星美
3	上海联合院线	上海联合院线	中影星美	中影星美	大地院线
4	中影南方新干线	中影南方新干线	中影南方新干线	大地院线	上海联合院线
5	北京新影联	广州金逸珠江	广州金逸珠江	中影南方新干线	广州金逸珠江

（数据来源：EBOT 日票房决策智库）

3. 院线分布城市

据统计，院线分布在全国已达 20 多个省、市、区，共拥有影院数多达 3000 多家，近万块银幕，占据全国主要票房比例。其分布范围多集中于经济发达的一线城市，如广州、上海、北京等地。从票房贡献率来看，上海、北京城市的票房收入仅次于广东省、浙江省、江苏省，

---

① 数据来源：EBOT 艺恩日票房智库. http：//www. 199it. com/archives/439600. html.

更是远超于中、西部等省份（见图3）。①

　　但是，随着电影在全国的普及，电影院基础设施建设逐渐完备，二三线城市院线也随之发展壮大。曾经一线城市占据的票房半壁江山，如今已然不在。2013 年，城市票房收入比例为：一线城市占 25% 左右，其他城市占 75% 左右。② 由此可知，全民观影的时代已经来临，一线城市市场虽然趋于饱和，但院线将会在二三线城市越来越普及。

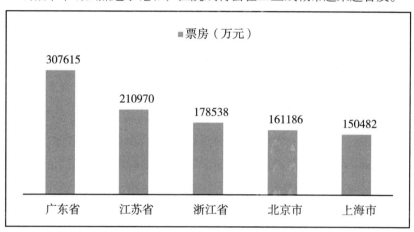

图3　2014 年 1 ~ 9 月票房收入前五名地区
（数据来源：国家新闻出版广电总局信息中心）

（三）中国电影院线存在的问题

1. 行政色彩浓厚

　　院线制的施行依赖于自上而下的行政措施和政治保障，因此带有浓重的行政色彩。其实施之初，挂牌经营的院线多为原省、市院线改组而成，仍以行政区划区别开来。由此可见，大多数的院线仍然是徒

---

　　①　数据来源：国家新闻出版广电总局信息中心．http：//www. sarft. gov. cn/.
　　②　徐海龙．从波特竞争战略看国内电影院线的发展形态［J］．现代经济探讨．2008（1）．

有其表，其所有权和产权十分复杂，带有浓重的行政干预色彩，并不利于院线自身发展的规模扩大和产业融合。

2. 同质化现象

目前全国运营的多达 40 多条院线，使电影放映市场的竞争越发激烈的同时，也带来了服务同质化现象的问题。从软件来说，由于电影制作环节的欠缺，国产影片的产量并不能满足建设迅速的电影院的需求，出现供不应求、片源重复等问题。① 多条院线同时排大片的现象已经屡见不鲜。从硬件来说，影院的基础设施建设、内部装修和基本服务也都不尽相同。因此，同质化现象将成为未来院线竞争需要突破的一大瓶颈。

3. 院线区域分布不均

从院线分布的城市来看，我国电影院线主要集中分布在一线城市，并且排名靠前的几大强势院线也多选择在此投资。之前如果说影院分布不均多由于经济、人口、交通等客观因素的话，那么现在在团购、网上抢票、1 折电影票等互联网的科技推动下，一线城市票房贡献率更会逐年攀升，与二三线城市拉开更大的差距。

二、万达电影院线简介

（一）发展历程

2004 年，以住宅和商业地产为主要产业的大连万达集团，斥巨资1 亿多元建造了 5 家电影城，分别为：天津万达电影城、南宁万达电影城、武汉万达电影城、哈尔滨万达电影城、大连万达电影城。这五

---

① 徐海龙. 从波特竞争战略看国内电影院线的发展形态［J］. 现代经济探讨,2008（1）.

家电影城的横空出世，标志着万达企业开始向电影市场进军。

同年万达与华纳兄弟国际影院公司签署双方合作协议，共同建设华纳万达国际影院。虽然合作仅持续了 1 年，但正是在这短短的 1 年间，华纳不仅协助万达在其商业广场增设电影院，更重要的是提供了管理经验、影院设计、营销技能和放映技术支持等一系列重要技术储备。① 这也是当万达取代华纳公司接管万达所有影院经营权时可以独当一面的重要原因。

2005 年 1 月 20 日，国家广电总局批准成立万达院线。自此，万达与华纳正式分家，也随即开启了自主开发经营的自有品牌新时代。2009 年，万达影院数达 50 家左右，银幕 400 块，全年票房收入 8 亿，占票房份额 15%，首次问鼎票房冠军，并且蝉联至今。②

万达院线从 2008 年至 2013 年的影院增长率和银幕增长率均在连续攀升（见图 4）③。由图可知，2011 年万达院线影院数突破百家，2012 年银幕数突破千块。2013 年影院数达 142 家，银幕数达 1247 块。因此，从这些数据中也可以看出，万达院线建设速度之快、劲头之强劲。

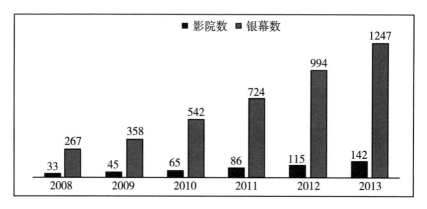

图 4　2008～2013 年万达院线影院数量增长

（数据来源：国家新闻出版广电总局信息中心）

---

① 张玲. 万达电影之路对我国电影产业发展的启示［J］. 当代电影，2014（5）.
② 王然. 万达院线秘诀［J］. 中国市场，2009（33）.
③ 数据来源：国家新闻出版广电总局信息中心. http：//www. sarft. gov. cn/.

从票房收入来说（见图5)①，万达院线从2009年起稳居票房收入第一，蝉联至今。值得一提的是，2014年其票房收入超过40亿元，是目前全国唯一一家票房超过40亿元的院线，排名在其后的院线票房收入也均未超过25亿元。如此之高的票房额，不仅仅依赖于其遍地开花式的建设电影院，还有2011年万达电影网的上线可谓是完全迎合了互联网的发展要求，至2013年万达电影网销售额破亿。

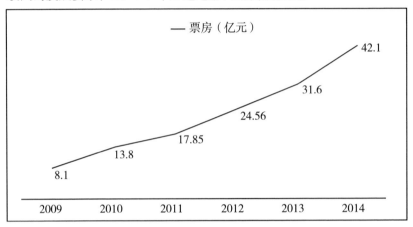

图5　2009～2014年万达院线票房收入

（数据来源：万达院线官方网站）

（二）万达电影院线与国内其他院线的比较

目前，我国主要电影院线包括万达院线、上海联合院线、北京新影联院线、中影星美院线、大地院线等。在众多竞争对手中独占鳌头，万达正是利用自身与其他影院的区别，进行差别化竞争，为自身创造了独特的竞争优势。下文将对万达院线与其他国内商业院线存在的区别进行具体分析。

① 数据来源：万达院线官方网站. http：//www. wandacinemas. com/.

1. 企业性质

企业性质方面，万达院线依托于万达集团雄厚的资金支持，以及以万达商业广场为跳板，通过自建影院拉动客流，与万达广场互利互惠。相对而言，上海联合、北京新影联等类型的院线，是属于院线制改革后由政府院线公司转型而形成的股份制公司；中影星美院线、中影南方新干线等类型的院线，是属于中影公司与其他民营资本合作形成的院线公司。因此，万达院线基本属于自负盈亏、纯民营资本的地产类商业院线，这与其他院线存在很大的不同。

2. 影院建设

影院建设方面，近年来各大院线都进行了跑马圈地式的扩建。但对比来看，万达院线的影院数和银幕数在全国均为前列，建设速度、规模和质量也都属佼佼者。截至 2014 年，万达院线已投入运营的 IMAX 银幕合计 117 块，约占全国 IMAX 商业银幕数量的 55%，是全国拥有 IMAX 银幕数量最多的院线。尤其，在收购美国 AMC 影院公司后，万达一跃成为全国乃至全世界规模最大的院线公司。

3. 盈利收入

盈利收入方面，万达院线票房收入在 2014 年达到 42 亿，远超第二名近 1 倍之多（见表 2）。如图所示，万达院线 2014 年观影人次达 1 亿之多，位列第二位的中影星美仅有 6 千万人次。如此之大的差距，不仅奠定了万达院线"一哥"的地位，更是显示了其后营销方法的高妙。无论是垂直管理模式，还是 O2O、C2B、跨界营销、多平台营销等电商运营方法，均为万达院线过亿的收入发挥了功不可没的作用。

综上所述，从企业性质、影院数量、盈利收入方面来看，万达院线与国内其他院线的区别一目了然。而万达院线的竞争优势也正是体现在这些区别中，雄厚的资金支持、捆绑式的经营模式、重视高科技创新、垂直化管理模式以及新颖的营销方法等，使万达院线在中国电影市场愈发显眼和重要。

表2　2014年全国院线票房TOP5

排名	院线	票房（万）	上年同期（%）	人次（万）	上年同期（%）
1	万达院线	421226	↑33	10182	↑31
2	中影星美	244670	↑34	6761	↑33
3	大地院线	235030	↑48	7622	↑46
4	上海联合院线	222105	↑21	6086	↑20
5	广州金逸珠江	208754	↑35	5481	↑33

（数据来源：EBOT日票房决策智库）

三、万达电影院线的经营模式

（一）准确定位

1. 选择目标市场

地理位置方面，万达院线影院的分布相对较为广泛和普遍。华北、华东、华南、华中、东北、西北地区均有万达电影城的分布（见表3）①。如图可知，万达院线在北京、上海、广东等一线城市积极布局的同时，也在积极开拓二、三线城市市场。

目标人群方面，万达院线的目标人群基本锁定在青少年、大学生和白领中。因为，主打高质量影片的万达院线不仅拥有超过百块的IMAX、3D立体银幕，而且还自主研发了巨幕X－LAND。这些高科技较多的运用在好莱坞大片、科幻片等电影类型上，而这正是紧紧吸引年轻人和白领们眼球的最大亮点。

---

① 数据来源：万达院线官方网站．http：//www.wandacinemas.com/.

表3　万达院线分布地区

华北地区	华东地区	华南地区	华中地区	东北地区	西北地区
北京、天津、青岛、呼和浩特、济南等	上海、南京、宁波、合肥等	广州、东莞、福州、海口等	武汉、重庆、南昌、长沙等	哈尔滨、大连、长春、吉林等	银川、西安、汉中、兰州等

（数据来源：万达院线官方网站）

2. 整合内外部资源

万达院线的资源优势主要彰显在自有资金投入的投资方式上。其优势有三点。一是万达院线主要依托于万达集团，资金实力雄厚，有充足的资金流转空间。二是资产联结模式经营，即将院线和影院通过所有权联结，这样院线在票房分账中既可以取得5%院线分成收入，也可以取得40%的影院分成收入，大大的提高了影院的利润率。[①]三是捆绑商业地产经营，既获利于万达广场汇聚的人气，也得益于影院在万达广场的租金成本降低。因此，万达院线采取自有资金的投资方式有利于其自身的健康发展。

3. 发挥价值链优势

2009年，万达集团成立万达影视传媒有限公司，标志着万达集团将向电影制作环节的进军，也表示万达集团包含了投资、制作、发行和放映全环节的电影价值链。正是这"自己制作、自己放映"的机会，无疑对于解决万达院线片源紧张的难题有很大帮助，使万达院线在激烈院线竞争中更占优势。并且，院线对于市场有着更加深入的了解，可以找准卖点，这对于电影制作和营销都能起到互利互惠的作用。

---

①　陈洪伟. 万达电影投资的三件武器［J］. 当代电影，2009（5）.

（二）独特管理模式

1. 一体化管理模式

万达院线对旗下影院施行"统一品牌、统一建设、统一管理、统一排片"的一体化管理模式。[①]

统一品牌。万达集团中所有院线均命名为"万达院线"，旗下所有的影院均统一命名为"万达影城"。如此，"万达"这两个字是所有万达产业的标签，代表了万达品牌，能够起到良好的品牌效应。

统一建设。万达影城的建设从制度层面来讲，都有严格的统一规划、质量监督和责任归属等制度规定。从技术层面来讲，影院设计、放映效果和硬件配置等都有统一的基本要求。

统一管理。万达院线的管理模式是总部可以直接管理各地影院的管理事务、人事事务、绩效考核和财务事务等业务，使管理模式扁平化。同时，各地影院也有权自我管理、自我发展，拥有一定的自主权。

统一排片。这是指对于影片的放映来说，院线可以根据自身影院特点，进行统一规划和动态调整，科学合理排映影片。

2. 捆绑式经营战略

捆绑式经营战略，主要是指万达院线与万达广场的合作。基于同源于万达集团的优势，万达院线积极与万达广场进行捆绑式经营，将影院建设在万达自有地产中，不仅可以享受优惠的租金支持，更可以共享顾客门槛优势。同时，商业广场十分适合影院建设，顾客在观影之余，可以购物、吃饭、休闲，这也拉动了万达广场的经济收入。由此，万达提出了"CED 理念"和"一站式服务"的企业理念。[②]

CED 理念和一站式服务主要体现在这种捆绑式经营方式中。首

---

① 王然. 万达院线秘诀 [J]. 中国市场，2009（33）.
② 王煊. 万达的生意经 [J]. 电影艺术，2008（5）.

先，万达广场是包括购物中心、商业街、星级酒店、办公楼、公寓楼等地产的一站式购物中心。顾客可以在这里进行停车、办公、吃饭、购物、看电影、居住等一站式活动。万达影院作为万达广场的一部分，也是这一站式服务的提供者之一。其次，CED 理念使万达院线依托于万达集团住宅地产和商业地产，积聚极高的人气，从而增加了影院上座率。最后，CED 理念和一站式服务，使影院和地产联系更加密切，从而可以进行联动营销，一举两得。

3. 走出去国际战略

2011 年，万达院线与 IMAX 公司签署战略合作协议，共建 75 座 IMAX 合资影院，使其一跃成为全国拥有 IMAX 最多的院线。2012 年，万达集团与美国 AMC 影院公司签署并购协议，正式收购这家全球排名第二位的院线公司，跨出自己"走出去"国际化战略的重要一步。收购 AMC 公司，使万达院线成为亚洲第一院线，以及全球规模最大的院线运营商，占全球电影市场 10% 的市场份额。[①] 随着收购的完成，万达院线的规模和市场竞争力得到了显著的增强，品牌影响力也得到迅速扩散，更是将电影市场扩大到北美，雄踞中国和美国两大电影市场。

从最初与华纳兄弟国际影院公司分道扬镳后，万达集团始终保持着虚心求教的态度，积极与其他优秀公司合作，遍及国内外。虽然目前收购 AMC 公司仅 3 年，并未显现太多问题和成就，但是作为第一个迈出国门的院线公司，万达无疑是起到了榜样的作用。2015 年，万达集团收购澳大利亚电影院线运营商 Hoyts 集团 100% 的股权。Hoyts 集团作为澳大利亚第二大院线运营商，拥有 400 多个放映厅和 44 家院线，每年服务的观众人数达 200 万人。另外，还拥有 DVD 及蓝光家庭电影自动租赁售货机和瓦尔·摩根广告集团。因此，完成对 Hoyts 集团的收购，无疑是打开了万达在大洋洲的广阔市场。2016 年，万达院线携手万达影视并购好莱坞电影娱乐整合营销公司——Propaganda GEM。

---

① 张玲. 万达电影之路对我国电影产业发展的启示 [J]. 当代电影, 2014 (5).

Propaganda GEM 主要从事提供在电影、电视、音乐影像等多领域娱乐营销创意和理念的业务，其操作的经典案例是宝马品牌与电影《碟中谍》的系列合作。并购 Propaganda GEM 将为万达打开进入好莱坞的一扇门，而且其与国内的慕威时尚文化传播有限公司将联合为万达在中、美市场的电影营销保驾护航。

（三）创新运营模式

1. 塑造优质品牌

万达院线的品牌建设理念是"一切以观众观影价值、观影体验为核心"。围绕这一理念，万达院线积极地运用其自身提供的硬件和软件服务，来突出品牌形象，塑造优质品牌。硬件服务来说，万达全力打造"五星级影院"的放映标准。首先，影院设计大气时尚，观影厅内高度超过 9 米，座椅间距超过 1.2 米，座位错层斜度 30 度，可达到观众视野宽阔的效果。其次，放映设备包括 IMAX、3D 银幕、X–LAND 巨幕等，极大满足了爱好好莱坞大片的观众需求。最后，万达院线针对不同人群会有特别服务。

软件服务来说，除了提供高质量的放映效果以外，万达在影院服务中也下足了功夫。例如，万达规定影院服务"最后 1 米"理论，即顾客永远是对的，积极满足观众要求，真诚对待每一位观众。这大大提升了万达的亲和力。同时，在影院卫生方面，使用现代管理理念，对空调、湿度、味道、地毯等都有规定。在售票方面，网上购票、自主取票，人工售票等方式也使观众观影更加快捷和方便。

2. 创新营销方式

万达院线旗下包含着众多的万达电影城，各大影城也都包含着丰富多样的营销活动。其营销特点表现为，院线统一管理，以影院为核心，积极加强影院与院线、影片、观众、商家的多重关系。而这种"形散而神不散"的营销方式被称为"泛营销"。普遍来说，一般万达影城的营销活动包括影片宣传、节日庆祝、慈善活动或者创意互动活动等。

首先，万达院线紧随互联网发展步伐，积极发展成为首家院线电商平台。电商平台，是指万达院线将万达电影网、手机客户端、WAP端相联系，形成了三位一体的电商平台。利用O2O、C2B等电商营销手段，积极发挥互联网优势，不仅通过网上购票、网上互动、优惠打折活动等。

其次，万达院线也在大力发展会员制。会员制，是指成为院线会员，可以享受购票、会员活动、影片信息、影院活动等优惠活动。据统计，2014年万达院线会员人数查过2600万，会员购票占比四分之三，平均每一位会员每一年观影次数达6次。正是如此庞大的会员基础，使观众黏合度远远高于其他院线。[①]

最后，万达也进行了多种独具特色的营销活动。例如，2008年独家承办了迎接奥运圣火的"圣火相传·电影随映"活动，并且开展奥运体育电影展映活动。2013年，万达院线首次与湖南卫视合作，同步直播《我是歌手》第一季总决赛，开创影院与电视合作新平台。2014年，积极联动优酷视频网站与黑龙江电视台，签订了"全民电影"项目的三方合作协议。2015年，与浙江卫视合作，成为《奔跑吧，兄弟》节目拍摄地之一等。[②]

3. 延伸产业价值链

2012年，万达集团将旗下的文化产业资源进行了整合，成立全国最大的文化企业——万达文化产业集团。集团业务涉及电影放映制作、大型舞台演艺、电影科技娱乐、连锁文化娱乐、报刊传媒、中国字画收藏等6个行业。其中11家公司中，除了包括万达院线，还拥有影视制作公司、影视产业园区、演艺公司、中国最大的连锁量

---

① 万达院线. http://www.wandacinemas.com/.
② 武玮佳. 论中国院线品牌的建立与发展［D］. 山东艺术学院，2011.

贩 KTV——大歌星娱乐企业、《大众电影》杂志、财经类周刊《华夏时报》等。①

　　除了在电影制作、发行、放映环节，万达集团也在延伸价值链中作出创举。目前，万达已经投资超过 1000 亿，分别建设世界最大的影视文化产业园、以及可以与迪斯尼相媲美的大型主题公园、大型舞台秀等多项项目。值得一提的是，2013 年，万达在青岛投资 500 亿元建设的全球投资规模最大的影视产业基地——青岛东方影都。从基础设施建设方面来说，此东方影都将包括 20 个摄影棚和后期制作基地的影视工业园、1 个电影博物馆、1 个名人蜡像馆、1 个电影展览馆以及全球 IMAX 电影研究中心等②，可谓设施齐全，建设完备。2013 年，万达院线爆米花品项相关收入高达 3.9 亿元。2014 年，由万达集团兴建的武汉万达电影乐园正式开幕，标志着湖北文化的编钟建筑外形也使其成为武汉的地标建筑之一。主题区内均有独立的主题区商店，周边产品包括各个主题区的创意手办、玩偶、3D 拼图、服装、背包、科教产品、装饰品、文具等。2015 年 9 月，万达院线战略投资时光网 20% 的股权，2016 年 7 月，更以 2.8 亿美元将其全资收购。目标直指时光网线上商城优势，利用其衍生品设计品牌"影时光"和衍生品专业电商平台"Mtime PRO"优势，在万达影城内开设"衍生 π"独立品牌，期望开辟新的盈利来源渠道。同时，万达院线表示，未来以期将电影院建设成为一个"娱乐综合体"，开发出影院的独立场所，如设置 VR 体验区等内容，在线下融入电子游戏等时下热门元素等。

　　因此，万达集团利用其强大的资本和地产优势，大力兴建电影主题公园、东方影都等基础设施，不仅延长了电影的价值链，更加加强了万达集团旗下企业联系，达到创新盈利模式的目的。

---

　　① 百度百科 . http：//baike. baidu. com/link？url = 3oqGX6kgvRRqsrZdxIl4YCJJLw _ aJ1hF2BaaHjqfpHhSXteawN_ HseNY79KSMhdAWadeOolEhhnYcbiHG2nVQa.

　　② 百度百科 . http：//baike. baidu. com/link？url = rSUdexL－PWtNKkl1e4SLfKGKjqX JcIkEbZ3KoBgdodl2TG38Dniak3WsNOtLRoR8SYwLbRu73oy_ aVjQaF2QvK.

四、万达电影院线对中国电影产业发展的启示

（一）院线的类型多元化

1. 院线类型

由于电影的商品性和艺术性的双重属性，电影院线也主要分为商业院线和艺术院线。商业院线，即以实现利润最大化为目的，主要放映商业影片的主流院线。其片源主要倾向于选择国产商业片和好莱坞大片，投资大，制作风格商业化浓厚。我国现行主要院线中，大部分为商业院线。艺术院线，是指以放映艺术电影为主的影院。艺术电影的类型有低成本制作的独立电影、有定向目标的小众电影、手法前卫的先锋电影等。

商业院线与艺术院线的主要区别如下（见表4）[1] 应该从源头着手解决商业院线单一化，艺术院线匮乏的现象：

表4 商业院线与艺术院线的比较

	商业院线	艺术院线
地域分布	跨城市、跨地区	单一城市、地区
影院设计	多厅、规模化	单厅、持续化
受众	主流群体	非主流群体
影片类型	剧情片	独立电影、纪录片
艺术创新性	低	高

首先，提高商业片质量。提高商业片质量即意味着在影片注重商业回报的同时，也要增强其质量（如故事性、情感、文化等精神价值）。商业电影多耗资巨大，邀请众多明星参演，噱头十足，但影片评

---

[1] 包仪华. 中国电影院线发展策略研究 [D]. 中国电影艺术研究中心, 2013.

价却平平。因为缺乏完整的故事性和基本的思想内涵，所以提高商业电影的质量是十分必要的。

其次，艺术影片商业化。艺术影片首先需要摆脱只追求奖项的封闭思想，不能仅仅局限在小众、晦涩的主题。艺术影片也要逐渐重视艺术性和大众性的结合，积极开拓市场。艺术片的兴起无疑对于艺术院线的发展也是至关重要的。

最后，院线发展的多元化，商业院线和艺术院线自身的改革也十分重要。商业院线需要积极支持艺术片的排映，投资低成本小众电影，帮助其营销宣传。艺术院线也需要丰富其片源，不可一味局限在文艺片小众市场，加大自身宣传，尝试与商业院线合作。

（二）民营资本的融入

民营资本是指国有企业资本、外国企业资本之外的国内中小企业资本及民间闲置资本。随着院线制的推行，我国院线市场也迎来了一批强势的民营资本的涌入。其中，最为代表性的是万达集团。

电影业属于高投资、高回报、高风险的产业。早年电影的制作主要依赖于国有资本的支持，因此影片风格多为主旋律影片，风格单一。但是，随着市场的逐渐开放，大量民营资本流入电影业的制作、发行、放映等每一环节，电影产业整体得到激活。制作发行环节，民营资本的支持大大提高了电影工作者的创作热情，也降低了电影投资的成本和风险。

民营资本提高了电影院线的市场化程度。民营资本的特点在于更具有商业性，以盈利为目标，极大地追求经济利益。① 传统的国有资本在国有企业的控制下，更加注重社会效应，而民营资本则更以经济效应为重。这会使电影制作公司、发行公司、电影院线等一系列以民营资本为支撑的电影企业，更多地以市场为导向，在市场竞争中积极创新商业模式和经营战略使运营方式更加成熟。因此，重视民营资本的投入和管理，对于电影企业的发展至关重要。

---

① 夏卫国.电影票房营销［M］.北京：中国电影出版社，2009.

（三）完善电影产业价值链

正如上文所说，电影产业价值链是指电影产业相关的上下游产业之间的关系。包括制作、发行、院线和影院的整体链条，代表了电影各环节的经济生态系统。因此，价值链是一条整体合作的链条。价值链的每一环节相互作用、相互影响，只有每一环节都取得成功，才算是真正的成功。在电影产业价值链中，制作、发行、院线和影院每一环节环环相扣、缺一不可。没有制作就不可能会有发行、放映，没有放映就不能使电影作品为人所知，所以它们是一个整体，这是一条缺一不可的协作链。

价值链是一条增值链。所谓增值链，是指企业为了创造更高的新增价值，经过系统整合全部增值环节，即价值链上的每一环节都在不断增值的过程。① 电影产业价值链包括现实、虚拟等多个环节，所谓完整的盈利收入是指这些所有环节盈亏收入的总和。一个环节有亏损，就需要另一环节来填补，一个环节有盈利，另一个环节也可以随之增加盈利。要想获得最大的收入，就要保证所有环节的增值，而这正是我国电影企业长期发展的愿望。

在延伸电影价值链方面，迪斯尼公司可谓是佼佼者。对于其出品的电影，可以扩展为玩具、图书、服装、文具、食品、主题乐园、展览馆等内容，并通过这些不同的平台，给消费者带来不同的体验，实现多次消费，带来轮次收入。例如，由迪斯尼出品的《汽车总动员》，电影衍生品的销售额就达到了6亿美元。我国电影业也逐渐重视延伸产业价值链。从影片来说，影片中主演经常会带动片中服装、首饰、美食等消费热潮。如《失恋33天》的热映带动了"猫小贱"抱枕走红，该抱枕的品牌制作人紧紧抓住电影上映的时机进行了大力推广，获得极好的品牌效果。从院线来说，万达集团更是斥资1000亿，打造影视文化产业园、电影主题公园、东方影都等。

---

① 章淑君. 我国电影产业链问题与对策研究［D］. 厦门大学，2007.

参考文献：

［1］夏卫国．电影票房营销［M］．北京：中国电影出版社，2009：148～154.

［2］俞剑红．中国电影企业运营模式研究［M］．北京：中国电影出版社，2009：150～154.

［3］理查德·麦特白．好莱坞电影：美国电影工业发展史［M］．何建平，刘辉，译．北京：华夏出版社，2011：89～93.

［4］巴里利特曼．大电影产业［M］．尹鸿，译．北京：清华大学出版社，2005：101～110.

［5］包仪华．中国电影院线发展策略研究［D］．中国电影艺术研究中心，2013：14～24.

［6］武玮佳．论中国院线品牌的建立与发展［D］．山东艺术学院，2011：12～16.

［7］章淑君．我国电影产业链问题与对策研究［D］．厦门大学，2007：15～16.

［8］王煊．万达的生意经［J］．电影艺术，2008（520）：24～29.

［9］刘汉．回望与期待：电影院线制改革十年的思考［J］．当代电影，2012（6）：4～9.

［10］徐海龙．从波特竞争战略看国内电影院线的发展形态［J］．现代经济探讨，2008（1）：30～31.

［11］张玲．万达电影之路对我国电影产业发展的启示［J］．当代电影，2014（5）：146～151.

［12］陈洪伟．万达电影投资的三件武器［J］．当代电影，2009（5）：35～39.

［13］王然．万达院线秘诀［J］．中国市场，2009（33）：67.

中国文化企业创新能力与竞争优势研究

——基于 179 家文化上市公司的实证分析

张　楠①

摘要：随着国内外文化市场竞争的日益激烈，创新能力成为推动文化企业优化发展的关键。区别于一般企业，如何借助创新能力的提升，形成企业竞争优势成为文化企业亟待解决的一大难题。本文以 179 家文化上市公司为样本，构建我国文化企业创新能力评价体系，通过 logit 回归模型，探讨创新能力对文化企业竞争优势的影响。实证结果显示，创新资源投入指标（创新资产投入）和创新运用指标（产学研合作、多元化经营）对文化企业竞争优势的形成具有显著的、正向的影响；而创新环境指标与预期假设相反，对文化企业竞争优势具有显著的负向影响；创新管理指标影响并不显著。

关键词：文化企业；文化上市公司；创新能力；企业竞争优势；实证分析

　　文化企业作为企业中特殊的一支，有别于一般企业。要研究文化企业的创新能力和竞争优势，需要充分把握文化企业的内在特性，深入了解其特殊的运行规律。文化企业是以文化、创意和人力资本等无形资产为投入，以利润最大化为目标，提供文化产品和服务（准精神产品）的组织。根据文化企业的内涵界定，以文化产业

---

① 张楠，上海交通大学媒体与传播学院文化产业管理专业 2016 级研究生。

链为基础，可以将文化企业划分为三类，即内容的创造、传播和制造。所谓"内容"即指故事、节目、活动安排以及各种文化艺术的知识产权。在以"内容为王"的文化企业中，创意内容决定着文化企业所提供的产品和服务的附加值高低。首先，在内容创造方面，不同于一般企业对自然资源和物质资源的过度依赖，文化企业更加倚重于文化资源和创意内容。《大圣归来》《万万没想到》等中小成本电影纷纷从竞争激烈的电影市场中脱颖而出，成为票房黑马，即说明相比高资本投入，消费者更加倾向于为创意内容埋单。充分体现了文化企业生命力来源于内容创造以及对消费者精神需求的满足。其次，在内容传播方面，文化企业也反映了文化产业以思维、内容创新为显著特征的属性。其宣传营销依赖于以创意和情感为核心的创意营销方案，如何在繁乱的信息之中夺得消费者的"眼球"和"眼泪"成为文化企业营销的关键。最后，在内容制造方面，文化企业既有的优势资源和创意可以借助不同的物质载体进行反复的开发利用。这也就需要文化企业在提高硬技术的同时，更加注重对创意的挖掘，从而通过人力资源创造内容、价值，延长价值链，达到利润最大化的目的。由此可见，文化企业区别于一般企业的特殊性即根源于其以创意内容为核心的运行规律。

在充分认识文化企业特性的基础上，我们进一步探讨文化企业创新能力和竞争优势的特殊性所在。在创新能力方面：依据技术二元论，创新能力可以划分为硬技术和软技术两个部分。硬技术包括文化建设、机器、设备、工具等制造技术；而软技术则多为"默会知识"，即创意、管理、营销、服务等。基于文化企业以内容创意为核心的特殊性，可以看出文化企业更加依赖于文化软技术的提升。而在一般企业中，为了提高生产效率，通常更加注重于生产机器、设备等硬技术的提升。因此，研究文化企业创新能力应区别于一般企业，更加关注文化企业软技术领域的研究。

在文化企业竞争优势方面：企业竞争优势指"企业利用所控制的资源和内部培育的能力，在市场上获取高额绩效、占得领先地位，并维持这种优势持续发展的属性"。① 由此，企业的竞争优势主要来源于企业所拥有的独特资产、科学管理和品牌信誉。作为企业的特殊门类，文化企业竞争优势既具备一般企业的共性，也具有反映文化产业内在规律的特殊要素。基于文化企业以内容为王的特征，文化企业竞争优势主要来源于生产和传播环节的创意内容的独特性，即创意和营销是否具有不可替代性。综上分析，本文认为对于文化企业创新能力和竞争优势的研究应着眼于创意和内容领域。

一、研究设计与假设

（一）样本选择与数据来源

文化上市公司实力雄厚、社会影响力显著，因此本文认为以文化上市公司创新能力为基础，评价我国文化企业总体创新能力水平具有重要的借鉴意义。② 因此，本文依据 2012 年国家统计局发布的《文化及相关产业分类》所给出的界定，甄选出 179 家分布在各个行业、影响力显著、连续运营三年以上并持续获利的文化上市公司作为样本。旨在能够较为有效、合理地了解我国文化企业创新能力的影响因素，并基于创新的角度提出提升文化企业竞争优势的科学路径。但考虑到目前我国文化上市公司所公开的信息以财务数据为主，缺乏研发人员数量、研发投入、创新产品营收占比等与反映文化企业创新能力密切相关的信息，因此不得不放弃部分理想的创新能力评价指标。最终，本文在借鉴国内较为成熟的企业创新能力评价体系的建构和目前已有文化企业创新能力评价体系后，遵循科学

---

① 马鸿佳，董保宝，葛宝山. 创业能力、动态能力与企业竞争优势的关系研究 [J]. 科学学研究，2014，32（3）：431~440.
② 黄鲁成，江剑. 关于开展上市公司技术创新能力评价的思考 [J]. 科学学与科学技术管理，2005，26（5）：85~89.

性、客观性和可操作性等指标选取原则，构建本文的文化企业创新能力评价指标体系（表1）。

本文数据均出自文化上市公司 2014 年度财务报表（来源：同花顺、东方财富网、新浪财经）、国家工商局官网和国家知识产权局专利检索和分析网站。

表1　文化企业创新能力评价体系

一级指标	二级指标
创新资源投入指标	创新资产
创新运用指标	专利数
	产学研合作
	经营多元化
创新管理指标	企业家创新能力
创新产出指标	营业收入
创新环境指标	企业区位

（二）变量设计与研究假设

本文旨在通过实证探析我国文化企业创新能力构成要素与竞争优势之间的关系，故文化企业竞争优势为因变量，文化企业创新能力构成因素为自变量。考虑到文化企业创新评价体系中所包含的创新产出指标部分与企业竞争优势衡量指标重合度过高，研究价值不大，因此在进行实证研究时，将创新产出指标部分剔除，保留剩下四个指标。

1. 因变量

企业竞争优势反映在文化上市公司年报上，表现为能持续获得比行业平均水平高的收益率。[1][2] Barney 认为，采用企业财务报表中各种

---

① 孙育平. 论企业竞争优势与实现途径 [J]. 企业经济，2003（12）：87 ~ 89.
② 冯艳婷. 企业竞争优势的内涵及其培养 [J]. 贵州民族学院学报：哲学社会科学版，2004（1）：135 ~ 138.

比率测量竞争优势是较为科学、合理的衡量方法。① 因此，本文选择投入产出比来表征 179 家文化上市公司的企业竞争优势。基于企业竞争优势的内涵——企业通过运用所掌握的优势，持续获取高于行业平均盈利水平的能力。② 本文先对 179 家文化上市公司 2012～2014 年三年的投入产出比均值进行了考察，认定连续三年投入产出比均大于年平均值的企业是具有企业竞争优势的，而未能三年持续投入产出比高于平均的企业则不具有竞争优势。由此对 179 家文化上市公司进行了分类，具有竞争优势的文化企业为其赋值 1，反之赋值 0。

2. 自变量

（1）创新资源投入指标。创新资源投入指标指文反映企业创新的意愿和程度，包括运营过程中投入的人力、物力和技术等资源。但由于研发人员占比、设备数量以及买入专利数目等与创新资源投入密切相关的数据在上市公司财报中没有详细地披露，因此本文以无形资产占总资产比重来衡量企业创新资源投入指标。

假设一：创新资源投入对文化企业形成竞争优势具有显著影响，且呈正相关。

（2）创新运用指标。主要反映企业在内部外资源的灵活运用中实现创新能力提升的指标。③ 在"内容为王，创意领先"的时代背景下，创新运用对企业打造竞争优势意义深远。创新运用包含创意孵化、创意运用、创意引进、创意推广等一系列以创新为核心的运营活动。

①专利数，即文化公司向国家知识产权总局申报并通过审核的知识产权数量，能够直观反映文化企业创新研发能力。因此选取 179 家

---

① Barney J. B. , Hesterly W. S. . Strategic Management and Competitive Advantage [M] . New Jersey : Pearson Education Inc, 2006：12.

② 马刚. 企业竞争优势的内涵界定及其相关理论评述 [J]. 经济评论, 2006（1）：113～121.

③ 朱佳俊，程蓉. 文化企业科技创新能力评价指标体系研究 [J]. 合作经济与科技, 2015（8）：76～77.

文化上市公司 2014 年申报并登记在册的专利数量作为自变量。

假设二：专利数对文化企业竞争优势具有显著影响，且呈正相关。

②产学研合作。产学研合作模式在发展中逐步规范化，日益成为影响企业创新能力关键因素之一。[①] 然而，产学研合作模式繁多，各模式下文化企业与科研机构间的合作程度不同，难以进行衡量。而作为企业产学研合作的主要阵地，企业研究院和博士后流动站云集了大量优秀的企业科学家和特聘专家教授。他们通过研发和掌握核心技术、孵化科技成果等创新运用手段，不断增强文化企业竞争优势，从而成为文化企业创新的中坚力量。[②] 因此是否具有企业研究院或博士后流动站能在一定程度上折射出文化企业产学研合作的情况。综上，本文选取文化企业是否具有企业研究院或博士流动站作为产学研合作情况的衡量指标。

假设三：产学研合作对文化企业竞争优势具有正向的显著影响。

③经营多元化。鲁梅尔特在研究中认为，企业经营多元化本质就是在壮大现有业务的同时培植新的竞争优势。本文设计虚拟变量来衡量文化企业经营是否多元化，经营业务涉及行业数大于等于 3 的文化企业赋值 1，反之赋值 0。

假设四：经营多元化对文化企业竞争优势具有正向影响，且该影响显著。

（3）创新管理指标。企业家在文化企业运转中扮演着决策者和管理者的角色，是创新活动的灵魂，对培育和提升创新能力起关键作用[③]，是影响企业竞争优势的重要因素[④]。企业家创新能力体现为挖掘

① 朱佳俊，程蓉．文化企业科技创新能力评价指标体系研究［J］．合作经济与科技，2015（8）：76～77．

② 孙立媛，邓三鸿．企业创新能力构成要素研究与评价指标体系的构建［J］．西南民族大学学报：人文社科版，2012，33（12）：230～235．

③ 刘晶，孙利辉，王军．高新技术企业技术创新能力评价研究［J］．科研管理，2009（S1）：19～23．

④ 张华．企业家创新意识与企业创新潜力研究［J］．科技进步与对策，2011（14）：87～92．

和发现新机遇和生产方式，创造性地将生产要素和生产条件进行更高效能的组合。①②然而企业家创新能力大多属于"意会知识"，较难被清晰测度。因此，本文最终选择将文化企业家认识创新的能力转化为其获取知识的能力③，即学习能力。并选用上市公司高管学历（高管中研究生及以上学历占比）为自变量。

假设五：企业家创新能力对文化企业形成竞争优势呈正向的显著影响。

（4）创新环境指标。构成区位要素的市场竞争、产业集聚、科研氛围等方面是影响文化企业创新能力的重要外源因素。④ 苗长虹基于地理经济学视角，认为"创新实质上严重依赖不可贸易的'意会知识'"。而"意会知识"的传播与交流依赖于面对面合作而建立起来的信任。⑤ 相同的区位条件，更能为文化企业间提供良好联系和合作机会，有利于增强知识外溢性。⑥ 因此具有较优区位条件的企业，其创新能力有更高的发展可能。一线城市具有明显的区位优势，为文化企业发展创造了得天独厚的条件。因此，本文选择总部是否位于一线城市做虚拟变量，对总部位于一线城市（北京、上海、广州、深圳、香港）的文化上市公司赋值 1，反之赋值 0。

假设六：企业区位对文化企业竞争优势影响呈显著正相关。

---

① 张华．企业家创新意识与企业创新潜力研究［J］．科技进步与对策，2011（14）：87～92.

② Peteraf M A. The cornerstones of competitive advantage：a resource - based view．Strategic Management Journal，1993，14（3）：179～191.

③ 约瑟夫·熊彼特．经济发展理论——对于利润、资本、信贷、利息和经济周期的考察［M］．何畏等译，北京：商务印书馆，1990，82～83.

④ 李龙筠，刘晓川．资产结构、地区经济与企业创新能力——来自中国创业板市场的证据［J］．中央财经大学学报，2011（5）：45～49.

⑤ 苗长虹，魏也华．技术学习与创新：经济地理学的视角［J］．人文地理，2007（5）：1～9.

⑥ 同上。

3. 控制变量

为了提高实证研究的科学性，本文还加入了三个控制变量：

（1）企业规模限制文化企业创新能力的提升，常卫认为文化企业规模小会导致创新投入匮乏、高端复合型人才缺失、优惠政策到位困难等问题，从而影响文化企业发展。①

（2）股权集中度能够有效衡量企业的股权结构，反映出企业管理者对企业的掌控能力。②

（3）资产负债比率可以有效体现企业发展的稳定性。辛阳认为，我国文化企业整体发展尚处于起步阶段，在此阶段中，将债务负债比例纳入对文化企业竞争力的研究中极为重要。③

综上，本文最终变量设计如表2。

表 2　变量设计与解释

变量属性	变量名称	变量解释
被解释变量	企业竞争优势	有竞争优势赋值1　没有竞争优势赋值0
解释变量	创新资产占比	无形资产/资产总额
	专利数	2014 年申报专利数
	产学研合作	拥有企业研究院或博士后流动站赋值1　反之赋值0
	企业家创新能力	企业高管中研究生及以上学历所占人数
	经营多元化	企业经营产业数≥3　赋值1 <3　赋值0
	企业区位	企业总部位于一线城市赋值1　反之赋值0
控制变量	企业规模	企业在工商总局登记注册资本
	股权集中度	第一股东持股/十大股东持股
	资产负债比率	2014 年总负债/2014 年总资产

---

① 张文忠，李业锦. 区域创新环境与企业发展研究 [J]. 软科学，2003，17（6）：25～28.

② 常卫. 试论中国文化企业创新能力的提高 [J]. 中国特色社会主义研究，2007（2）：73～78.

③ 辛阳. 我国文化企业竞争力评价指标体系的构建与应用 [J]. 当代经济研究，2013（5）：34～38.

二、实证分析

（一）模型构建

为了对所提出的假设进行验证，得出创新能力构成要素对文化企业竞争优势能力的影响。且考虑到本文被因变量为分类变量，因此笔者选择二分类多元 logit 回归模型，运用 Stata 数据统计软件建立实证模型进行分析。

Logit 模型公式：

$$Logit（p）= ln（\frac{p}{1-p}）$$

$$\beta_0 + \beta_1 X_1 + \beta_2 X_2 + \cdots + \beta_k X_k$$

注：p 为取 y = 1 的概率，即文化企业具有企业竞争优势的概率

依照本文所设计的文化企业创新能力评价体系，按创新资源投入指标、创新运用指标、创新管理指标和创新环境指标的顺序先后分别将四个指标相关的自变量纳入 logit 模型之中，形成模型 1 至模型 4。再将所有自变量和控制变量一起加入 logit 模型之中进行实证研究，形成模型 5。因为纳入所有研究变量并加入控制变量来增加实证研究的科学性，最终本文选定模型 5 为结论模型。回归结果见表 3。

表3　我国文化企业创新能力要素对企业竞争优势影响 logit 模型表

评价指标	自变量	模型 1	模型 2	模型 3	模型 4	模型 5
创新资源投入指标	创新资产	6.615 (3.452)	*	6.641 (3.871)	*	
创新运用指标	专利数	-0.742 (0.277)				0.029 (0.304)
	产学研合作		1.536 (0.357)	* * *	1.728 (0.389)	* * *
	经营多元化		0.195 (0.121)		0.282 (0.143)	* *

续表

评价指标	自变量	模型1	模型2	模型3	模型4	模型5
创新管理指标	企业家创新能力			0.740 (0.608)		0.170 (0.743)
创新环境指标	企业区位			-0.213 (0.299)	-0.867 (0.377)	* *
控制变量	企业规模					-0.001 (0.001)
	股权集中度					1.235 (1.235)
	资产负债比				-1.057 (-1.056)	*
_cons		0.143 (0.194)	0.003 (0.451)	0.238 (0.319)	0.786 (0.192)	0.104
N		179	179	179	179	179
LL		-121.66	-107.48	-123.30	-123.79	-99.57

注：* 为 $p < 10\%$　　* * 为 $p < 5\%$　　* * * 为 $p < 1\%$

（二）回归结果分析

从 logit 回归可知，文化企业创新能力构成体系中对文化企业竞争优势影响较为显著的为创新资源投入指标、创新运用指标和创新环境指标。而原先假设会与文化企业竞争有呈显著相关的创新管理指标，并不符合预期。

1. 创新资源投入指标

实证结果显示，创新资产投入是影响文化企业创新能力的关键因素。模型1和模型5中，创新资产占比的 odds ratio，即优势比均大于1，标志着创新资产投入大有助于文化企业形成竞争优势，两者成正相关。模型1中，创新资产投入的回归系数为6.615，说明每增长一个单位的创新资产投入，文化企业竞争优势将随之增长6.615

个单位。在增加控制变量后，模型 5 中创新资产投入占比的回归系数为 6.641，说明创新资产占比每增加一个单位时，文化企业竞争优势随之增加 6.641 个单位。从回归结果可以看出文化企业若想具备企业竞争优势，需要注重无形资产的投入，增加其在企业总资产中的比重。

2. 创新运用指标

在控制其他变量的条件下，创新运用指标所包含的三个自变量中仅有产学研合作和经营多元化对文化企业竞争优势具有显著影响。而专利数作为创新的主要体现，并未如预期假设的那样对文化企业竞争优势影响显著。回顾数据可以发现：所收集的 179 家文化上市公司 2014 年专利申报情报数据显示，仅 58 家文化企业在 2014 年进行了专利申报，占企业总数的 32.40%。且其中申报数量最多者为 604 个，最少者为 1 个，58 家文化企业平均申报专利数为 36.37 个，表明文化企业申报专利两极化严重，普遍存在创新意识和知识产权保护意识不够的现象。因此，专利数量在目前对文化企业竞争优势的影响程度是不显著的。

（1）产学研合作。在模型 2 中，产学研合作的优势比为 4.64 大于 1，说明是否存在企业研究院或博士后流动站对文化企业竞争优势的影响呈正相关。其回归系数为 1.536，即该自变量每增加一个单位将带动因变量增加 1.536 个单位。在模型 5 中，产学研合作的 odds ratio 为 5.63 大于 1，即其对文化企业竞争优势具有显著的、正向的影响。当产学研合作每提升 1 单位，文化企业竞争优势将随之提升 1.728 个单位。根据回归结果，文化企业具有企业研究院或博士后流动站，对文化产业市场具有较为透彻和深入的研究，能够更加迅速直接地把握市场机遇，更易获得优势资源，形成企业竞争优势。因此文化企业要想在激烈的市场竞争环境中获得优势，需要加大对产学研合作力度，并提高核心知识产权向产品转化的效率。

（2）经营多元化。在模型 2 中，经营多元化的优势比为 1.21 大于 1，回归系数为 0.195。即文化企业竞争优势会随着该自变量每增加一个单位而增加 0.195 个单位，两者呈正相关。而在模型 5 中，经营是否多元化的优势比为 1.33 大于 1，表明文化企业多元化程度对文化企业竞争优势具有显著的正向影响。在文化企业中，经营多元化每提升 1 个单位将带来企业竞争优势提升 0.282 个单位。证明文化企业拓宽企业经营范围，加强产业融合，开发创意产品，有助于获得高于平均水平的盈利。

3. 创新管理指标

创新管理指标仅包含企业家创新能力这一个自变量。而企业家创新能力在模型 3 和 5 的回归结果中显示 p 值并不显著，意味着文化企业创新管理指标并不像预期所假设的那样，对文化企业竞争优势具有显著正向影响。企业家创新能力受很多主观因素影响，并不仅仅取决于企业家的受教育水平。众所周知，阿里巴巴创始人马云先生，仅有本科学历毕业，但其凭借机敏的商业头脑、过人的胆识和独特的个人魅力创造了阿里巴巴这一神话，成为引领文化产业发展的领军人物。但由于上市公司对于企业家信息披露过少，仅能获得高管学历这个较为客观衡量企业家创新能力的数据，因此实证分析结果与假设出现偏差在一定程度上是可以预见的。

4. 创新环境指标

回归结果显示，在模型 4 中该指标的 p 值并不在显著水平之上。而当纳入所有自变量并加入控制变量之后，企业区位的 p 值在 5% 的水平上显著，且其优势比为 0.42 小于 1，回归系数为 -0.87。表明文化企业总部的区位优势对于企业竞争优势具有负向影响。伴随着文化企业区位每增长一个单位，文化企业竞争优势将减少 0.87 个单位，与预期假设不符。即文化企业总部位于一线城市并不如预期所假设的那样会利于形成竞争优势。而恰好相反，良好的区位条件会为在一定程度上阻碍文化企业的发展。一线城市所具有的极大的区位优势，吸引了大量文化企业扎根于此，虽然更容易形成企业间的良性互动，利于

"意会知识"的传播。且数量众多的高校和科研机构能够为文化企业科学可持续发展提供创新机遇和科学保障。但一线城市为文化企业带来显著机遇的同时，也为其带来了极大的挑战，市场竞争激烈、行业同质化严重等问题将反过来限制文化企业发展，致使文化企业想要获得竞争优势困难重重。

三、研究结论和建议

本文以文化上市公司为研究对象，旨在探索在文化企业中创新能力构成因素与企业竞争优势的关系，以丰富文化企业创新能力实证研究成果。回归结果显示，创新能力评价体系中有创新资源投入和创新运用两个指标对文化企业竞争优势有显著的、正向的贡献，其中包含三个显著正向影响因素——创新资产投入、产学研合作和多元化经营。基于实证结论，为文化企业通过提升创新能力以获得市场竞争优势提出以下几点建议。

（一）加大无形资产投入，树立优质文化品牌

文化企业的发展依赖于内容和营销渠道的创新，因此相较于一般企业，文化企业应更加重视对无形资产的投入。本文认为文化企业可以通过以下两个方式提高无形资产占比：一是加大对自主创新技术无形资产的研发投入，鼓励自主研发，形成以自主研发为主、外购为辅的创新形式，并逐步取代目前知识产权外购占主体的模式。这有助于文化企业掌握核心技术，实现可持续发展，形成核心竞争优势。二是注重品牌建设，文化企业应树立品牌意识，通过优质的产品（服务）和内涵打造独特的品牌文化，并通过差异化营销进行品牌运作，不断增强文化企业品牌的影响力，树立起优质的文化企业品牌，并最终转化为文化企业竞争优势。

（二）构建产学研合作智库，提高科研成果转化率

目前我国文化企业与高校、科研机构已有了一定程度的产学研合作。模式限于文化企业出资，"学研方"进行研究或者文化企业直接购买已有的科研成果，这导致科研成果与企业需求契合度不够高，科研成果转化为企业产品效率低下。因此，文化企业应加强与"学研方"的长期稳固的合作，增加企业研究院或博士后流动站中特聘专家学者的人数比例，构建以文化企业为核心的产学研合作智库。产学研合作智库能够为文化企业提供更加专业化的发展建议，有针对性地进行长期专题研究、深度研究、跟踪研究，使文化企业凸显出自身特色，明确发展定位；同时，产学研合作智库的建设有利于专业化市场统计与分析，运用专业的知识，强化对核心市场和竞争力的研究，并提高相关的后续管理，打破传统依赖于单个或少数专家力量的决策形式，降低决策失误率，为文化企业的可持续发展保驾护航；最后，产学研合作智库能充分发挥"旋转门"作用，进一步拉近产学研距离，提高文化企业对科研成果和产业应用的转化和吸收能力，实现供需双方技术对接效用最大化。

（三）推动文化与科技融合，实施多元化经营战略

明确并夯实文化企业核心业务，以高新技术为支撑，实施多元化经营战略。推动文化企业间、文化企业与传统企业间横向融合，促进文化产业与地产、酒店、金融等不同领域联动发展，实现多元化经营，降低文化企业投资风险。以创意设计为核心，推动文化产业的纵向产业链延伸，带动产业链后端产品制造、配套服务、品牌服务等互动发展，打造涵盖全产业链式航母文化企业，形成核心竞争优势。

参考文献：

[1] 马鸿佳，董保宝，葛宝山. 创业能力、动态能力与企业竞争优势的关系研究 [J]. 科学学研究，2014, 32（3）.

［2］黄鲁成，江剑．关于开展上市公司技术创新能力评价的思考［J］．科学学与科学技术管理，2005，26（5）．

［3］孙育平．论企业竞争优势与实现途径［J］．企业经济，2003（12）．

［4］冯艳婷．企业竞争优势的内涵及其培养［J］．贵州民族学院学报：哲学社会科学版，2004（1）．

［5］Barney J. B. ，Hesterly W. S. ．Strategic Management and Competitive Advantage［M］．New Jersey：Pearson Education Inc，2006：12.

［6］马刚．企业竞争优势的内涵界定及其相关理论评述［J］．经济评论，2006（1）．

［7］朱佳俊，程蓉．文化企业科技创新能力评价指标体系研究［J］．合作经济与科技，2015（8）．

［8］孙立媛，邓三鸿．企业创新能力构成要素研究与评价指标体系的构建［J］．西南民族大学学报：人文社科版，2012，33（12）．

［9］刘晶，孙利辉，王军．高新技术企业技术创新能力评价研究[J]．科研管理，2009（1）．

［10］杜志华，唐五湘．关于科技企业研究院的初步研究［J］．北京信息科技大学学报：自然科学版，2002，17（4）．

［11］张华．企业家创新意识与企业创新潜力研究［J］．科技进步与对策，2011（14）．

［12］Peteraf M A. The cornerstones of competitive advantage：a resource－based view［J］.Strategic Management Journal，1993，14（3）．

［13］约瑟夫·熊彼特．经济发展理论——对于利润、资本、信贷、利息和经济周期的考察［M］．何畏，等，译．北京：商务印书馆，1990.

［14］张素平．企业家提升企业创新能力的路径研究［J］．管理工程学报，2009（1）．

［15］李龙筠，刘晓川．资产结构、地区经济与企业创新能力——

来自中国创业板市场的证据 [J]．中央财经大学学报，2011（5）．

[16] 苗长虹，魏也华．技术学习与创新：经济地理学的视角 [J]．人文地理，2007（5）．

[17] 张文忠，李业锦．区域创新环境与企业发展研究 [J]．软科学，2003，17（6）．

[18] 常卫．试论中国文化企业创新能力的提高 [J]．中国特色社会主义研究，2007（2）．

[19] 辛阳．我国文化企业竞争力评价指标体系的构建与应用 [J]．当代经济研究，2013（5）．

文化装备制造业产业集群研究：
形成模式、空间形态与发展趋势

崔 煜①

摘 要：文化内容生产性产业的发展需要为其生产、供应所需设备及后续服务的文化装备制造业提供配套发展。基于相关文献与政策研究，首先指出文化装备制造业属于文化产业范畴，并且文化装备制造业在产业性质方面不同于文化内容生产性产业；由此，分析文化装备制造业产业集群提出：文化装备制造业的形成实质是市场诱发下文化产业与装备制造业的融合与整体转型；空间形态上表现为"哑铃式"结构，展示营销类主体集聚区与设备生产主体集聚区在空间上相对分离并通过信息技术与物流渠道实现对接；政策与网络技术发展带来的规模扩大化与内部松散化是其发展趋势。

关键词：文化装备制造业；产业融合；空间形态；发展趋势

一、问题的提出

当前学界对文化产业集群的研究著述颇丰，但就其分析的客体而言，集中于为直接满足终端消费者精神需要进行的文化产品的创

---

① 崔煜，华东政法大学文化产业管理专业 2016 级研究生。

作、制造、传播、展示等生产和服务活动①。大体看来，上述研究往往从影响要素分析入手，不同的集群模式差异表现为要素的不同组合方式及各要素在整体结构中的影响力程度，如历史文化传统与资源、良好的外部环境（包括通信、交通、人居等硬件设施构成的空间载体与制度、法规等构成的政策平台等）、人才规模与质量、文化消费市场的发展等。这其中既包含传统的产业集群理论，又包含对文化产业独特的产业特性而进行的要素与机制分析。

相比之下，鲜有学者针对文化内容生产所必需的专用设备的设计、生产展开研究的，"文化装备制造业"的集群研究则更为不足。但数据显示，近年来文化装备制造业发展迅速，仅 2015 年我国规模以上文化装备制造业便实现工业总产值 120651806 万元，实现工业销售产值 117073794 万元，出口交货值达 50433545 万元②。不仅如此，随着洋山（自贸区）文化装备产业基地的建设，国内文化装备制造业的产业集群趋势日渐显现。

大体看来，学界普遍冠之以"文化产业集群"的研究思路实则隐含如下两种可能的假设，其一，从产业界定来看，文化产业等同于文化内容生产产业，因而文化装备制造业并不属于研究范畴；其二，将文化装备制造业纳入文化产业范畴，但文化产业内部的不同质态可以忽略其差异而在集群研究中同等视之，这意味着，文化装备制造业被认为与文化内容生产产业在产业集群维度可以作出相同的解释。

但事实上，本文认为，第一，文化装备制造业从产业界定来看应当归于文化产业范畴；第二，就其产业性质而言，文化装备制造业有别于文化内容生产产业，由此决定了，在集群现象的解释上，

---

① 相关文献可参考 L. L. Kong. Beyond Networks and R elations: Towards Rethinking Creative Cluster Theory [M] // L. Kong, J. O'Counor. Creative Economies, Creative Cities: Asian–European Perspectives [M]. Netherlands: Springer, 2009: 61~75. 张振鹏, 马力. 文化创意产业集群形成机理探讨 [J]. 经济体制改革, 2011, (2). 张鸣. 钻石理论与文化产业集群建设——以动漫创意产业为例 [J]. 当代传播, 2010 (03).
② 数据来源:《2016 年中国文化及相关产业统计年鉴》.

文化装备制造业也将不同于文化内容生产产业。有论者分析指出，文化装备制造决定了文化产品及服务的技术含量，也是推动传统文化产业转型升级的决定力量①。据此，有必要对文化装备制造业集群重新予以认识，系统分析其形成机理、空间形态及发展趋势。

接下来，本文将首先针对当前学界在文化产业集群研究中的两个潜在假设作出回应，以利于下文进一步展开对文化装备制造业集群的分析；在此基础上，系统分析：（1）文化装备制造业的集群模式是如何形成的；（2）文化装备制造业集群模式表现为怎样的空间形态；（3）基于影响要素分析来看，文化装备制造业的集群模式有着怎样的发展趋势。

二、对两个假设的回应

是否可以将文化装备制造业归于文化产业范畴，进一步地，是否可以用文化内容生产产业的集群理论分析文化装备制造业集群现象，对这两个问题的回答实际上要求就文化装备制造业的概念及其与文化产业范畴的关系展开分析，在此基础上，进一步对文化装备制造业的性质予以说明。

就当前资料来看，国内鲜有对这一经济活动现象提出明确的名称。这一名称较早见于《国家"十二五"时期文化改革发展规划纲要》②，文中提出"加快发展文化装备制造业……提高我国出版、印刷、传媒、影视、演艺、网络、动漫游戏等领域技术装备水平，增强文化产业核心竞争力"。国内部分学者则从学理角度进一步说明冠之以"文化装备制造业"的名称是可行的。如高书生

---

① 高书生. 我国文化产业发展的总体状况和主要特征 [J]. 经济与管理, 2015 (3).

② 中国政府网. http：//www. gov. cn/jrzg/2012 – 02/15/content _ 2067781. htm [2016 – 07 – 24].

基于物质再生产理论提出文化再生产理论，并将文化产业划分为三大板块、六个类别，其中之一即为文化装备制造（详见表1）①。高学武、李淑敏也认为，相较于文化产业划分的统计框架而言，文化再生产理论框架将产业链特性提升至产业层面而不再是隶属于文化产品下面的层次，有利于从产业层面把握文化产品生产环节的特征②。

表1　文化产业分析框架（据高书生分析框架）

板块	类别
文化生产及再生产过程	文化内容生产
	文化传播渠道
	文化生产服务
国民经济体系对文化产业的支撑	文化装备制造
	文化消费终端制造
文化产业对国民经济体系作用	生产性文化服务

就其内涵而言，2012年国家统计局在修订的《文化及相关产业分类(2012)》中明确指出，文化及相关产业是指为社会公众提供文化产品和文化相关产品的生产活动的集合，其主要范围之一即为"为实现文化产品生产所需专用设备的生产活动（包括制造和销售）"。而在具体的分类中则包含了印刷设备、广电设备、演艺设备、游乐游艺设备等的制造与销售活动③（详见表2）。这一界定将文化装备制造的功能定位为"为实现文化产品生产所需"，一方面明确了此类经济活动的产业链位置，另一方面开始将文化消费终端制造与文化装备制造在统计标准上予以区分。国内学界在这一问题上的研究以高书生的观点为代表，一方面

---

① 高书生. 文化再生产论——兼论文化和经济融合 [J]. 行政管理改革, 2011 (7).

② 高学武, 李淑敏. 我国文化产业发展轨迹、阶段特征和效率评价 [J]. 财经问题研究, 2014 (6).

③ 资料来源于中华人民共和国国家统计局门户网站. http://www.stats.gov.cn/tjsj/tjbz/index_1.html [2016-08-09].

明确肯定文化装备制造与文化消费终端制造是并列的文化产业业态，将二者从生产与消费的角度加以区分，从而认可了"为实现文化产品生产所需专用设备的生产活动（包括制造和销售）"这一内涵；另一方面在外延上则将幻灯与投影设备制造、照相机及器材制造等活动排除在文化装备制造的范畴之外，与国家统计标准意见相左①。事实上，本文认为幻灯与投影设备制造、照相机及器材制造等相关活动也符合文化装备制造的内涵，在外延上将其纳入其中更为恰当。

表2　文化装备制造的构成（据国家统计框架分类标准）

类别	行业	细目
文化装备制造	印刷设备制造	印刷专用设备制造
	广电设备制造	广播电视节目制作及发射设备制造、广播电视接收设备及器材制造、应用电视设备及其他广播电视设备制造和电影机械制造
	演艺设备制造	装饰用灯和影视舞台灯制造
	乐器制造	中西乐器、电子乐器和其他乐器及零件制造
	游乐游艺设备制造	露天游乐场所游乐设备制造、游艺用品及室内游艺器材制造、其他娱乐用品制造
	其他文化专用设备制造	幻灯及投影设备制造、照相机及器材制造、复印和胶印设备制造

国外对于这一经济活动并没有相关概念予以界定，但在有关的资料中已经把与文化内容生产相关的设备列入文化产业范畴，这便肯定了文化类相关装备制造的文化产业属性。在世界知识产权组织（WIPO）对文化产业的界定中，特别提到了制造（manufacture），而在其外延的相互依存的版权产业（Interdependent Copyright Industries）中则明确列举了乐器设备（Musical Instruments）与复印件、摄影装备

---

① 高书生.我国文化产业发展的总体状况和主要特征［J］.经济与管理，2015（3）；高书生.文化再生产论——兼论文化和经济融合［J］.行政管理改革，2011（07）.

（Photocopiers，Photographic Equipment）①。在联合国教科文组织统计研究所［UNESCO Institute for Statistics（UIS）］在 2009 年对文化产业的界定中明确将声音设备（Sound Equipment）与印刷设备（Printing Equipment）列入文化产业的扩展层（Industries in Expanded Cultural Domains）②。而在戴维·思罗斯比关于文化产业模型的对比研究中，也对现有的五类文化产业模型进行梳理并列出前述 WIPO 版权模型（WIPO Copyright Model）与 UIS 模型（UIS Model），通过数据进行了比较分析③。澳大利亚统计局在确立文化产业统计范畴时同样将"视听设备""用于录制、复制声音或图像的设备""乐器和其他表演艺术设备"与"照相设备"纳入其中④。

可见，尽管对于文化产业范畴的界定历来淆乱，但就现有资料来看，多数界定都将"为实现文化产品生产所需专用设备的生产活动"纳入文化产业范畴，即认可了文化装备制造业的文化产业属性。所不同的是，不同学者和组织对于其具体外延宽窄的意见不一，对此类经济活动的归类与命名也存在差异。

而基于前述研究，笔者认为，"文化装备制造业"的产业性质可作如下认识：从产业构成来讲，既涉及文化产业中的展示、营销等环节（销售活动），又涉及制造业领域中的设备生产环节（制造活动），二者在市场机制下形成产业关联，装备制造业借助展示营销环节而以目标市场为生产导向，其实质是文化产业框架下的产业融合与分工；从生产链的角度来讲，文化装备制造业位于文化产业"创意设计"与"内容产出"的中间环节，是实现文化内容生产所必须的设备制造与

---

① World Intellectual Property Organisation（WIPO），2003. Guide on surveying the economic contribution of the copyright – based industries. Geneva：WIP.

② UNESCO Institute for Statistics（UIS），2007. The 2009 UNESCO framework for cultural statistics（Draft）. Montreal：UIS.

③ David Throsby. Modelling the cultural industries［J］. International Journal of Cultural Policy，Vol. 14，No. 3，August 2008.

④ 国际统计信息中心课题组. 国外关于文化产业统计的界定［J］. 中国统计，2004（01）.

销售等后续服务的总和；而就产出结果来看，不同于内容生产型文化产业以满足受众的符号消费心理，以体验价值需求为导向、直接产出精神消费产品，文化装备制造业的产出物指向于进行内容生产的经济活动主体、以满足其生产性活动的物质资料需求及其配套服务为目的；与传统装备制造业比较而言，文化装备制造业有着更强的市场导向性，产品往往根据市场所需进行定制化生产，而传统装备制造业则表现出强烈的批量化生产特征。

由此可见，文化装备制造业既不同于传统装备制造业，也不同于文化产业领域中直接进行"内容生产"的相关产业。因而有理由认为，文化装备制造业的产业集群模式也将有别于传统装备制造业及内容生产型文化产业的集群模式，在研究中应区别对待。接下来，笔者分别从动态与静态的角度切入，阐述文化装备制造业集群模式的形成过程与空间形态，并从影响要素的角度分析其未来的发展趋势。

三、形成模式：产业融合转型

事实上，从观察经验的角度可知，文化装备制造业各行业类别及其细目的集群现象至少在"文化装备制造业"相关概念提出之前就已存在，如浙江上虞的摄影器材制造集群、广东中山的游艺设备制造集群及广东恩平的演艺设备制造集群等。但是本文认为，这些集群形成的一个基本前提在于市场的标准化需求致使相关行业批量生产得以借助规模经济，实现最大化效益。这是因为，这些集群多源于改革开放初期的出口加工与代工生产，在国际分工的背景下，产品面向市场并因市场需求的稳定而相对固定，较长的需求变化周期使其在客观上减少了对技术及创新因素的依赖，以实物生产为主要环节的制造集群的形成基本与传统装备制造业相似，在空间上呈现同心圆形态。但在新的市场环境下，文化内容生产对所需装备的要求日益呈现出个性化及专门化的特点，既有的文化装备制造业集群已经难以适应其发展。因此必须要回答这样一个问题：在文化内容生产产业的需求下，满足个性化、专门化特征的文化装备制造业集群如何形成，其空间形态又表现为什么特征。

在文化装备制造业集群形成的过程中，基于市场的导向机制，展示营销类企业与产品制造企业间不断交织的生产关联致使相关企业在该区域集聚，因而对于集群形成过程不能以先后关系对其进行简单的分割。但是，就整体的发展脉络而言，大致可表述为在市场的诱发下，专门化的展示营销等企业的集聚区与一定区域内既有的装备制造业集聚区形成产业关联，并以区域产业结构整体转型的方式共同构成该地区文化装备制造业的产业集群。

而相关研究认为，制造业与文化产业融合是推进我国制造业升级的路径选择之一，具体表现为文化产业的实体经济部分与制造业的实体经济部分直接融合，以此带动制造业整体价值的提升，促进文化用品、文化器材、设备等制造业的升级发展[1]。可见，文化装备制造业集聚区的形成借助了原有的装备制造业集聚区，换言之，文化装备制造业集群首先是基于传统的装备制造业的集群，因而构成其形成机理的影响要素大多为传统装备制造业集群的相关要素。一般而言，这些影响要素包括了知识溢出效应[2]、政府政策导向与基础设施的完善程度[3]、上下游生产企业之间的运输成本、因其技术密集型产业特征带来的对科研院所技术力量的依赖性、设备厂房等的大型化对土地成本的客观要求等。概括起来，主要包括政府政策、知识溢出、科研院所技术等构成的软环境，以及基础设施、土地位置、集聚区运输距离等构成的硬环境。

---

① 高书生. 文化再生产论——兼论文化和经济融合 [J]. 行政管理改革，2011（07）.
② 高学武、李淑敏. 我国文化产业发展轨迹、阶段特征和效率评价 [J]. 财经问题研究，2014（6）.
③ 吴明来、李碧珍、张菊伟. 制造业和文化产业的融合：我国制造业升级的路径选择 [J]. 福建农林大学学报：哲学社会科学版，2013，16（4）.

然而，上述研究仅仅回答了传统装备制造业集群升级成文化装备制造业的可能性，对于其转型升级的必然性仍有必要做进一步分析。传统装备制造业面临困局已是不争的事实，因而寻求新的发展出路是其必然选择①。而笔者研究发现，市场供需关系变化构成了传统装备制造业集群转型成为文化装备制造业制造环节集聚区的关键性因素。一方面，当前我国制造业产品同质化问题突出，市场竞争激烈②，许多制造业领域趋于饱和状态，加之下游企业损失厌恶心理日盛③，传统装备制造业市场可盈利空间不断萎缩，形成了对制造业企业转型发展的推力；另一方面，文化产业中内容制作产业的快速发展，在客观上形成了对其所需装备的巨大需求，由此孕育出了文化装备制造业的巨大市场，且随着内容制作需求的扩大而不断膨胀，形成了对传统装备制造业的拉力。此外，从产业分工的角度来看，文化产业内容制作及其所需设备制造的分工符合技术互补性融合思想，有利于发挥各自的比较优势，发挥各自核心资源功效，实现"双赢"④。如此，传统装备制造业集群中的核心生产企业以市场为导向开始产品结构的调整并逐渐完成转型，为其提供上下游配套部件生产的企业随之进行生产转型，当其生产的产品在整个产业链上发生改变，即从传统的工业设备生产为主到文化产业内容制作所需设备生产为主，传统的装备制造业实际上完成了其向文化装备制造业集群的转型，文化装备制造业集聚区在传统装备制造业的集聚区基础之上开始形成。

基于阿林·杨格的迂回生产理论，我们认为作为实现文化装备生产与其应用市场相对接的中间型组织，展示营销类企业的相关运作将

---

① 娄玉东、綦良群. 区域装备制造业集群演化机理分析 [J]. 科技与管理，2010，12（02）：111~115.

② 巩前胜、吴丹凤. 装备制造业集群发展的影响因素实证研究——基于陕西省的分析研究 [J]. 西安石油大学学报（社会科学版），2011（03）：20~24.

③ 白永秀、赵勇. 后危机时代中国装备制造业的发展趋势及对策 [J]. 福建论坛·人文社会科学版. 2010（7）.

④ 刘奕. 创意产业与制造业融合发展：产业升级的重要途径 [J]. 中国经贸导刊，2011（8）：22~24.

可以在更大程度上降低文化装备生产企业的市场开拓、品牌宣传等成本，因而展示营销类企业将成为整个产业的必要环节。据此，与传统装备制造业集群转型相伴而生的是位于展示营销环节的企业在特定区域的集群及其与下游生产制造企业间信息传输渠道的建立。这些企业往往在多种相关要素优化组合的环境下选择地理位置，并通过与内生的产业关联与装备制造集群中的相关企业建立信息传输渠道，形成纵向联系；同时，同处于营销展示环节的企业因一定的知识溢出效应与协作关系而形成横向联系。而从社会资本的概念来看，展示营销集聚区同样具有因集聚而产生的区域品牌效应，可见为追求更大的经济效应而趋向集聚的社会资本心理也是其影响因素之一。而无可避免地，展示营销类企业为了在最广泛的层面实现门槛人口的增加将极力靠近市场，表现为在地理位置上趋近城市市区。

在大量的展示营销类企业与服务机构在特定区域实现集聚并因信息传输渠道而与装备制造集群形成紧密的产业关联之时，文化装备制造业的产业集群最终得以形成。

四、空间形态："哑铃式"结构

传统的产业集群依据不同的分类方法表现为各不相同的模式，如"内生型"与"外生型""水平一体化型"与"纵向一体化型""创新型"与"低成本型"①。但是，就其内部空间布局形态而言，往往表现为"同心圆模式"，或称为"中心——卫星式"。这是因为，相关主体在该区域特定环境下由于相关要素构成的吸引力而趋向互相靠近，上下游生产企业往往选择围绕该区域的核心生产企业分布。

---

① 任曙明，原毅军，王洪静. 损失厌恶、需求萎缩与装备制造业技术升级 [J]. 科学学研究，2012，30（3）：387~393.

　　相比较而言，文化装备制造业集群的内部空间形态则表现为在特定区域内，同一行业的不同生产环节在空间上相对独立集聚而形成的"哑铃式"布局。而在其"哑铃式"内部空间形态的形成中，位于展示、营销等环节的企业形成局部集聚，位于设备制造环节的企业及相关配套机构形成另一局部集聚，两个局部集聚区在空间上相对分离，表现为集聚区之间在地理距离上的较大跨度，生产型企业形成的装备（设备）生产主体集聚区往往分布在郊区，而展销型企业形成的装备（设备）营销主体集聚区往往分布在城区，离目标消费者较近，方便相关装备（设备）的展销或者利用这些装备（设备）为消费者提供特定的文化服务。这两个集聚区之间通过物流和信息流联系起来，其中生产主体集聚区通过物流将装备（设备）运输给营销主体，营销主体则通过信息网络及时将装备（设备）产品的市场信息反馈给生产主体，方便其迅速调整生产以满足市场需求（图1）。这种集聚区在地理上的二元结构①，是文化装备制造产业集群的典型空间特点。

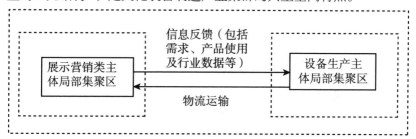

图1　文化装备制造业集群的内部空间形态模型

　　从上文对于两个局部集聚区形成的要素分析中可见，无论是上游的展示营销环节的集聚还是下游的制造环节的集聚，其形成都受到了共用基础设施、集聚品牌等因素的影响，这些要素构成了上下游集聚一体化的吸引力。但是从整体来看，文化装备制造业的集群模式呈现

---

　　① 胡慧源，高莉莉. 反思文化产业集聚区：异质性及其政策选择［J］. 东岳论丛，2013，34（4）.

出"哑铃式"，相对分离的两大局部集聚区而并未在空间上进一步聚合成一体。因而对其集群模式的形成进行分析就必须回答这样一个问题：两个局部集聚区之间存在哪些影响因素致使二者之间出现较大的空间跨度。

究其原因，主要在于两个局部集聚区对地理位置的需求不尽相同，不同的地理位置意味着相伴而生的不同区位要素。事实上，生产性文化产业集聚区分散在城市周边，多数处于城郊接壤处；服务性文化产业集聚区则日趋向城市中心靠拢，部分集聚区甚至选址在商业繁荣区和文化品质区①。在展示营销环节的集聚区形成过程中，工作性质对所需的人力资源提出了特殊的要求，而从事展示营销工作的人才对工作环境存在隐性要求。研究表明，大城市所拥有的高市场活跃度、大量的潜在观看人口、完善的基础设施及良好的工作条件等因素构成的环境更利于吸引展示营销企业集聚；另一方面在城市集聚可以更好地接近最终需求市场，及时向生产环节反馈信息。

而脱胎于传统装备制造业集群的文化装备制造业的制造集聚区则往往与展示营销类主体集聚区发生偏离，多位于郊区位置。这是因为，作为市场经济的主体之一，企业经营行为的目的在于经济利益的获取，自然，对于成本的控制将构成其区位选择的重要条件，而相比于一般经济生产活动，装备制造业往往对土地的占有面积有一定的要求，尽管这并不是形成装备制造业集聚的重要因素，但却是集聚区位置选择的关键影响因素。事实表明，由城市中心向城市外围扩散，土地价格呈现递减趋势，由此占地面积大小直接影响企业的生产成本，因而装备制造集聚区多位于既拥有适中的土地租金又有良好的科研院所力量分布的城市边缘地区。

同时，还应该注意到，信息传输技术的发展在客观上为"哑铃式"集聚模式的形成提供了必要的技术支持，即技术条件事实上扮演了补充

---

① 王克岭，陈微，李俊. 基于分工视角的文化产业链研究述评 [J]. 经济问题探索，2013（3）.

资源短板的角色。正是凭借信息传输技术，上游的展示营销类企业所获取的市场信息可以跨空间与下游的生产制造企业实现实时对接。

而具化到集群内部的局部集聚区，其空间形态又有所区别。上文谈到文化装备制造业实质上是文化产业与制造业融合发展的一种表现，笔者上述研究表明，生产制造集聚区多依托于该区域既有的传统装备制造集群，因而其集聚的空间形态与传统的装备制造业的空间形态并无过多差异，多数表现为耦合模型下的"中心——卫星式"空间形态①，即以核心生产企业为中心，集聚一批具有生产关联的上下游企业及服务机构。而相比之下，展示营销环节的集聚在空间形态上则趋向于"散点式"，尽管在集聚区内同样存在着综合实力较强的企业，但与周围其他企业之间的上下游生产关联相对较弱，也就是说，这些企业集聚更多出于共享基础设施、利用政策扶持等相关生产要素，企业间知识溢出效应居于次要地位②。

五、发展趋势：规模扩大化与内部松散化

事实上，国内对于文化装备制造业集群模式的研究尚处于起步阶段，而满足文化创意内容所需的文化装备制造业的集群发展在国内也仅是刚刚显现，对其集聚模式的认识基本来自理论上的定性分析与少量的现象观察，因而对其模式的发展趋势分析并不以明确的某一结果为要义，而是着眼于新的影响因素对其模式的作用而进行的关系梳理。而就当前的发展环境而言，对文化装备制造业的产业集群模式形成作用的影响主要来自两个方面，一是政府的政策导向，二是网络技术的

---

① 顾庆良，方澜. 产业集群的形态与演化评述 [J]. 上海管理科学，2004（06）：62~63.

② 胡慧源，高莉莉. 反思文化产业集聚区：异质性及其政策选择 [J]. 东岳论丛，2013，34（4）.

进一步发展。

政府利用相关政策对文化产业的发展进行扶持已成为各国文化产业发展的重要力量①。对于我国刚刚开始集群发展的文化装备制造业来说，其集群模式的发展趋势受到政府政策导向的重要影响。以刚刚成立不久的洋山（自贸区）文化装备产业基地为例，其成立得到了政府的大力支持，而其所处的"自贸区"这一特殊地理位置也构成了其进一步发展的政策环境，形成了税收优惠、技术引进、国际结算等多项发展优势。就全国发展情况而言，2015 年全国文化及相关产业增加值占 GDP 比重为3.97%，比上年提高 0.16 个百分点②；与此同时《中共中央关于制定国民经济和社会发展第十三个五年规划的建议》提出"'十三五'末实现文化产业成为国民经济支柱性产业的目标"。从国家政策角度来看，文化产业发展将继续得到政策扶持，而重点领域为图书报刊、电子音像制品、演出、娱乐、影视剧、动漫游戏等。由此可见，未来在文化装备制造领域，还将有更多的相关政策出台，推动单个的集聚区规模进一步扩大，相关的集聚区在数量上呈现上升趋势。

另一重要因素为网络技术的进一步发展。在当前网络技术的发展之下，新的商业模式不断催生，特别是传统产业的互联网化趋势，使得部分生产型文化装备业企业实现"线上集聚"发展，即具有生产关联的生产型文化装备企业在网络平台上实现分工合作与上下游贯通，而线下实体则不一定要求地理空间上的绝对临近，开始逐渐呈扩散态势发展。当然，此时在特定地理空间上仍然会出现生产型文化装备企业与其他制造业企业的集聚，但是这种集聚将会更多地表现出共用基础设施、集聚区政策优惠等动机，集聚区内部黏性程度会进一步降低，朝着松散化方向发展。

---

① 李凯、李世杰. 装备制造业集群耦合结构：一个产业集群研究的新视角 [J]. 中国工业经济，2005（02）：51~57；周尚意，吕国玮，戴俊骋. 北京 DRC 空间约束下的企业网络特征与创新能力关系分析 [J]. 经济地理，2011，31（11）：1845~1850；余海秋. 泰国文化产业政策初探 [J]. 学术探索，2013（06）：101~105.
② 数据来源于国家统计局网站. http://www.stats.gov.cn/tjsj/zxfb/201608/t20160830_1394336.html [2016-09-02].

六、结 语

本文将文化产业中的文化装备制造业集群模式作为研究对象，从其内涵与产业特性的层面切入，分析了其产业集群的形成模式，即市场诱发下文化产业与传统装备制造业的融合与整体转型；提出文化装备制造业的集群模式在空间形态上表现为"哑铃式"，即"展示营销"与"生产制造"两大局部集聚区在空间上相对独立集聚并通过网络传输技术实现跨空间的生产关联。前者更多出现在城区、后者更多出现在郊区，前者的选址更多需要考虑市场因素、后者的选址更多受成本因素影响；信息传输网络技术是其实现的外在条件，而政府政策与网络技术发展带来的规模扩大化与内部松散化则是其两大发展趋势。

但是应当指出，本文的分析主要侧重于从理论上进行定性分析，缺少相关的实证分析；此外，当前关于文化装备制造业的数据统计仍较为缺乏。囿于实证分析的缺乏与学界相关研究的空白，以及相关数据的缺少而带来的定量分析的不足，本文的相关结论可能存在的一定的偏差，对于文化装备制造业集群的实证研究与定量分析的补充也将成为笔者下一步的主要研究方向。

当然，需要说明的是，本文的集群研究仍是基于一般的产业经济学理论展开，因而其基本的前提假设为"一般的产业经济学中的相关概念及其理论在文化产业集群研究中仍然适用"。但事实上，传统的产业集群理论是否可以直接用以解释或分析文化产业集群的相关问题仍有待考察，对于其中可能的理论风险应有所警惕并作出思考。

"IP"热的解读与突围

王佳琪①

摘要：近两年来，"IP"作为热门词汇活跃在文化产业的研究与实践中，引发了业内及市场的广泛关注。本文从 IP 的概念和特点出发，阐述了 IP 热的内涵是概念热、资本热、产业热，并指出 IP 产业应通过建立 IP 价值评估体系、完善 IP 全产业链建设等方法尽快回归常态化发展。

关键词：IP 热；价值评估；产业链

经历了 2014 年之前的探索期，IP 市场从 2015 年起逐渐趋于成熟。以内容为核心、多种经营为特点的 IP 在影视、游戏、动漫等行业中实现了全面爆发，刮起了一股"IP 热"。这股热潮对文化产业既是机遇，也是挑战。一方面 IP 的爆发使得版权保护意识和版权开发能力增强，激活了文化市场。另一方面，IP 热的持续发酵暴露了内容创作枯竭的困境，各类文化产品都想搭上 IP 的快车，加重文化产业内的投机行为，造成了一定程度的市场混乱。因此，适度给 IP 降温，让行业尽早回归理性，才是长远稳定的发展之道。本文将从对 IP 热的解读入手，讨论 IP 常态化发展路径。

---

① 王佳琪，同济大学人文学院哲学专业美学方向 2016 级研究生。

一、IP 的含义与特性

随着我国文化产业的不断发展、资本的不断涌入、技术手段的不断创新和版权保护的持续推进，出现了以 IP 产业为代表的一系列文化繁荣现象。繁荣背后，IP 的概念外延在商业化运作中不断拓展，对 IP 含义的阐述是解读 IP 热的基础。

（一）IP 的含义

IP 一词的出现，最早是由法国学者卡普佐夫在 17 世纪中提出的法文 "propriété intellectuelle"①，后引入英文中成为 "Intellectual Property"，译为知识产权，或称智力成果权。从 Intellectual Property 到 IP，其概念的确立经历了实践的探索。20 世纪 90 年代，随着 DC 漫画授权制作的《超人》《蝙蝠侠》等系列电影火爆荧屏，国外开始了早期的 IP 概念实践，经历了严酷的市场竞争与兼并，以好莱坞为代表的文化集团逐渐形成了出版、影视、音乐、音像、游戏、主题乐园等细分产业，同一主题下的多种经营实现了产业链的效益最大化。早期国内则以零散的、独立的产品开发为主，其中小说改编影视剧为主要表现形式。2011 年，随着《步步惊心》《甄嬛传》等网络文学改编而成的电视剧大获全胜，IP 在中国市场进入了商业化萌芽阶段；2014 年，IP 的概念在业界流传，影视 IP 发展迅猛，同时游戏试水与 IP 结合；2015 年，以《琅琊榜》《芈月传》为代

---

① 裘安曼. 从 IP 的中文翻译说开去 [J]. 知识产权，2010 (5)：66.

表的影游联动①初显成效，IP 作品火爆市场，"《寻龙诀》《爸爸去哪儿》《滚蛋吧，肿瘤君》等全年 30 部网络文学、综艺、漫画 IP 类电影贡献约 80 亿票房"②。正如《百年孤独》中所说，"世界新生伊始，许多事物还没有名字，提到的时候尚需用手指指点点。"互联网时代中 IP 的定义仍有争议，根据 IP 的实践探索，从商业和资本角度，可认为它是以市场为导向的、具有知名度和共同价值认知的、可多维开发的优质内容版权，具体表现为故事、形象、元素等形式。以优质内容为核心的 IP 展现出巨大的商业价值，其基于同一内容在出版、影视、漫画、游戏、音乐等范围中广泛共生，以流动的形式满足了用户情感交互体验与多元层次需求，改变了娱乐产业链上各个环节的运作模式。

（二）IP 的特性

结合 IP 兴起的过程与对 IP 含义的阐述，本文对于 IP 的特征分析可大致总结出以下四点：

1. 具有价值认同的符号与品牌

IP 是抽象出来的价值认同，这种价值认同并不局限于某一种形式，往往借助人们原本熟悉、喜欢的符号所表现出来，这也就是斯图亚特·霍尔认为的"自然化"的符码——它在人们产生认知时便存在于一个具体的语言群体或者文化中，这样的符码不是人为建构的信息传播媒介，而是先天就存在于潜意识里的文化。因此无论以

---

① "影游联动"概念最早由游族网络提出，背景是千亿游戏市场和千万电影市场之间存在化学反应的可能，两者的化学反应将引导出万亿市场规模的爆发。影游联动的优势在于影游公司围绕同一 IP 可以进行有效开发，除了作品开发时间同步之外，双方的研发、市场、渠道工作都能深度地搭配开展，从而放大 IP 的整体价值，目前市场上比较成功的影游联动代表作品有：天象互动、爱奇艺 PPS 联合发行的慈文传媒电视剧《花千骨》手游、游族网络和游族影业共同进行《三体》电影游戏开发等。

② 数据来源于：钱浩. 艺恩网. 2015 中国市场 IP 收购 209 亿覆盖全产业链. http：// www.ebrun.com/20160317/169320.shtml［2016 - 03 - 17］.

文学、影视、周边产品的形式出现，它都能以强烈的、统一的、独特的符号受到识别，成为跨媒介商业运作的基础。品牌形象是以符号为基础的价值系统，同一符号在多种商业运作中的延伸表达和同一价值认同下的不同符号，组合而成的品牌使得 IP 能够实现多次开发。IP 作为独特的品牌识别符号，能够在互联网中快速获取流量，聚拢注意力资源并在文化产品营销中取胜。

2. 以版权为核心的多种经营

IP 的核心竞争力是优秀的内容，版权流转是其价值实现的唯一方式。普遍意义上优秀的文化产品不一定是真正的 IP，能够在同一品牌下开发包括小说、漫画、电影、电视、游戏等有相同个性、相同价值、相同符号系统、形成整体项目的产品才能成为 IP。从商业角度看，IP 价值实现的必要途径是跨媒介的商业运作，即产业价值链的实现，当一个 IP 品牌在某一领域崛起后，通过二次、三次创作将其完善成为一个品牌体系，并反哺原有品牌，其衍生出的各种产品能够为大众带来不同的文化体验，并实现相异产业形态下的价值最大化。

3. 以受众规模为基础的经济价值

在市场导向下，IP 的经济价值是检验 IP 真伪的唯一规则。IP 与普通文化产品的区别，显性表现在具有影响力的受众规模上。其关键在于，能够成为 IP 的文化产品必然经过了酝酿受众规模的时期，在开发之初即享有强黏性的受众群体，借此获得粉丝经济效益并减少开发风险，因此 IP 背后的粉丝价值是项目开发的重要参考标准。但需注意 IP 并非万能的，"优质 IP 的粉丝在转换率上虽较稳定，但并非所有具备粉丝资源的 IP 都能顺利转换为有市场竞争力的作品"①。

---

① 丁亚平. 论互联网语境下电影 IP 转化的现状、问题与对策 [J]. 当代电影. 2015（9）：5.

4. 具有多面延展性的发展潜质

IP 深厚的发展潜质是其能够引发市场火热的本质因素，良好的延展性展现出 IP 清晰的发展路径，一是 IP 的延展性使得其在不同的文化产品之间可以实现自由的、互动的转换，使 IP 具有广阔拓展空间；二是 IP 受众的吸纳扩展，从核心粉丝到普通受众再到路人受众，为 IP 长久发展贡力量；三是不同级别的 IP 以不同手段不断养成，普通 IP 可以在发展中延展成为超级 IP，蕴含巨大经济潜力。

二、IP 热的内涵

IP 数量之丰富、市场之庞大、形式之多样，带来了丰富的文化产品，引发了一场时间长、范围广的 IP 热，本文从以下三个角度来解读 IP 热的内涵。

（一）IP 概念热

模糊的 IP 概念边界是 IP 热的首发原因。如今文学、影视、游戏等行业必谈及 IP，这两个简单的字母似乎成为了市场的救命灵药，IP 并不是 Intellectual Property 的简单缩写，知识产权（Intellectual Property）作为一个确定的法律概念，具有明确的法律边界。而我们所指的 IP，不具备统一认可的概念和明确的边界，它从内涵上可以映射成版权、价值观、品牌符号，从形式上，网络小说、动漫游戏、综艺节目、流行歌曲、人物形象等都可与 IP 挂靠，似乎所有的文化产品都能在 IP 的海洋里汇集。这种现象出现的原因，不仅是 IP 仍处于不断探索外延的实践运动中，更是商业资本对话语权的争夺战。以 BAT 为代表的互联网公司及以华谊兄弟、光线影业为代表的传统企业,通过对 IP 概念和运作模式的定义,使自己站在产业的制高点,成为行业游戏规则的制定者,以期达到长久盈利的目标,这种出于商业目的的话语权争夺加剧了 IP 概念的混乱现象。

带有 IP 内涵及特征的文化产品实践并非近两年才开始,若将改编作为 IP 运营的核心标志,那么所谓的"IP 电影""IP 小说"以往就一直存在,国内由四大名著等文学著作改编影视剧大获好评,国外由知名漫画改编的好莱坞电影更是不胜枚举,IP 似乎是旧瓶装新酒的假概念,但实际上不能把 IP 简单地理解为文化产品的形式流转,IP 的概念中实质蕴含三个不可忽视的方面,一是从商业和资本的角度出发,市场更看重 IP 的产业价值而非文化价值,而这种产业价值的内核是粉丝经济;二是从产业链角度出发,IP 不是某一个特定的文化产品,而是基于产业链整体开发与运作的项目,缺乏产业链运营的项目,难以建构起品牌,动摇长远发展的根基;三是把握优质内容版权至关重要,IP 在中国被捧至神坛,关键原因在于原创优质内容的匮乏和知识产权的保护力度上升,无论是从商业角度还是产业角度,其根本都是对于版权的多方位运营,优质内容版权才是 IP 的核心。IP 的概念被滥用,使得市场泥沙俱下的情况愈发严重,让烂作品贴上好标签,把 IP 概念炒作当作短期获利的利器,无疑是对整个 IP 产业的打击,我们必须把握住 IP 的界限,认清好 IP 不一定是好作品,好内容不一定是好 IP,谨慎创新 IP 内涵的外延。

（二）IP 资本热

资本的大量涌入成为 IP 狂欢的根本原因。国务院"新国九条"颁布后,文化产业持续得到资本的热切关注,文化板块的上市公司受到追捧,文化产业领域并购热点不断,"2015 年上半年,文化产业市场披露金额的 56 起投融资及并购事件,涉及金额约 244.24 亿元，资本注入为文化产业持续完善供血能力①。"其中，既有行业龙头企业通过并购拓展产业链，又有传统行业通过跨界并购向文化产业转型。资金看准了文化消费的巨大市场，把火力对准 IP 产业，主要是出于两方面原因：其一是 IP 粉丝经济与渠道共享的特性，使得 IP 产品的投资风险偏低；其二是 IP 的既成内容缩减了投资期，能够快速投产获得收益。大量业外资金、从业者的加入，既为 IP 产业发展奠定基石，也带来一定的风险。由于资本与市场的青睐，企业为在吸引投资、用户、广告、销售中保有竞争力，在文化产品的生产选择上不得不向 IP 倾斜。商业的力量对于艺术创作和题材内容选择产生巨大影响，使得文化产品内容创作一定程度上失去自主性，内容向资本趋近造成内容同质化、粗制滥造等问题；哄抢 IP 使得版权价格虚高，版权交易非良性发展，项目开发的其他费用相应缩减，使得作品的整体质量降低。冷冰冰的资本忽视了创作者的独立思考和文化的深度，若把商业价值置于创作价值之上，会动摇文化产业赖以发展的根基。

（三）IP 产业热

IP 是个产业概念，IP 之所以能够保持热度，正是因为它并非单点爆发，而是以主要作品为代表的全产业链的爆发。由于 IP 并不仅指具体的故事情节，它更追求价值与文化认同，消费者不仅购买了产品的功能属性，还获得了情感和价值认同需求的满足，而这种满足并不集中于某一种具体的文化产品形式中，因此进行的多种经营能够生成 IP 全产业链。而完整的产业结构和产业融合，也促使同一个 IP 进行不同形式的多元开发，产生了丰富的文化产品，使之能够大面积覆盖文化市场，让 IP 产品处处开花。

这种产业建构可以从两方面理解。从横向上看，出版、影视、

---

① 数据来源：中国经济网文化产业频道统计数据．原数据来自中国经济网．2015 上半年文化产业投融资并购情况分析．http：//www. ce. cn/culture/gd/201506/26/t20150626_5766752. shtml［2015 - 6 - 26］．

动漫、游戏、音乐等行业互相渗透，以不同形式表现同一核心概念，互相成为核心 IP 的内涵与增值环节，形成了以版权为核心的网状产业价值链。在运营总目标的协调下，各个部门对于核心内容进行整合、跨界改编和系列化开发，横跨行业的运营释放 IP 的最大价值；从纵向看，创作生产、传播营销、衍生变现等核心环节，构成了 IP 的线性价值链结构，主要是以文学为主要来源的创作生产环节、以影视剧积累粉丝为主要方式的营销环节和以游戏、动漫、周边产品多种形式开发的衍生反哺环节，在价值链上的每一特定战略环节上的优势，都能促使 IP 的快速流转，从而由点及面形成全面爆发。

三、IP 热的突围

IP 的爆发式崛起，既是文化产业快速发展的表征，也是行业不健全的体现。由于大量炒概念、赚快钱的作品充斥市场，IP 已渐渐褪去其光环，反而贴上了粗制滥造的标签。从国外优秀运作案例来看，好莱坞、迪士尼等公司开发的优秀 IP 作品并未被资本支配，反而是作品内容丰富、制作精良、宣发到位的有力保障，在长远发展中发挥出 IP 的最大效益。走出 IP 热的怪圈，使行业尽快回归正轨是当务之急。

（一）建立 IP 价值评估体系

随着文化产业市场的竞争加剧，IP 资源的哄抢导致大量文化价值低的"文化垃圾"进入消费市场，尽早建立起 IP 价值的评估体系，能够一定程度上为资本提供借鉴，避免 IP 的虚假繁荣。这个评估体系的要素有以下几方面：

1. 以内容价值为导向

IP 的价值衡量中要保持着文化价值第一、流量价值第二的基本态度。尽管 IP 是一个产业概念，但它不能脱离文化产品应该具有的叙事价值、艺术价值，真正的 IP 不是以商业价值为导向衡量的结果，即粉丝基数、变现能力等硬性数据不能够成为衡量 IP 的决定性因素。内容的软性价值更为重要，它包括积极向上的价值观念、深度的人文关怀、丰富的叙事内容、完整的世界观等等。真正的 IP 就意味着内容的保障，能够帮助用户筛选掉那些信息含量低、制作水平差的产品，受众能够从 IP 作品中收获精神食粮，IP 也能由此收获用户流量。

2. 以产业环节为尺度

把横纵向产业链上的各环节作为 IP 价值评估的主阵地，引导市场对于 IP 的进行全方面的理性判断，以完善的价值分析体系保障 IP 健康发展。在纵向产业价值链上，价值评估并非仅是开发前的投资评估，而是渗透进产业链的各个环节中，用精准的数据分析、规范的考量标准为 IP 产业制造良性闭环。以 DataEye 研发的 DiDATA 产品为例，它贯穿 IP 产业链始终，从发行前对优质 IP 的发掘从而规避发行风险，到后期运营中对受众的具体分析，为 IP 的精细化运营提供数据支撑，为进一步提升 IP 价值提供保障。在横向产业价值链上，不同的行业门类需建立不同的评价项目及评价指标。以易观智库对网络文学 IP 的评价方式为例，其"一级指标分别是 IP 内容价值和 IP 改编潜力。IP 内容价值是通过对作品内容传阅度、作品热度、作品表现力指数以及作品生命力指数等指标对 IP 内容进行价值评估。IP 改编潜力是通过对作品与大众关联度、题材、改编可行性以及用户匹配度等指标对 IP 改编潜力进行评估。根据相应一级评估指标，根据重要程度，分别赋予其包含的二级指标相应权重"①。根据行业门类的差异进行分类分级的评估，能够为 IP 发展提供针对性意见。

3. 以技术手段为方式

"大云平移"的数字化时代持续推进，大数据、云计算、网络平台和移动互联网为 IP 时代打造技术基础，同时也为版权资源的量化和流通提供可能。大数据技术为量化版权资源价值、实现分众客户的个性化内容服务和掌握市场变化提供了数据支持：关于网络小说、视频、游戏等的点击率、下载率、评论量、排行榜等的数据能够实现版权资源的价值度量，并进一步完善版权的价值评估体系；关于消费习惯、消费内容等的数据分析能够实现对分众市场的精准把握，能够有效了解特定市场中的版权价值；数据能够直接反映市场的供给量与需求量，为内容提供者和赞助者的市场判断提供可靠的数据支持。云计算技术实现了精准的用户服务和海量的内容汇聚。它的虚拟大容量储存空间提供了方便的信息储存分享平台，能够实时地、动态地实现在线数据的汇集、提炼计算和智能分析。网络平台是实现版权价值与变现的重要渠道。一方面它能够实现版权资源整合，为版权的生产、销售、推广与转化提供平台，充分调用个体资源激发生产活力、促进内容传播，为版权资源的评估提供广泛的平台与开放的空间；另一方面，平台自觉实现版权的优胜劣汰，规范版权行业的交易与运营。

（二）完善 IP 全产业链建设

IP 的全产业链建设囊括了内容生产、传播营销、衍生开发等一系列活动，IP 的运营的关键体现在全产业链的整体运作。目前我国的 IP 产业仍处于初级积累阶段，产业运作方式稚嫩而混乱，完善

① 易观智库. 2015～2016 年中国网络文学 IP 价值研究及评估报告［R］. 2016.

产业链建设能够使得行业运作清晰简洁，并在各个具体环节上规范 IP 开发路径，并形成完整的 IP 项目。这种产业链建设要求会筛选掉低质产品，从长远发展的角度建立 IP 生态圈。这其中包括三个环节：

1. 创作与生产

创作与生产是 IP 产业链的核心，它是发挥竞争优势、获得高利润的关键，原创性的知识含量、内容资源的集成配置能力至关重要。在 IP 的创作与生产环节中，内容的品质远超于形式多样的意义，只有品质先行才能吸引无缝跨界的粉丝、强有力的资金保障、制作团队和发行渠道，助力 IP 后劲有力。

具体来说有三种 IP 的开发的方法。一是挖掘 IP。IP 的来源几乎覆盖了所有的文化产品形式和媒介，文学、动漫、综艺、传说、老电影、文化形象、歌曲等均有产出，尤其是 Web2.0 时代下，网络小说、网络游戏、网络视频贡献了大量文化内容，其开放互动的内容创造方式，实现了多元个性的内容产品创造和广泛共生的受众积累。但纷繁的信息中并非每一种都有价值，被挖掘的 IP 应具有形象化的内容呈现、有识别度的文化符号、忠诚度较高的核心用户群体等特征。二是培育 IP。自主掌握版权的开发能更大范围内获得 IP 的经济效益，但版权不等同于商业价值，培育一个具有市场潜力的 IP 应把核心放在对特定目标群体的共有价值观建设，并附之于具体产品。基于产业内外融合的推进，IP 在培育之初即形成跨产业、多样、精细的整体开发模型，为后续的营销与衍生打好基础。三是延伸 IP。IP 蕴含的核心价值观是 IP 延伸的基础，因此能够在品牌长期成长过程中不间断地生产可持续发展的内容与作品。可持续在于，IP 不是经过一次或者两次竭泽而渔式的开发消费后迅速贬值，多领域开发和多维度拓展使原有版权不断增值，在延伸中不断注入原有形象以新的内涵，成功实现系列化、品牌化。

2. 传播与营销

传播与营销是 IP 进入市场为消费者认可、接受、消费产品价值的关键环节，具有共鸣的内容以特色的产品与受众建立联系，并在传播中积累品牌影响力，借助营销手段实现市场价值。

具体而言 IP 的传播与营销可以做到：一是基于多样化产品的多渠道传播。同一主题下的 IP 产品形式是多样化的，这些产品在时间上不完全遵循先后顺序，可以是多个产品同时进入市场以扩张市场影响力，或是某一具体产品先期孵化品牌价值后其他产品逐步进入市场，在空间上可以是集聚的或者分散的，借此形成多样化传播渠道。二是基于互联网技术的互动传播和口碑营销。IP 的传播特色在于用户真正地处于主动选择的地位并且介入传播过程，作为传播者发挥巨大的影响力，在粉丝规模的作用下，受众在作品的更新中自主地将作品向大众进行推广，利用口碑的积累使得品牌价值由量变走向质变，并在新产品推出前成为传播先行者。三是传播成为 IP 内涵补充与丰富的路径。受众在 IP 的传播中接受信息，更积极发布信息和意见，在这种有效互动下，IP 产品的生产者能够迅速接收消费者的意见反馈，并以此作为 IP 内涵的补充，为新产品的推出提供方向和意见。

3. 转化与衍生

IP 的多元转换，是在受众实现情感共鸣基础上，基于跨媒介平台进行的全产业链产品开发。基于对 IP 价值的认同，各行业从意识突围完善产业链上下游，在纵向上实现对 IP 本身的深挖再造，各公司从策划、制作、发行、展示、推广等多角度围绕同一 IP 进行精细演绎，发掘形态多元转化的可能性；在横向上，借助 IP 版权的多元化衍生，打通文学、影视、音乐、游戏等产业链，产业链上各种产品形式共享版权，各种形式均可独立成为纵向产业链上的主体并进行二次价值的变现，与其他形式产品互为衍生产品，最大化延伸产品的周边开发价值。

四、结　语

文化产业已站在了经济发展的风口浪尖，IP 在资本市场、消费市场的助力下成为了文化产业中的"香饽饽"。IP 的火爆实际上是内容为王的时代中资源积累和产业发展初期的乱象之一，IP 的本质即是对内容进行的商业运作，它的困境在于优质内容的极度稀缺，它的概念在资本的驱使下被滥用，它的运营在商业的实践中非理性爆发。从产业的长远发展来看，IP 热的适当降温能让行业更加冷静、稳定地发展。本文从 IP 的概念出发，总结了 IP 的四个特点，阐述了 IP 热的内涵是概念热、资本热、产业热，并指出 IP 产业应通过建立 IP 价值评估体系、完善 IP 全产业链建设等方法尽快回归常态化发展。对 IP 的趋之若鹜无益于行业的良性发展，IP 产业走出困境，终究需要依靠优质原创内容的稳定输出，对于真正具有文化价值的 IP 的挖掘与扶持，才是产业发展愿景中的明日之星。

参考文献：

［1］裘安曼．从 IP 的中文翻译说开去［J］．知识产权．2010（5）：65～70．

［2］［美］迈克尔·波特．竞争优势［M］．陈小悦，译．北京：华夏出版社，2005：10～19．

［3］丁亚平．论互联网语境下电影 IP 转化的现状、问题与对策［J］．当代电影．2015（9）：4～8．

［4］易观智库．2015－2016 中国网络文学 IP 价值研究及评估报告［R］．2016．

［5］兰朵．对电影"IP"热的反思［J］．西安文理学院学报．2016（3）：5～8．

［6］刘星.IP 热的冷观察［J］.中国电视，2016（2）：62～64.

［7］钱浩.艺恩网.2015 中国市场 IP 收购 209 亿 覆盖全产业链.
［2016－03－17］.http：//www.ebrun.com/20160317/169320.shtml.

［8］中国经济网.2015 上半年文化产业投融资并购情况分析.
［2015－6－26］.http：//www.ce.cn/culture/gd/201506/26/t20150626_
5766752.shtml.

大数据背景下的文化产业营销

安雅洁[①]

摘要：随着互联网技术的发展，大数据的应用已经渗透各个行业，而文化产业在国内作为一个新兴产业，对于大数据在其服务营销模式中的应用研究似乎并不深入。本文将大数据与文化产业营销相结合，论述了新形势下文化产业营销模式的新内涵、新特点，并结合案例简要分析了海量数据对文化产业服务营销模式的创新。

关键词：大数据 ；文化产业营销模式；服务营销 ；创新

一、引　言

随着互联网技术的发展、物联网和云计算的全面爆发，大数据成为新时代 IT 业的主要名词，并且迅速影响了社会生活的各个方面。传统的数据库软件工具已经无法采集、存储、管理和分析的数据集。在维克托·迈尔-舍恩伯格及肯尼斯·库克耶编写的《大数据时代》中，指出大数据的 4V 特点：Volume（大量）、Velocity（高速）、Variety（多样）、Veracity（真实性）。

---

① 安雅洁，华东政法大学文化产业管理专业 2016 级研究生。

大数据的出现，颠覆并重组了传统的营销体系，它使产品的营销不再盲目化。而是基于严谨分析的科学化的营销。海量数据的出现，为企业的营销工作创造了新的机遇。对于投资回报率难以预料的文化产业来说，如何将这些不断产生的数据转化为有用的信息，如何利用大数据资源对消费者的消费行为进行更深入的了解，进而产生更好的营销效果，是新环境下的文化企业面临的重要挑战。

随着物联网和云技术的发展，大数据对企业营销模式的影响引起了越来越多的中外学者的重视，引发了对文化产业营销模式改革创新的思考。

江夏学院的经贸学院讲师宋磊认为，"大数据营销实质上变革的是一种营销思维方式，从客户的实际需求出发，到最后转化成为多元营销策略的整合"。①

未来的图书出版行业的营销模式将由大数据主导，利用大数据将受众的图书购买行为进行特征分析，进行精准化定位营销，不仅要保证采集数据的优质和时效，还需要国家的干预阅读。

在《不要小看大数据对文化创意产业的颠覆》一文中，向之远教授指出"我国的影视产业正处于改革的转折点，互联网行业对传统影视产业链的渗透以及大数据对影视广告营销的影响，将创造电影行业的新纪元"。同时他也指出，大数据不应该仅仅在购买版权和电影产品营销中起作用，而是应该渗透企业经营的各个方面。②同时他也指出，大数据不应该仅仅在购买版权和电影产品营销中起作用，而是应该渗透企业经营的各个方面。

Ad Time 的 CTO 雷永华在互联网大会中表示，"大数据时代将传统的以投入广告为主的营销模式转化为通过预判消费者行为的新型营销模式。这使得传统媒体与新媒体之间的界限越来越模糊，并

---

① http：//www. doc88. com/p－3953483611739. html ［2015－12］.

② http：//www. tmtpost. com/49695. html ［2015－12］.

且为传统媒体提供了商机。"①

综上所述，国内现有关于大数据对文化产业营销模式影响的研究中，多数是侧重于在大数据时代下，如何更有效地通过海量资讯定位到潜在客户，进而向目标客户进行营销，完成产品的销售。然而，文化产品与传统商品之间本质上的不同却被忽略。文化产品的消费者更关注的是产品带来的精神满足与体验，企业将产品售出仅仅是文化产品营销的开始，如何利用大数据做好服务营销的工作，通过服务营销赋予文化产品不同的符号意义，进而提高销量增加利润，才是营销的重中之重。本文通过分析新形势下服务营销的内涵特点，以及大数据对互动营销、体验式营销、再营销的模式创新，来具体说明海量数据对文化产业服务营销模式的变革。

本文通过案例研究法、个案分析法以及观察法，通过理论论证和举例分析，剖析大数据背景下的服务营销模式新内涵，以及云技术对文化产业服务营销模式的创新变革。

本文的结构安排如下：第二部分指出大数据内涵理念与特点；第三部分将结合案例具体论述文化产业营销模式在大数据背景下的转变并提出大数据赋予服务营销的新内涵；第四部分提出文化产业在大数据时代下将要面临严峻挑战，并展望大数据在文化产业营销中的应用前景。

二、大数据内涵理念与特点

大数据的理论研究先驱麦肯锡，在他的报告《Big date：The next frontier for innocation，competition，and producticity》中给出的大

---

① http：//tech. china. com/news/net/domestic/11066127/20130822/18010325.

数据的定义是：大数据指的是大小超过常规的数据库工具获取、存储、管理和分析能力的数据。而在百度词条中，大数据（big data），指的是其所包含的资料规模过大，以至于当今市面上所流行的主流技术软件，无法对其进行有效的过滤、处理、合并，以使其能够有效的帮助企业决策。

无论是百度词条还是麦肯锡，都是从大数据的庞大来定义大数据。综合分析国内外关于"大数据"的研究，本文从大数据的核心价值出发，这样定义了大数据：大数据是指通过对海量数据的分析整合，筛选出高质量的有效数据并转化为信息，以此帮助组织机构发现规律、评测发展的一种手段。

（一）大数据的特点

维克托·迈尔－舍恩伯格及肯尼斯·库克耶编写的《大数据时代》中，指出大数据的4V特点：Volume（大量），数据体量巨大，从TB级别升级到PB甚至是EB的级别；Velocity（高速），"一秒定律"是大数据区分于传统数据挖掘最显著的特征，秒级定律要求大数据在秒级时间范围内给出数据分析结果，时间太长大数据就失去了分析价值；Variety（多样），大数据的内容不再仅限于单一的文本资料，包括结构化数据和非结构化数据，这些来自博客、论坛、视频、位置信息等多种类型的数据，给企业提出了新的挑战；veracity（真实性），利用大数据进行分析整合时，最重要的是保证数据来源的真实性和完整性，只有基于对真实数据的分析研究，才能得到准确可靠的结果想要。

（二）大数据理念

大数据的到来，表面上是一次技术变革，实质上其带来的是一场人类历史上前所未有的思维变革。它打破了传统的逻辑实证主义模式（逻辑－实证－实践），带来了一种新的"大数据"理念：从实证出发，再到逻辑、实证，最后进入实践阶段。第一个"实证"

是指组织机构根据大数据的量化结果来找出繁杂数据之间的相关联系，并通过进一步分析数据，挖掘出事物相关性背后所隐含的因果关系，最后经过整合总结得出新的逻辑理论，并运用到下一个"实证"中去——将新得出的理论逻辑套用到实例中，并通过二次"实证"检测修正已有的逻辑体系，最后将修正后的逻辑体系应用到企业的实践活动中去，并利用大数据观察理论的可行程度，及时修正。

"大数据理念"正如书中所提到的，是指一种具有混杂性和相关关系的概念，而非指精确性与因果关系，这一新型的逻辑思维解放了传统的营销逻辑思维，让营销人员意识到营销不再是一件难以预测的事，大数据时代的到来，让一切事物现象都可以被量化，通过精准的数据分析将各类消费现象"翻译"出来，让企业能够发现这些纷繁复杂现象背后的联系，从而制定合理的营销策略。一个企业只有适应时代培养"大数据意识"，才能抓住机遇创造更大的价值。

三、大数据背景下的文化产业营销

（一）大数据背景下的文化产业营销

大数据理念颠覆并重组了传统的营销模式，它使产品的营销不再盲目化，而是基于严谨分析的科学化营销。海量数据的出现，为企业的营销工作创造了新的机遇。在新的形势下，企业就需要对"为谁创造价值、创造什么价值"这一问题进行重新思考。

1. 营销理念的改变

我国文化产业的发展，虽然在政府的大力扶持下，取得了不小的成绩，呈现出蓬勃发展的迅猛势头，但不得不承认的是，当前我国文化产品市场上的供需脱节的问题日益严重，在产品数量迅速增长的同时，真正能够满足消费者需求的文化产品实际上并不多，大量文化产品不能与消费者的真实需求有效对接，无效供给持续浪费市场资源。

国内动漫产业的现状就是我国文化产业"供需脱节"的真实写照。我国动漫产量的"分钟数"由 2004 年的 2.18 万分钟一跃达到 2013 年的 27 万分钟，是去年日本年常量的三倍有余，然而这样庞大的数字难道真的可以让我们骄傲吗？2009 年中我国动画制作企业总收入不过 10 亿元左右，而短短一部 88 分钟的好莱坞动画片《功夫熊猫》的全球票房就超过了 6 亿美元。由此可见，在这 27 万分钟的动漫产品中，很难找出几部真正有价值的动漫作品，分钟数量的激增并没有带来动漫产品质量的提高，这场数字游戏的结果就是导致"低端产品"充斥着我国动漫产业，真正符合消费者需求的动漫产品少之又少。

云时代的来临，使得数据迅速膨胀变大，庞大的数据资源使得文化产业"供需脱节"问题的解决指日可待。在自媒体日益成熟的今天，消费者不再只是被动地接受商品信息，而是拥有了更多的主动权，他们对于自己的需求有了更清晰的认识，他们能够利用互联网通过各种方式发出自己的"声音"，而这些来自各种论坛、浏览足迹的"声音"正是企业需要重视的大数据。企业通过数据分析洞察到消费者的购买需求与期盼，以客户的需求为出发点，逆向利用大数据引导文化产品的创作，由消费者和企业共同完成的文化产品，更加能够得到消费者的偏爱。然而在通过大数据来了解用户需求继而生产文化产品时，企业需要注意的是，消费者对于文化产品的需求与期望并不是静态不变的，企业应该及时抓住大数据所反馈出的消费者的动态需求，以此调整文化产品的设计生产。

2. 营销渠道的改变

众所周知，文化产业是以思维创新为核心特点的创意产业，文化产品不同于传统商品，有着深刻的符号印记，而媒介作为一种宣传、解读产品的工具，能够很好地帮助企业释放产品自身的文化内涵，让消费者更好地理解文化创意产品，提高企业知名度，因此文化产品较之于普通商品对于媒介的依赖性表现得更为强烈。

而在大数据技术迅速发展的今天，被企业普遍应用的单一媒体营销渠道已经不能满足文化产业的发展需求，全媒体营销的到来为文化产业提供了新的契机。

那么究竟什么是"全媒体"？"全媒体跨屏整合营销"又是怎样的呢？维基百科中对"全媒体"有着这样的解释："全媒体"是指通过文字等各种信息表达方式，使网络媒介、广播媒介等不同媒介形态融合在一起，进而使其产生实质性变化而形成的一种全新的传播方式。

然而这种融合不仅仅是将广告在不同媒介中重复播放那么简单，"全媒体跨屏整合"是要通过大数据充分挖掘不同媒介所拥有的特点属性，以及它们所覆盖到的不同消费者群体的行为特征，如常爱观看电视的用户一般是大众群体，而常使用互联网的用户则偏向年轻化。通过这种科学的分析，大数据使得多种屏幕之间通过默契的配合，形成了一个无缝对接的媒介组合。在投放前，企业可以通过数据库对市场进行详尽的前期调研，抓住更精准的目标消费者的数据，制定更合理的渠道策略。并根据调研结果为企业筛选投放内容与渠道媒介，根据不同媒介渠道所覆盖的消费者的特点属性，定制推广策略，选择媒介组合。不仅如此，大数据还使得广告主能够随时调取真实的数据反馈，并且根据数据分析结果及时调整营销策略，为广告主带来更高的回报。

大数据背景下的全媒体营销，让过去那种"广告投资花费大""广告主不知道究竟是谁在看广告"的传统模式彻底与企业告别，将单一媒体营销渠道转化为高效率的全媒体整合跨屏营销模式，开启了营销推广的新时代。

3. 营销对象的改变

营销的本意是"了解需求并满足需求"，而文化产品传统面向大众市场的营销模式却恰恰轻视了营销中最重要的一点，文化产品的消费是有着强烈符号文化特征的个性消费，传统的大众市场营销却将市场内全部消费者拟定为同质消费者，忽略了他们对于文化产品的异质需求和不同偏好。大数据时代的到来，彻底打破这种低效率、高成本的营销模式，让文化企业的精准化营销成为可能。

文化产品不同于其他普通商品，每个社会团体在特定时间内都有属于自己的文化内涵，对于文化产品的需求也不一样，尤其是在互联网技术迅速发展的今天，消费者的异质需求不断地被放大。大数据就是通过对用户自生成内容的搜集、对购买和浏览踪迹等的整合，将这些被放大的需求明朗化，寻找有着某种特定行为偏好的小众群体，并根据大数据反馈出的划分标准，为有着不同兴趣爱好、消费习惯的小众群体分别推送特定的产品信息或服务，满足消费者需求。然而，随着自媒体技术的迅速发展，消费者的主动权和参与度逐步提高，由大众市场营销演化而来的小众市场营销已经不能够满足文化市场的消费需求，消费者不再期望于"流水线"上生产出的文化创意产品，而是希望更多的看到融入自己特定需求的独特作品，从而使小众化的产品营销转向"私人定制文化消费"。大数据技术的利用更是让"定制文化"得到了充分的发展，通过对大数据的整合分析，企业能够时时观察到消费者的兴趣偏好，精确到每一位消费者，根据不同的消费偏好去订制产品或服务。

4. 大数据背景下的文化产业服务营销

营销不仅仅只关注于如何将产品销售出去，而是更加关注于顾客通过产品得到企业提供服务的全程感受。随着经济技术的不断发展，市场由卖方市场转为买方市场，消费者的需求越来越多样化，如何充分满足消费者的需求，对于企业尤其是文化企业尤为重要。

（1）大数据赋予文化产业服务营销新内涵。

将产品成功销售绝对不是营销的结束而是营销的开始，服务营销在新时代下不再止步于仅仅解决售后维修问题，而是通过产品提供一系列个性化的服务，使顾客产生一种被尊重的感觉，从而带来顾客对产品的忠诚度。传统营销更加关注的是产品的特色，如何通过产品获利，而服务营销更多的是关注消费者的体验需要，通过制定全方位、有价值的服务来获利。

大数据时代下的文化产业服务营销模式，能够充分利用大数据的可测性，从售前、售中、到售后形成一个系统完整的服务链，了解并满足消费者的需求，让消费者产生消费特定文化符号后的满足感，进而赢得忠实客户，扩大目标客户群。

（2）文化产业服务营销的新特点。

①服务对象扩大化。传统的服务营销对象，往往是那些已经购买了产品的消费者，传统服务营销中，企业根据消费者消费时的预留信息，通过一系列诸如售后维修、质量回访之类的服务手段，为消费者提供服务；而大数据时代的服务营销，随着数据信息的积累和信息的透明化，营销的对象不再局限于已购买商品的消费者，而是能挖掘出尚未作出购买行为，却对商品信息感兴趣的未知消费者，通过信息跟踪推送、了解客户需求等服务营销方式，促使消费者购买产品。

②营销效果可测量。由于传统服务营销的无形性，使得服务营销不像产品本身那样可以具象化，被消费者实际感知到，企业也很难客观考核评价服务质量的好坏，服务营销的无形性也使得其实际成本难以被控制测量；然而，无形的服务营销给企业带来的福利却是隐形的、巨大的，大数据时代下的服务营销克服了传统服务营销效果的不可测性，将服务营销的福利最大化——庞大的数据库能够精准追踪每一位消费者的浏览痕迹，真实地统计出究竟有多少已经离开购买页面的消费者，再次通过推送的信息链接回到产品页面，甚至作出购买行为的，大数据使得服务营销效果变得清晰可测，同

时，也帮助企业控制预测营销的实际成本。

③服务渠道多元化。传统的服务营销渠道往往比较单一，这使得服务营销市场的规模很难扩大，在一定程度上限制了服务营销的发展与创新；大数据背景下的服务营销，利用数据传播范围广、速度快、定位准的特点，采用O2O、线上服务预定等新型营销模式，将服务营销的发展提升到一个新的高度。

四、大数据背景下文化产业营销的新模式

（一）互动营销

文化产品不同于其他生活用品，每个社会团体在特定时间内都有属于自己的文化内涵，对于文化产品的需求也不一样，尤其是在互联网技术迅速发展的今天，消费者的异质需求越来越被放大，不仅是厂家有了转变，消费者也有了转变。在传统的传播中，消费者是沉默的，是被动的，而在信息平台化的今天，消费者不再只是被动地接受商品信息，而是拥有了更多的主动权，他们对于自己的需求有了更清晰的认识，他们能够利用互联网通过各种方式发出自己的"声音"，而这些来自各种论坛、浏览足迹的"声音"正是企业需要重视的大数据。

目前，国内在如何利用数据解决消费者异质需求问题的研究中，主要致力于分析如何利用海量数据进行精准定位，找到目标客户，往往着眼于产品信息的传输环节，却忽略了文化产品这种个性化需求更加突出的产品在生产设计时，就应该充分考虑到消费者需求的多样化。

营销的本意是"了解需求并满足需求"，满足需求不仅仅是将产品与消费者对号入座，从定型产品去寻找目标客户，还可以从消

费者的需求出发去逆向利用大数据引导文化产品的创作。随着社会经济的逐步发展，消费者对产品的判断取舍不仅仅只局限于产品的宣传信息，他们也希望能够参与文化产品的创作制作中来，由消费者和企业共同完成的产品，更加能够得到消费者的偏爱。

因此，怎样利用大数据听到消费者的声音并让消费者听到自己的声音？是当今文化产业应该重视的问题。

网易云音乐就在今年，招募了一千名"产品体验官"，这些"体验官"专门负责给产品挑刺儿，以便产品经理加以改进，这便是充分利用大数据引导文化产品的生产。用户在使用过程中，根据自己的消费体验，区分出需要保留或者舍弃的功能，这些高质量的数据信息反馈到企业，使得网易云音乐的升级不再盲目，升级后的云音乐让消费者切实感受到了自己的建议在产品中得到了应用，加强了顾客与产品的联系。

（二）体验式营销

文化产品不像生活用品那样，不是生活中不可缺少的物品，这样就使得"文化体验"成了消费者消费的核心产品而不是附加产品。所以，体验式营销在文化产品营销中就起到了很重要的作用。

那么什么是体验式营销？大数据时代下的体验式营销又是怎样的呢？

Bernd H. Schmitt 博士在《体验式营销》中指出，"体验式营销便是着重考虑顾客的感官、情绪、思虑、行为、相关的五个方面，对营销进行界说，从头设计"。这也就要求企业通过让目标客户试用、观摩、尝试企业所提供的产品，实际感受产品的性能，从而促使消费者购买企业的产品或服务。传统的体验式营销往往通过散发传单、宣传广告等方法，寻找体验参与者，这样做不仅宣传成本巨大，而且很难准确找到目标客户，从而使得体验式营销的效率大大降低。

而大数据和云技术使得体验式营销达到了一个新的高度。通过收集消费者的购买信息和浏览记录，大数据将潜在的消费者信息充分地挖掘出来，利用云技术找到目标客户并且邀请他们参加商家举办的体验式营销，这样线上推广线下体验的结合，使得消费者的体验参与度得到了很大的提高，大大推进了体验式营销的发展。

麦当劳在2009年举办的为期三个月的"见面吧"主题活动，就为企业取得了丰厚的利益。麦当劳这次的体验式营销就是采用线上与线下相结合的方式，开展活动主题的推广。在线上，麦当劳联手校内网，鼓励年轻消费者在麦当劳见面，分享在麦当劳欢聚的时刻，让体验活动的信息迅速在消费者之中传播开来；在线下，麦当劳推出多款优惠美食以及礼品。从6月17日到7月21日，三款全新麦炫酷，一杯9元，第二杯半价优惠；而7月22日起，同时上市八款限量Hello Kitty传情大使等一系列的优惠活动，本身就是诱使消费者参与到这次体验式活动中的理由。

麦当劳的这次体验式营销，就是利用大数据寻找目标客户群，推广主题活动，采用线上与线下相结合的宣传方式，大大提高了受众的参与度，增加了产品的销量。

（三）再营销

再次营销，是依据消费者和商家之间所处的互动阶段，利用大数据进行重新定向进而营销的过程。传统营销中的广告宣传模式更像是一个大型的锥形漏斗，广告的投入量很大，但到了漏斗底端，真正受到广告宣传影响而进行购买的消费者却很少，这样粗放的广告投放方式，使得公司很难对目标客户进行精准定位，更不用说找出那些潜在客户进行"再营销"了。

然而，大数据时代的到来给了"再营销"新的内涵。大数据背景下的"再营销"，就是利用互联网去识别那些即将作出购买行为的客户，通过锁定消费者浏览但却没有购买的商品信息，向消费者及时推送该商品的信息，进而强化消费者对于商品的印象，促使消费者购买。

文化产品属于符号效用满足型的产品，消费的不确定性很强，消费者进行购买行为的动力主要是其对文化产品的个人兴趣。文化产品的特性就要求，企业进行文化产品再营销时，务必要利用大数据反映出的信息，抓住消费者早期购买的兴趣点，进行再营销。

大数据背景下的再营销分为两种，一种是挖掘潜在的新客户；而另一种，是利用大数据"召回老客户"进行再营销。例如，在线上动漫产品的销售中，为一个已经作出购买行为的客户，推送与已购买产品相关的动漫周边产品信息（如手办等），这些消费者往往也会购买商家推送的周边产品，这就是由于文化企业很好地利用大数据抓住了消费者的早期兴趣点的缘故。

有数据表明在线上销售中，高达 97% 的访客会离开一个网站而没有购买任何商品，而在这让人咋舌的 97% 数字背后，更令人惊讶的是：竟然有 54% 的潜在购买者。充分利用大数据再营销，将这 97% 的客户转化为商家的真实客户，能为文化企业带来丰厚的利润。

无论是在售前还是售后，服务营销都是在了解顾客需求的前提下开展一系列的营销手段去满足消费者的需求，大数据时代的到来使得企业更接近顾客的真实购买需求，从而更科学地开展服务营销活动。在市场竞争愈来愈激烈的今天，获得一个新顾客往往要比留住一个老顾客的成本大得多。文化企业应该更加注重大数据背景下，文化产品服务营销模式的创新，避免服务同质化，在挖掘新客户的同时，获得更多的忠实客户。

五、对策建议

在这个充满无限可能的大数据时代中，大数据技术进入文化产业领域已经成为产业发展的未来趋势，而对于投资回报率一向难以预料的文化企业来说，怎样才能将这些输入数据经过处理后输出有用的信息，进而产生更好的营销效果，是新环境下的文化企业面临

的重要挑战。文章对此有以下几点建议:

(一)建立企业数据信息库

我国的文化产业虽然才刚刚起步,但文化产品多产丰富,文化资源更新迅速。建立企业自己的文化数据信息库,可以及时根据营销需要调取数据内容,充分整合企业资源、挖掘产品关联性,合理制定营销策略。

(二)充分利用全媒体信息平台

随着科学技术的发展,电脑、手机、电视、iPad 等多项设备陆续出现在市场上,在这个多屏并存的时代,企业应该充分利用全媒体平台进行媒介资源整合,抛弃传统的单一媒介模式,将产品信息以高效率低成本的形式借助全媒体平台传达给目标消费者。

(三)强化体验营销

数据信息的流动与交换,加强了消费者与文化企业的互动,大数据的到来促使企业通过 O2O 等体验营销新模式,提高消费者的体验参与度,及时了解消费者的意见反馈,并真正运用到对产品内容以及营销策略的修正中去。

六、结 语

尽管文化产业对大数据的应用尚处于起步阶段,但是大数据对于文化企业营销的益处是显而易见的,数据分析在文化产业营销中的作用是不容小觑的。大数据时代的到来,势必让数据分析成为未来文化产品营销的必备手段。

然而,在大数据技术快速发展的今天,对于大数据的有效应用仍然面临许多困难和挑战。在国内，大量的数据资源都掌握在诸如百度、阿里巴巴这样的商业巨头手中，海量数据没有有效的交流渠道；而且由于大数据的流动性很强，对于企业来说，想要获得真实的高质量的大数据信息更加困难。而作为朝阳产业的文化产业，并没有足够的实力去建立属于的自己完整的数据分析体系，也没有足够的资历向商业巨头购买数据信息，那么对于处于刚刚起步的文化企业，怎样做才能将理论真正应用到实践，实现数据与服务营销相结合呢？还需要进一步的思考。

参考文献：

［1］黄升民，刘珊. 大数据背景下营销体系的解构与重构［J］. 现代传播. 2012（11）：13～20.

［2］宋磊. 大数据营销——新媒体环境下出版业营销新启示［J］. 市场营销，2014（10）：40～43.

［3］向远之. 不要小看大数据对文化创意产业的颠覆［DB/OL］.［2013 – 07 – 19］http：//mp. weixin. qq. com/mp/appmsg/show？＿＿biz = MjM5NTMzNDEwMw = = &appmsgid = 10000145&itemidx = 3&sign = 5432f362bfc1189c9e3a58c1a936f8e4&3rd = MzA3MDU4NTYzMw = = &scene = 6#wechat＿ redirect.

［4］雷永华. 借大数据技术创新广告模式［DB/OL］［2013 – 04 – 19］. http：//tech. hexun. com/2013 – 04 – 19/153361315. html .

［5］Viktor Mayer – Sch·nberger，Kenneth Cukier. 大数据时代［M］. 盛杨燕，周涛，译. 杭州：浙江人民出版社，2013.

［6］姜璐. 浅谈市场营销中新媒体应用［J］. 现代营销，2014，（10）：47～49.

［7］商海学，解密再营销活动的四大技巧［J/OL］［2013 – 02 – 22］. http：//www. shanghaixue. com/e – commerce/5261. html.

［8］Rasteiro D L，Anjo A B. Optimal Paths in Probabilitistic Network［J］. Journal of Mathematical Science，2004，120.

［9］Watts D J. ，Stogazts S H. Collective Dynamics of "Small World" Networks ［J］. Nature，1998（393）：440 ~ 442.

［10］Wasserman S. ，Faust K. Social Network Analysis：Methods and Application ［M］. Cambridge：Cambridge University Press，1994.

［11］程学旗. 人数据研究：未来科技及经济社会发展的重大战略领域：大数据的研究现状与科学思考 ［J］. 中国科学院院刊，2012（6）.

［12］蔡伟，张柏礼，吕建华. 不确定图最可靠最大流算法研究 ［J］. 北京：计算机学报，2012（11）.

［13］迈尔－舍恩伯格，库克耶. 大数据时代 ［M］. 盛杨燕，周涛，译. 杭州：浙江人民出版社，2013.

［14］秦学志，张康，孙晓琳. 产业关联视角下的政府投资拉动效应研究 ［J］. 北京：数量经济技术经济研究，2010（9）.

我国文化产业规制研究的回顾与展望

仇文静[①]

摘要： 我国文化产业的发展尚不成熟，文化产业规制不可或缺。文化产业市场失灵、规制机构不成熟、文化企业产权问题等使得我们必须对文化产业进行政府规制。随着文化产业规制进程的不断推进，国内对文化产业规制的研究也取得了较为丰硕的成果。集中表现在文化产业的源起与发展研究、对文化产业各门类的规制研究等方面。当前，我国文化产业规制研究在理论和实践上还有待进一步探索，尤其是从宏观角度对文化产业规制的研究还需要继续深化。

关键词： 文化产业；文化产业规制研究；回顾与展望

文化产业作为朝阳产业方兴未艾。正是因为文化产业在较短的时间内发展迅速，使得对文化产业所进行的规制不尽成熟。近年来，国内学者学习和借鉴西方发达国家较为先进的文化产业规制经验，也从不同层面、不同领域、不同角度提出了一些看法和建议。

[①] 仇文静，济南大学历史与文化产业学院文化产业管理专业 2014 级研究生。

一、什么是文化产业规制

（一）文化产业规制的源起

"规制"是 20 世纪从日本引进的外来词，是日本经济学家对英文"regulation"的翻译。大多数学者将规制定义为一种管理和限制的行为。这种行为往往都是依照一定的规则进行，针对的一般是个人或群体的活动。张志，丁和根认为规制是依据一定的规则，对社会的个人或群体的活动进行管理和限制的行为。董静、李本乾将规制定义为以法律、规章、政策、制度来加以控制和制约。吴斌、刘小玲等认为规制是由行政机构依据有关法规制定并执行的直接干预市场配置机制或间接改变企业或消费者的供需决策的一般规则或特殊行为。喻国明、苏林森区分了"管制"和"规制"，认为规制是市场经济条件下更恰当的一种表述，要通过规制来对经济主体来进行约束和规范。

政府规制无疑是将规制的主体明确为政府。大多数学者将政府规制所约束和规范的对象设定为市场经济行为，当然也有很多细节上的不同。植草益认为政府规制是政府或规制机构强制对被规制者进行的直接或间接的经济、社会控制或干预，并能够通过此种控制或干预来克服市场失灵，实现社会福利最大化的目标。陈富良，张雨莹都在定义政府规制时提到了要纠正资源配置的非效率性和分配的不公平性，强调通过政府规制来实现市场资源的优化配置。李郁芳认为政府规制是由特定政府机构通过法律对市场交易产生影响的一种行为。马云泽在书中将规制与政府规制做了相似的概念，认为规制与政府规制的主体就是政府，而政府对经济行为进行干预和控制就是政府规制。杨旦修所提出的政府规制并没有明确地提到经济行为，仅仅是对个人和组织行为进行限制与调控。张秉福对政府规制进行了非常明确的定义。他认为政府规制实际上就是政府微观规制，是指政府为实现一定的公共政策目标，依照法律法规对微观经济主体所采取的一系列行政管理与监督行为。

综合以上观点，不难看出：规制及政府规制涉及众多学科，在分析其内涵时主要从三个方面展开。讲到政府规制的目的或者目标，要从经济学的角度入手，涉及市场失灵问题的矫正、资源配置的最优化问题等，最终目的是使得社会利益实现最大化。接着讲到实施这些规制的主体，也就是政府。这自然要从政治学角度进行分析，政府需要对相关的产业有适度的市场控制力，从而在一定程度上实现公共利益。最后就是从法学角度分析政府规制的手段和方式，这必定是多种规章制度、法律法规一起作用的过程。这种情况下，被规制的个人、企业和群体在受到限制的同时，规制者也会受到一定的限制。

（二）文化产业规制的内涵研究

目前国内研究文化产业规制的文献还不是非常丰富，尤其是在宏观视角下研究文化产业规制的文献资料还比较缺乏，当前的研究主要集中于论证我国文化产业需要进行政府规制的必要性方面。目前，学者对文化产业规制的研究主要有：江奔东、董静、李本乾分别给出了文化产业规制的定义。他们认为文化产业规制指的是政府管理文化产业职能行使中的法律、政策和指令等活动，旨在以此控制和制约文化产业的发展，克服文化市场失灵的问题。从三个方面对该定义进行了解析：第一，文化产业规制反映了国家与文化产业的关系，即文化产业规制是国家与文化产业关系的重要载体和通道。第二，政府肩负文化产业规制职能，那么，文化产业规制所反映的国家与文化产业的关系也就具体化为政府与文化企业的关系。第三，规制与法律、政策、指令的关系。简单讲，文化产业规制是通过法律、政策、指令等手段来完成的。最后还提出，在市场经济及其法治经济背景中，文化产业规制基本可以表达为法律法规规制。

二、文化产业规制的现状研究

目前我国文化产业规制的研究普遍是从实施文化产业规制的必要性、文化产业规制中存在的问题以及应该如何解决这些问题等方面来进行的。本文将围绕文化产业的相关门类对文化产业规制研究成果进行梳理，力求通过梳理文献找到目前我国文化产业规制研究中值得借鉴的方面和研究中需要探索和继续深化的方面。

任何事物的产生都有其必要性。正如文化产业规制的实行也是为了维持文化产业市场经济秩序的正常运行，保证较高的文化资源配置效率，促进文化产业发展。通过分析发现，大多数学者普遍认为文化产业规制是为了解决文化产业市场失灵现象，这些现象包括文化产业领域的外部性、自然垄断性、信息不对称性、公共产品性、消费者偏好不合理性、非排他性和非竞争性等。除此之外，也有学者从其他方面提出对文化产业进行政府规制的必要性缘由。其中，规制机构方面，陈虹提到政府、被规制企业、消费者之间存在的相互博弈关系也是一种规制的过程，这种关系的存在能够推动市场规制行为的形成与完善。市场规制行为由政府执行，直接作用于文化产业的各个部分，从而有效促进文化产业的发展。文化企业方面，罗争玉认为文化企业是文化产业的载体，文化企业的发展很大程度上代表着文化产业的发展。但是产权问题在一定程度上会制约文化产业的发展，这时应该发挥文化产业的规制作用，促使文化企业的产权问题得到尽快解决。

秦珍子认为，对文化产业在适当放松进入规制的同时，更要加强监督管理制度建设。重点强调的是进入后的后期管理和监督。吴斌、刘小玲强调政府规制是解决市场经济体制下文化产业发展过程中出现的一系列问题的重要手段。周正兵强调规制过程中的行政方式，并从产权和内容规制角度提出文化产业规制改革的若干建议。

广泛查阅资料后发现，当前对于文化产业某些门类规制的研究较多，主要集中在广播电视业、出版业、广告业以及动漫业等行业门类。这些规制的探讨立足于不同的行业门类，从不同的角度出发，能够从一定程度上反映出文化产业整体规制的一些方面，也是非常值得研究的。

（一）关于广播电视业的政府规制研究

张志认为我国广电传媒需要对管理体制进行创新，逐步建立我国广播电视事业的现代政府规制体制，为我国广播电视事业的高效运作提供有效的制度保障。刘祥平、肖叶飞提出必须通过规制来改善市场失灵和城乡二元结构，从而对实现社会公平和维护公共利益起到积极作用。宋振文从电视文化的博弈入手，落脚到我国电视文化规制，指出应该加强制度建设，强化管理体制。金雪涛认为，广播电视业规制的变革是加强社会规制的过程。朱光楠指出应该从法律建设、机构建设以及制度建设等方面对我国广电行业进行公共规制。并指出我国广电行业目前在规制体系、规制手段等方面还存在不足，提出了未来发展的政策建议：规制有法、有效、有度。尚小虎认为政府对电视媒介的规制是政府作为国家行政权力主体对具有社会公共职能的电视媒介的监管。他指出目前电视传媒发展中政府规制中存在规制机构不科学、立法体系不完善、规制主体单一等问题。邹琪、谢思立足于对电视娱乐节目的规制研究，通过梳理近十五年的规制文件，指出需要对广播电视规制进行改革，同时认为"限娱令"是一种有效监管的方式。

（二）关于出版业的政府规制研究

巢峰针对我国图书出版业存在的问题提出我国需要建立图书出

版业的竞争及价格规制。刘定国指出了我国出版产业现行规制的缺陷，并从创新进入规制、创新产量规制、创新价格规制以及创新政府服务等方面提出重构我国出版产业规制的一系列措施。史征通过研究我国改革开放以后民营图书业的发展案例，揭示了我国民营图书出版业正呈现规制重心后移的特点，以及从严厉的前端与中端规制逐渐向中后端相结合的规制方式转变。李华对图书出版业面临的政府垄断问题的原因进行了探讨，指出制约我国出版业进一步发展的重要因素是出版业面临的垄断问题，并希望通过探讨问题的原因来探索出适合我国国情的图书出版业规制。

（三）关于广告业中的政府规制研究

马越从网络广告的角度分析其存在的问题以及产生的原因，提出应该建立和完善相关法律制度。赵双阁、艾岚指出当前我国广告业相关竞争制度不健全，需要加强制度建设，来维持广告市场公平竞争的秩序，保护消费者的合法权益。于衍叶、张晓伟认为信息的不对称性不能通过市场自行化解，需要政府规制来起作用。谭玲、夏蔚、郑友德、彭霞、牛文怡等都从比较广告的角度，对相关规制进行研究。指出比较广告作为一种较为特殊的现象，在合法存在、有序制作和法律规范等方面存在问题，需要对其进行规制和引导，促进比较广告的发展。

（四）关于动漫业的政府规制研究

李婧认为应该结合国情引进国外先进的动漫分级制度，从而使社会公共利益与动漫产业之间更好地协调关系。彭桂芳通过对比分析我国的网络游戏产业和动漫产业政府规制的异同，以及我国网络游戏和韩国网络游戏政府规制的异同，来为我国进行网络游戏政府规制提供参考性建议。陶银琪对我国动漫产业发展中政府规制进行了研究，对于深化政府在动漫产业发展中的规制作用以及为今后的动漫产业发展提供新的思路都有着重要的作用。

综上，无论是从整体上对文化产业规制的研究还是对文化产业分支产业的规制研究上，国内大多数学者有一个相对一致的态度：文化产业的政府规制是必要的，我国需要通过政府规制来优化文化产业发展的制度环境。而对于很多国外学者来说，他们的观点存在着差异。例如：大卫和安迪通过调查发现不同的利益群体对于是否需要进行文化产业规制有不同的看法；Haksoon Yim 认为在全球化背景下，需要对文化产业进行必要的政府规制；而 Stuart Cunningham 则认为可以考虑取消对文化产业的规制；彼得杜兰认为，文化产业的政府规制正在放松，将要取而代之的是一种既能挖掘文化艺术，又能平衡政治经济关系的新策略。

三、结 论

综上所述，文化产业规制的进程推进，并不是短期就可以实现的，政府应当适时对文化产业规制其他合理调整。文化产业规制不仅仅是一种约束和限制，一定程度上也是一种鼓励和促进。通过文献梳理发现，国内学者对于组成文化产业的各个行业规制的研究较多，从整体上对文化产业规制进行研究的文献相对较少，需要进一步丰富。论文从整体上对文化产业规制的机构、规制内容、规制手段等方面进行较为系统的梳理，对于认清我国文化产业规制中存在的问题有一定积极作用。

通过以上研究发现，规制机构也就是政府部门在文化产业规制中起到关键性作用。所以，政府部门应当做到：首先，对文化产业资源进行有效规制，使资源利用效率实现最大化。其次，制定有效的法律和制度，为文化产业市场体系提供保障。再次，规范文化企业的市场行为，维护良好的市场秩序。最后，规范文化产品质量，确保流入市场的文化产品符合社会主义先进文化的发展要求。希望通过不断研究和创新，能够最终实现繁荣社会主义先进文化的目标。

参考文献：

［1］张志．论中国广电业的政府规制［J］．现代传播，2004（2）：76～79，88.

［2］丁和根．中西传媒业政府规制行为比较研究［J］．新闻与传播研究，2012（12）：42～48.

［3］董静，李本乾．欧美传媒产业规制及模式［J］．当代传播，2006（5）：38～41.

［4］吴斌，刘小玲．政府规制与文化产业发展［J］．湘潮（下半月），2008（2）：48～49.

［5］喻国明，苏林森．中国媒介规制的发展、问题与未来方向［J］．山西大学学报（社会科学版），2009（6）.

［6］植草益．微观规制经济学［M］．北京：中国发展出版社，1992.

［7］陈富良．放松规制与强化规制——论转型经济中的政府规制改革［M］．上海：上海三联书店，2001.

［8］张雨莹．政府规制的理论解读［J］．争鸣与探讨，2007（4）：156～157.

［9］李郁芳．体制转轨时期的政府微观规制行为［M］．北京：经济科学出版社，2003.

［10］马云泽．规制经济学［M］．北京：经济管理出版社，2008.

［11］杨旦修．政府规制与中国电视剧产业化发展［J］．西南民族大学学报（人文社会科学版），2009（6）：145～148.

［12］张秉福．我国文化产业政府规制的现状与问题探析［J］．图书与情报，2012（8）：39～47.

［13］江奔东．关于文化产业规制学的几个问题［J］．济南大

学学报（社会科学版），2015，25（2）：14～18，91.

　　［14］江奔东．文化产业规制学［M］．济南：泰山出版社，2015.

　　［15］董静，李本乾．欧美传媒产业规制及模式［J］．当代传播，2006（5）：38～41.

　　［16］韩平，平安．中外文化产业政府规制比较研究［J］．产业经济评论，2014（25）：110～116.

　　［17］饶世权．论文化产业的市场失灵与政府监管［J］．出版发行研究，2015（1）：18～21.

　　［18］陈虹，政府规制机构研究［J］．理论月刊，2007（3）：64～69.

　　［19］罗争玉．文化事业的改革和发展［M］．北京：人民出版社，2006（9）.

　　［20］秦珍子．非公有资本进入文化产业：放松领域与加强监管规制建设［J］．经济体制改革，2007（5）：34～38.

　　［21］吴斌，刘小玲．政府规制与文化产业发展［J］．湘潮（下半月），2008（2）：48～49.

　　［22］周正兵．文化产业导论［M］．北京：经济科学出版社，2009.

　　［23］刘祥平，肖叶飞．中国广播电视公共服务：政策与规制［J］．甘肃社会科学，2010（5）：249～252.

　　［24］宋振文．当前我国电视文化博弈的基本格局与规制［J］．湖湘论坛，2009（3）：109～111.

　　［25］金雪涛．广播电视产业规制依据与变革特征［J］．传媒产业，2010（1）：66～68.

　　［26］朱光楠．我国广电行业公共规制研究［J］．新闻传播，2012（4）：203～204.

　　［27］尚小虎．电视传媒产业发展中政府规制问题研究［J］．人力资源管理，2016（3）：14～15.

［28］邹琪. 电视节目娱乐化媒介规制研究［J］. 新闻前哨,
2016（8）: 78～81.

［29］谢思. 透过"限娱令"看广播电视规制转型［J］. 怀化
学院学报, 2015, 34（8）: 71～73.

［30］巢峰. 整顿图书市场的五大措施［J］. 编辑学刊, 2004
（4）: 21～22.

［31］刘定国. 我国出版产业现行规制的缺陷与重构［J］. 四
川师范大学学报（社会科学版）, 2008（3）: 37～41.

［32］史征. 民营资本准入文化产业领域的规制变革——以改
革开放后我国民营图书业发展为例［J］. 学术论坛, 2010（12）:
212～216.

［33］李华. 图书出版垄断行为与法律规制研究［J］. 出版广
角, 2013（9）: 82～83.

［34］马越. 加强网络广告的法律规制［J］. 理论探索, 2005（5）:
157～158.

［35］赵双阁, 艾岚. 广告活动中不正当竞争行为规制研究［J］.
经济与管理, 2007（11）: 92～95.

［36］于衍叶, 张晓伟. 广告传播中的信息不对称及规制［J］.
新闻世界, 2010（5）: 82～83.

［37］谭玲, 夏蔚. 论比较广告的法律规制［J］. 法学评论,
2001（2）: 130～136.

［38］郑友德, 彭霞. 论比较广告的法律规制［J］. 中国工商
管理研究, 2002（10）: 40～42.

［39］牛文怡, 比较广告法律规制的多维探讨, 当代法学,
2002（8）: 51～54.

［40］李婧. 论动漫产业的法律规制——以分级制度的引入为
视角［J］. 产业与科技论坛, 2008（7）: 114～115.

［41］彭桂芳. 我国网络游戏产业的政府规制研究（1996～
2007年）［D］. 华东师范大学, 2008（5）.

［42］陶银琪. 我国动漫产业发展中的政府作用研究 ［D］. 南京航空航天大学，2012（3）.

［43］David·Hesmondhalgh, Andy C·Pratt. Cultural Industries and Cultural Policy ［J］. The British Experience in International Perspective, 2006: 33~52.

［44］Haksoon Yim. Cultural Identity and Cultural Policy in South Korea ［J］. The International Journal of Cultural Policy, 2002（8）: 37~48.

［45］Stuart Cunningham. From Cultural to Creative Industries: Theory, Industry, and Policy Implications ［J］. Media International Australia Incorporating Culture and Policy: Quarterly Journal of Media Research and Resources, 2006: 54~65.

［46］Peter Duelund. The Rationalities of Cultural Policy Approach to a Critical Model of Analyzing Cultural Policy ［D］. The Nordic Cultural Mode, 2003: 601.